LETTRES

SUR L'ORIENT.

STRASBOURG, de l'imprimerie de F. G. Levrault, imprim. du Roi.

LETTRES

SUR L'ORIENT,

ÉCRITES

PENDANT LES ANNÉES 1827 ET 1828,

PAR

LE B.on TH. RENOÜARD DE BUSSIERRE,

SECRÉTAIRE D'AMBASSADE.

TOME PREMIER.

PARIS,

Chez F. G. LEVRAULT, rue de la Harpe, n.° 81,

et rue des Juifs, n.° 33, à STRASBOURG.

BRUXELLES, Librairie parisienne, rue de la Magdeleine, n.° 438.

1829.

LETTRES
SUR L'ORIENT.

LETTRE PREMIÈRE.

A M. le baron Ed. de Coëhorn.

Cracovie.

Au moment d'entreprendre un long voyage, mon cher ami, je viens contracter envers vous l'engagement de vous écrire le plus souvent possible. Je chercherai toujours à vous donner de mes nouvelles dès mon arrivée dans des lieux intéressans, afin de vous rendre compte des premières impressions qu'ils m'auront fait éprouver, et d'en conserver le souvenir pour moi-même.

Après beaucoup d'incertitudes je me suis décidé à me rendre à Constantinople par la route d'Odessa. J'ai quitté Vienne il y a huit jours; je connaissais déjà la Moravie, que je devais traverser dans sa plus grande longueur. C'est un joli pays qui rappelle souvent les Vosges; de belles prairies, de beaux champs bien cultivés, lui donnent un air d'aisance que dément l'apparence chétive des villages. On rencontre souvent sur les routes de grands troupeaux de bœufs. Leurs conducteurs portent le costume des paysans moraves, qui consiste en une blouse de toile grise liée au milieu du corps par une ceinture de cuir : ils se couvrent la tête de chapeaux presque plats à larges bords. Les femmes ont un vêtement à peu près semblable, fort disgracieux; on en voit peu de jolies. La ville de Brünn se présente bien; elle est située au fond d'une vallée dont le centre est occupé par une colline couverte de bâtimens. L'intérieur en est mal aligné et mal pavé. Plus on s'éloigne de Vienne, plus la langue allemande devient rare, plus aussi les auberges sont mauvaises. Olmütz est dans une très-belle position; en voyant de loin sa grande église, dont le toit, couvert en tôle, brille au soleil, ses clochers élevés et ses remparts bien entretenus, on s'attend à entrer dans une belle ville. Le Heiligenberg (montagne des Saints) qui la domine, forme un tableau pittoresque; des montagnes plus hautes se dessinent sur l'horizon : cependant en entrant dans cette forteresse on voit des rues tortueuses, sales et étroites, et l'on ne trouve rien qui soit digne de fixer l'attention. Le pays continue à être assez beau après Olmütz.

Mais en revanche les villages et les habitans sont misérables et de l'aspect le plus rebutant. A chaque instant des troupeaux obstruent la route, de vieux mendians sont agenouillés dans la poussière. Des juifs à longue barbe, à chapeaux pointus et affublés de grands cafetans noirs, se promènent gravement de tous côtés; quand, pour surcroît de malheur, on arrive dans un village où il y a foire, on trouve tous ces êtres réunis; troupeaux, juifs, mendians, paysans, etc., se pressent autour de vous pendant qu'on change de chevaux; on ne sait comment se frayer un passage: y parvient-on enfin, on voit à sa suite une centaine d'enfans presque nus qui, dans leur inintelligible jargon, implorent la charité du voyageur.

La Gallicie paraît fertile, quoique mal cultivée; on y rencontre fréquemment de vastes étendues de terrains en friche. Les habitations sont de la plus triste apparence : on s'y plaint généralement de la misère; les débouchés manquent et les productions de la terre se vendent à vil prix. En continuant mon voyage, je passai bientôt auprès de l'abbaye du Calvaire: ce grand bâtiment blanc, flanqué de plusieurs tours et aux pieds duquel s'étend un joli village, est bâti au sommet d'une hauteur; une belle forêt de pins et de sapins l'entoure : il est dominé par la montagne sur laquelle s'élèvent les ruines de Landscrona. Après avoir traversé la ligne des douanes autrichiennes, j'arrivai sur le territoire de la petite république de Cracovie, faible reste de la Pologne libre et turbulente, de ce royaume que l'anarchie et une crainte exagérée des grands pour la diminution de leurs droits, ont mené à l'asservissement et à la perte totale de son indépendance. Ici les maisons des gens de la campagne commencent à prendre une meilleure apparence : disséminées au milieu des prairies, entourées de bouquets d'arbres, elles me retracèrent un peu nos jolis hameaux normands.

Le peuple y est très-superstitieux. Le postillon, avant de se mettre en route, fait dévotement le signe de la croix devant les pieds de ses chevaux pour empêcher les accidens et les influences de la sorcellerie; chacun porte au cou une amulette qu'il reçoit dès l'instant de la naissance pour ne la quitter qu'au moment de la mort.

La république de Cracovie, longue de trois milles allemands, a une population de 100,000 ames à peu près. La capitale elle-même est antique et étendue; mais elle ne compte plus que 22,000 habitans, dont 9500 sont juifs. Ces derniers logent dans un quartier à part, bâti au-delà de la Vistule. J'arrivai à Cracovie fort tard. La ville n'est pas éclairée; elle est de plus très-mal pavée. L'architecture en est originale; on y découvre des traces nombreuses d'une ancienne splendeur, et l'on ne peut se défendre d'un sentiment pénible en voyant de belles maisons abandonnées, des passans couverts de haillons, et en général les symptômes d'une profonde décadence. Cracovie est gouvernée par un sénat, composé de douze membres et d'un président, qui tiennent leurs séances les mercredis et samedis dans le bâtiment de Saint-Pierre, attenant à l'église du même nom, qui jadis appartenait aux Jésuites. Six des sénateurs sont nommés à vie, les six autres et le président sont élus de trois ans en trois ans par l'assemblée des nobles, des bourgeois et des marchands. La république a sur pied 500 hommes de troupes réglées.

L'église de Maria novella est la plus belle de la ville; elle offre un mélange d'architecture gothique et grecque; quatre petits autels en marbre noir entourent chacun de ses piliers : en général les proportions de l'intérieur sont nobles, les deux tours massives carrées et de hauteur inégale, qui forment le devant de l'édifice, ont un air antique et vénérable. L'église des dominicains, dont la tour est distante de quelques pas du reste du bâtiment, est ombragée de tilleuls, et assez belle; son aspect sombre et triste invite au recueillement : les religieux dominicains la desservent encore, et celui qui me la montrait me parlait, en soupirant, des riches trésors qu'elle possédait jadis. Quittant la ville, je montai à l'ancien château royal, bâti sur une éminence. On y découvre à la fois Cracovie et la plaine bien cultivée qui l'entoure.

Le château est du moyen âge : une foule de bâtisses entassées sans système l'obstruent : on ne saurait dire d'après quel ordre d'architecture il a été construit, l'intérieur en est irrégulier comme l'extérieur ; des escaliers, des passages, des corridors, se croisant en sens divers, y détruisent toute symétrie : il est d'ailleurs dans un triste état de délabrement. La portion du bâtiment qu'occupaient les rois forme un carré long et irrégulier ; la cour en est pavée ; l'édifice, qui a trois étages, est garni d'une triple rangée d'arcades couvertes. Ce lieu, où résidait jadis une cour brillante et chevaleresque, sert aujourd'hui de retraite à 365 pauvres infirmes, nourris, logés et vêtus aux frais de la république. L'église du château renferme des monumens fort curieux. Le sarcophage en argent de l'un des évêques de Cracovie en occupe le centre : une porte de fer mène au caveau où reposent les restes de Jean Sobiesky dans un tombeau de marbre ; du maréchal Poniatowsky, dans un cercueil en cuivre, et de Thaddée Kosciusko, dans une bière d'acajou. En sortant du caveau, je me suis trouvé dans une chapelle où sont enterrés Stanislas IV et Casimir II. L'on y voit également un grand monument consacré à la mémoire de l'évêque Gaëtan Soltick, que la tyrannie russe relégua pendant cinq ans dans les déserts de la Sibérie[1], et qui, revenant dans sa patrie, mourut de chagrin en la trouvant asservie. Tous les évêques de Cracovie et les rois de la famille des Jagellons sont ensevelis dans cette église; leurs statues, sculptées en marbre rouge, sont couchées sur leurs tombeaux. C'est également ici que les rois étaient couronnés jadis.

Je suis, etc.

---

1 Voyez Rulhière, Histoire de l'anarchie de Pologne, tom. 2, liv. 8, pag. 454.

LETTRE II.

Lemberg.

Il faut trois heures pour se rendre de Cracovie à Wieliczka, village situé au milieu d'une contrée assez triste et monotone, mais dont les salines sont une merveille de la nature. Il n'en existe pas d'aussi vastes ; cependant elles n'ont point les couleurs variées qui donnent un air de féerie à celles de Hallein et Berchtolsgaden dans le pays de Salzbourg. Celles de Wieliczka forment quatre étages placés au-dessous les uns des autres; on descend 2600 marches pour arriver au dernier. Le sel y est exploité comme sel gemme; plusieurs centaines d'ouvriers sont occupés tous les jours à en détacher de grands blocs. Leur ouvrage est absolument pareil à celui des tailleurs de pierre dans une carrière; ces blocs sont transportés en Autriche, en Pologne et en Russie. Les parcelles de sel qui se séparent de la masse lorsqu'on la taille, sont mises dans des tonneaux. Le mécanisme à l'aide duquel le sel est porté à la surface de la terre est semblable à celui des sceaux d'un puits à chaîne qui tourne au moyen d'une roue; quatre paires de chevaux font mouvoir la machine.

La mine est d'une abondance telle qu'on laisse se perdre une source saline qui alimente un lac de dix toises de profondeur à 600 pieds sous terre: ce petit lac se trouve au milieu d'une voûte plus élevée que la nef d'aucune cathédrale; elle forme tout autour de l'eau des piliers et des figures qui présentent l'aspect de l'architecture la plus riche et la plus bizarre. L'imagination croit y apercevoir des ponts, des chutes d'eau, des châteaux crénelés, des églises gothiques et des lustres en cristal : de tels jeux de la nature se rencontrent à chaque instant dans ces grottes immenses. Les parois des voûtes sont tantôt unies comme une glace polie, tantôt semblables à du marbre brut veiné de blanc et de noir. Lorsque le sel est pur, on se contente de tailler les couloirs; lorsqu'au contraire il est chargé de beaucoup de parties terreuses, on soutient l'édifice au moyen de madriers. Des tuyaux en bois servent d'écoulement au lac souterrain : l'eau qui les traverse, contenant beaucoup de sel, pénètre dans leurs pores et forme de riches cristaux d'un blanc d'albâtre. Je ne puis vous donner une idée du coup d'œil dont j'ai joui, lorsque, naviguant sur la pièce d'eau, j'ai vu paraître à quelques centaines de pieds au-dessus de ma tête des figures humaines, à des ouvertures pratiquées aux étages supérieurs. Ces mineurs, tenant des lampes en main, font partir un coup de pistolet qui se répète de loin en loin dans l'intérieur de la terre; souvent ils allument de grands morceaux de papier qu'ils jettent dans l'abîme; et la voûte immense est éclairée comme par magie dans ses plus petits recoins. Bientôt la flamme disparaît et tout rentre dans l'obscurité. J'ai trouvé dans la saline plusieurs monumens indiquant les visites d'augustes personnages.

Peu après Wieliczka on traverse les rivières de Raba, de Dojanec et de Visloka. Le pays est plat et monotone depuis les salines jusqu'à Lemberg; la route est bordée de vastes champs de blé : on fait de temps en temps plusieurs lieues sans rencontrer un arbre. Les villages sont affreux : on ne trouve pas un gîte tolérable. Je m'arrêtai à Rzeszow pour y passer la nuit : cette petite ville est peuplée presque en entier par des juifs, qu'on voit se promener affublés de leurs amples pelisses. On m'assigna pour me loger la meilleure chambre de la principale auberge; c'était une espèce de cachot mal-propre, où se trouvaient trois paillassons destinés aux passans qui voudraient y coucher, une table à pieds inégaux, une chaise en bois et une fenêtre portant encore par-ci par-là les lambeaux de papier huilé qu'on y avait attachés en guise de vitres. Le pays est assez bien cultivé de Rzeszow à Lemberg, et les routes sont excellentes; en revanche les gens de la campagne ne sont vêtus qu'à moitié. Lorsqu'on leur fait l'aumône, ils se prosternent dans la boue et baisent les pieds de ceux qui leur offrent quelques dons légers. Les petites affaires d'intérêt journalier se traitent en général par l'entremise des juifs. Lemberg ou Léopold est une jolie ville; elle renferme d'assez belles maisons et des églises dont la structure est élégante : sa situation est pittoresque; mais les grandes pyramides de sable contre lesquelles elle est adossée, et qui sont entièrement dépourvues de végétation, nuisent à l'effet général du tableau. Jadis un château en ruines s'élevait sur leurs cimes, les habitans de Lemberg l'ont peu à peu démoli pour en employer les matériaux à des constructions modernes. Le prince Lobkowitz, gouverneur de la Gallicie, me fit une réception très-aimable; j'admirai la beauté de l'hôtel qu'il habite, l'ours, le loup et les énormes lévriers qui en font la garde. Il m'assura que l'on trouve beaucoup de ressources de société à Lemberg et que le séjour en est agréable. Le gouvernement lui doit déjà beaucoup. C'est un pays où presque tout est à créer : la classe du peuple y est très-peu civilisée. La religion grecque domine dans la province. La Gallicie compte 4,700,000 habitans : sa population s'est accrue de 700,000 ames dans les derniers temps : elle fournit seize régimens d'infanterie et sept de cavalerie à la monarchie autrichienne, contingent plus fort en proportion que celui d'aucune autre partie de l'empire. Les juifs y sont nombreux et astreints au service militaire ; mais entassés pêle-mêle dans de misérables réduits où l'air ne se renouvelle point, cette manière de vivre en a fait une race abâtardie, peu propre en général à supporter les fatigues de la guerre.

J'employai ma soirée à parcourir les environs de la ville ; nous allâmes visiter quelques parties de forêt, formant jadis le parc de la princesse de Lorraine, et qui seraient charmantes encore aujourd'hui, si on se donnait la peine de les entretenir. De temps en temps on découvre de beaux points de vue au moyen de percées habilement ménagées.

Je suis, etc.

LETTRE III.

Odessa.

La route de Lemberg à Tarnopol n'est qu'un chemin de traverse qui parcourt des collines dépouillées d'arbres, où paissent de grands troupeaux de chevaux; leurs jeunes gardiens, presque sauvages, galoppent au milieu des prairies et semblent faire partie d'une horde de Tartares. La ville de Tarnopol, bâtie sur la Sered, se présente assez bien à une certaine distance; mais l'intérieur en est affreux et habité principalement par des juifs. Il n'y a plus de voie frayée de Tarnopol à Husiatin, dernier village de la Gallicie. De temps en temps je voyais de grandes troupes de Polonais marchands ambulans, qui s'arrêtaient en plein champ pour y passer la nuit. Le spectacle du repos de ces voyageurs est assez curieux: on aperçoit une quantité de chariots couverts, dont les uns sont chargés d'objets de commerce et dont les autres sont destinés à remplir l'office de tentes; des hommes, des chevaux et des bestiaux sont groupés à l'entour, tandis que les femmes et les enfans allument de grands feux pour préparer le repas du soir. J'arrivai trop tard à Husiatin pour passer la frontière ; je m'arrêtai dans une pauvre chaumière, l'auberge du lieu. J'attendis le lever du soleil avec grande impatience, et dès qu'il fit jour je gagnai le Husiatin russe.

Un piquet de Cosaques m'y reçut. Il fallut essuyer, pendant six mortelles heures, l'ennui des douanes russes, les plus vexatoires que j'aie encore rencontrées. Il n'y a point de postes réglées dans la partie de la Podolie que je devais parcourir alors. Je m'arrangeai avec un juif, qui s'engagea à me mener jusqu'à Kaminieck, capitale du gouvernement, moyennant trois roubles. Le pays me parut riche : de vastes champs de blé, dont les épis étaient doucement agités par le vent, s'étendaient à perte de vue; des plantes variées émaillent les prairies ; la sauge, l'absinthe, le pois sauvage, et surtout l'aubépine, garnissent les chemins : malgré cela la monotonie du paysage est très-fatigante ; pas une maison; rien n'égaie la vue. Nous nous arrêtâmes à Landskoroun pour laisser reposer les chevaux. C'est une petite ville du plus triste aspect, habitée par des gens de la dernière classe du peuple. J'entrai dans une de leurs maisons pour y prendre quelque repos. Elle était divisée en deux compartimens égaux, dont l'un servait de passage, de grange, d'écurie et de cuisine, et l'autre de chambre d'habitation à toute la famille. Elle n'avait d'autre plafond que le toit de chaume qui couvrait toute la bâtisse et où fourmillaient des centaines d'oiseaux. Les habitations des paysans russes que j'ai eu occasion de voir depuis, ressemblent toutes plus ou moins à cette description.

Kaminieck, ville forte, est bâtie au haut d'une énorme masse de rochers : elle est petite et peu peuplée. Le vice-gouverneur de la province m'accueillit avec beaucoup d'obligeance et me procura un podorogna (passe-port) de courrier. Je passai chez lui une partie de la journée avec deux généraux russes et un jeune Polonais. Le vice-gouverneur me parla beaucoup de la Podolie, de son extrême fertilité et de ce que l'empereur Alexandre a fait pour elle; avant son règne elle était presque déserte. L'un des généraux chercha à me prouver que le soldat russe devait nécessairement avoir un service de vingt-quatre ans; parce que, me dit-il, tout militaire cesse d'être serf; s'il était libéré au bout de peu de temps, que deviendrait-il, n'étant plus reçu sur les terres de son ancien seigneur? il n'a pas assez d'industrie pour exercer un état. D'ailleurs, un recrutement plus fréquent d'une armée de 800,000 hommes ruinerait la noblesse, dont la fortune consiste principalement en têtes mâles. Sans vouloir entrer dans une discussion approfondie à ce sujet, je demandai encore quelques instructions relativement à la suite de mon voyage et je repartis vers onze heures du soir. La poste russe, qui est de quatre lieues au moins, ne revient pas à cinq roubles papier (cinq francs) et se fait en moins d'une heure. Un beau clair de lune me favorisait; la route, très-large et fort bonne, était plantée de quatre rangées d'arbres, et le pays même devenait riant. Au bout de quatre-vingt-dix verstes environ je rencontrai une berline attelée de huit chevaux, appartenant à l'un des plus riches propriétaires de la contrée, qui retournait à son château, situé à vingt-cinq verstes de là. Nous fîmes connaissance à la poste; il m'engagea à passer quelques heures chez lui : j'acceptai et je trouvai une habitation charmante, décorée avec goût et placée au centre d'un beau parc. L'extrême grossièreté du serf russe ne m'en parut que plus choquante le lendemain. Quel contraste! On voit l'un à côté de l'autre le château du noble, où règne la civilisation la plus recherchée, et la chaumière du paysan, où habitent l'ignorance, la misère et la superstition. Ce sont deux élémens qui semblent trop différens pour pouvoir exister ensemble. Après avoir quitté le château de Komar, je traversai une belle forêt de chênes peu touffue, ornée de pelouses délicieuses et qui formait en quelque sorte un parc anglais. Bientôt j'aperçus le Dniester. Les montagnes qui s'élèvent sur ses rivages dessinent à leur sommet une ligne absolument droite, leurs bases forment des mamelons uniformes. Le pied de ces collines est couvert de broussailles : plus haut elles sont nues et blanchâtres. La ville de Mohilew est bâtie sur le fleuve : elle renferme une belle église ; ses maisons sont de petits réduits, séparés entre eux par des cours, et auxquels on arrive au moyen de ponts bariolés de mille couleurs. La route suit le cours du Dniester au sortir de la ville ; les montagnes à la gauche sont arides et crevassées, de grandes masses de rochers blanchâtres paraissent au milieu de quelques herbes sèches, tandis que les hauteurs du côté opposé sont couvertes de verdure. Le fleuve est large ; ses eaux sont grisâtres et rapides, et ses rivages sont garnis de blocs de pierre d'un jaune foncé. Ce paysage n'est pas sans beauté ; tout s'y dessine en grandes masses. L'apparence sauvage de cette nature inspire la tristesse et le recueillement. Je m'arrêtai pendant long-temps pour dessiner ; un homme et une femme russes, suivis d'un énorme chien, animaient seuls la contrée. Quittant le Dniester, on gravit la montagne par un chemin à peu près impraticable. Des fragmens de granit obstruent la route ; leurs masses se détachent sur la verdure presque noire de sapins, au milieu desquels on aperçoit de temps en temps le pâle feuillage d'un bouleau.

Peu à peu le pays changea d'aspect, et bientôt

j'entrai dans les steppes que l'on traverse avant d'arriver à Odessa. Ce sont de vastes étendues de terrains non cultivés et servant de pâturages; on y voit des fleurs de toute espèce et dont les couleurs sont très-variées: les seules habitations qui s'y trouvent sont des cabanes auprès desquelles on change de chevaux. Quelquefois ces landes sont un peu montueuses; lorsque la verdure qui les couvre est fraîche, elles forment des points de vue agréables, auxquels cependant le manque d'arbres imprime un caractère singulier. Plus on avance vers Odessa, plus elles sont stériles; on y rencontre toujours la même quantité de fleurs et de plantes parasites, mais la bonne herbe disparaît presque entièrement. Une poussière noire, fine et étouffante obscurcit la vue; des nuées de sauterelles couvrent la terre; dans l'éloignement on voit de grands troupeaux de chevaux en liberté; des milliers de cigognes bordent le chemin, tandis que le postillon russe à longue barbe et la tête couverte de son grand chapeau plat, reste assis sur le siége, immobile, le corps penché en avant, excitant de temps en temps ses quatre chevaux, attelés de front, en poussant un cri sauvage. La route commence à s'animer; on rencontre fréquemment de longues files de chariots construits en bois sans aucune ferrure, et chargés de charbons, de peaux, de foin ou de grains : ils vont à Odessa ou en viennent.

Leurs conducteurs, presque nus, noircis par le soleil et la poussière, ont l'air de sauvages. Enfin, la nature perd un peu de sa triste et sévère monotonie; une forêt de moulins à vent annonce Odessa, qui s'étend au loin sous les yeux du voyageur : on s'aperçoit en y entrant qu'elle est une création nouvelle. Les rues de cette ville sont larges, ses maisons jolies : elle renferme plusieurs églises bien construites. Elle doit en grande partie son existence au duc de Richelieu, dont la mémoire est ici en grande vénération, et à qui on élève une statue sur l'une des promenades publiques. Odessa est le plus grand port marchand de la Russie sur la mer Noire : elle commerce principalement en grains, et en exporte beaucoup, qui viennent de la Crimée, de la Podolie et des différentes provinces de la Russie méridionale. Bâtie sur le plateau des steppes, la ville est fort élevée au-dessus du niveau de la mer : il y pleut rarement; ses rues ne sont point pavées; la poussière la rend presque inhabitable pendant la belle saison.

Je compte m'embarquer d'ici à deux jours pour Constantinople.

Je suis, etc.

LETTRE IV.

Thérapia.

Je quittai Odessa vingt-quatre heures après vous avoir écrit ma dernière lettre. En arrivant à la quarantaine j'appris que le bâtiment qui devait m'emmener avait profité, deux heures auparavant, d'une brise favorable pour lever l'ancre. Je trouvai heureusement le capitaine d'un brik marchand de Trieste qui se disposait à appareiller, et sur-le-champ je m'arrangeai avec lui. Notre traversée a été longue et ennuyeuse; pendant trois jours nous avons eu calme plat. Je ne vous parlerai point de la petite île des Serpens, que l'on voit à la hauteur des embouchures du Danube : elle est sujette à des inondations et entièrement abandonnée aux reptiles qui lui donnent son nom. Après huit journées fort monotones nous aperçumes enfin les côtes de la Romélie au moment du coucher du soleil. Le lendemain matin notre bâtiment se trouva en face du canal de Constantinople.

Je voyais à ma droite le fanal d'Europe, à ma gauche celui d'Asie. Aux pieds de ces deux constructions s'étendent les récifs auxquels on donne le nom d'îles Cyanées. Le phare d'Europe est bâti sur le promontoire de Panium et défendu par le château de Fanaraki. Celui d'Asie s'élève sur le fameux cap de l'Ancre (*Ancyreum*). C'est ici que les Argonautes prirent l'ancre de pierre, conformément aux ordres de l'oracle. Nous entrâmes bientôt dans le Bosphore. Il n'a qu'un quart de lieue de largeur, et nous en tenions le milieu, de sorte que je pouvais distinguer les deux rivages jusque dans leurs plus petits détails. Je ne puis vous donner qu'une bien faible idée de ce que j'éprouvai en voyant cette magnifique contrée où tout était neuf pour moi ; ce ciel si pur, cette nature si riante, cette végétation si forte, ces maisons d'une construction si légère, ces costumes si riches et si variés, tout différait essentiellement de ce que j'avais vu jusqu'alors ; j'aurais voulu dévorer d'un seul coup d'œil ces objets nouveaux, mais mon attention, toutes mes facultés ne suffisaient point : je ne savais par où commencer mon examen.

Le Bosphore serpente comme un fleuve tranquille et majestueux au milieu de deux chaînes de montagnes assez élevées, dont les flancs sont couverts de pâturages et de bouquets d'arbres. A leurs pieds s'élèvent de rians villages groupés auprès des vallées les plus fraîches. La côte d'Asie dessinait à ma gauche des lignes imposantes. Son rivage sinueux formait mille anses que peuplait un nombre infini de bâtimens de toute espèce. A ma droite s'étendait la côte d'Europe, à la fois moins élevée et moins pittoresque; on y découvrait quelques petits forts, le château d'Europe (Roumeli-Kavak) et le village de Buyuk-Déré, dominé par des collines boisées; plus loin j'apercevais la vallée fertile qui porte le même nom, et à l'entrée de laquelle s'élève encore le platane sous lequel campa Godefroi de Bouillon. Il couvre aujourd'hui de son vaste ombrage une petite mosquée mal construite. A travers le feuillage découpé de cet arbre on voyait paraître dans l'éloignement les arcades élégantes d'un immense aqueduc. Ici le rivage, qui descendait en pente douce dans la mer, devient tout à coup escarpé. Une longue corniche de rochers, interrompue de distance en distance par des forts turcs et par des arbres touffus, se prolonge jusqu'à Thérapia, résidence d'été de l'ambassadeur de France. Du côté de l'Asie, la contrée est dominée par la montagne du Géant, cône élevé auprès duquel se trouvent les ruines d'un vieux château fort, bâti jadis par les Gênois; à ses pieds Anatolico-Kavak, bourg dont le centre est occupé par un fort, montrait des maisons entourées de platanes, de cyprès et de pins maritimes. L'effet de ce paysage ne saurait se dépeindre; nous avancions sur une mer dont la couleur est l'azur le plus prononcé.

Une quantité innombrable de caïques, bateaux longs et étroits, entouraient notre bâtiment; des rameurs légèrement vêtus les faisaient voler sur la surface de l'eau, tandis que des gens en costumes plus amples, assis au fond de ces frêles esquifs, dans un état d'immobilité parfaite, fumaient leurs longues pipes à embouchures d'ambre. Le palais de France est grand, bien distribué, mais bâti en bois, comme toutes les constructions de ce pays : il appartenait jadis à la famille Ypsilanti et fut donné à nos envoyés par le sultan Sélim. Un magnifique jardin est planté en amphithéâtre sur les collines qui entourent cette habitation; de ses terrasses on découvre à la fois le Bosphore, la mer Noire, la belle côte d'Europe, et la côte d'Asie, plus belle encore.

M. le comte Guilleminot, ambassadeur de France, m'accueillit avec une bonté qui me pénétra de reconnaissance et voulut bien me proposer de loger au palais; je me trouve en quelque sorte en famille sur cette terre étrangère. Je fis encore dans la soirée une promenade sur les rives du Bosphore, dans la direction qui mène à Constantinople. Plus j'avançais, et plus le paysage avait de charmes : si cette contrée était habitée par un peuple qui sût tirer parti des avantages qu'elle offre, elle serait le paradis terrestre. Jamais je n'ai vu de nature aussi gracieuse; toutes ses formes ont quelque chose de voluptueux, dont aucun pinceau, aucune description ne peuvent donner une idée: les teintes les plus variées ajoutent aux charmes du paysage ; l'air y semble plus léger et tous les contours s'y dessinent avec une admirable précision.

Les constructions turques ressemblent de loin à celles de l'Italie, plusieurs points de vue me rappelèrent les belles parties des lacs de la Lombardie. Notre promenade nous conduisit d'abord au village de Thérapia. Je vis alors en détail ces maisons qui, à une certaine distance, produisent un effet si pittoresque. Ce sont de misérables barraques de bois, assez élevées, percées d'une quantité de fenêtres garnies de treillages, bâties d'ailleurs sans aucune solidité et adossées les unes contre les autres. Elles sont peintes en rouge ou en gris, suivant qu'elles appartiennent à des Turcs ou à des rayas. Les gens du pays, que j'y rencontrai en grand nombre, se livraient tous à leurs occupations journalières : je m'arrêtais à tout instant pour les considérer; chaque objet m'intéressait par sa nouveauté. Je n'essayerai point de vous décrire le tableau mouvant que j'avais sous les yeux; j'aurai besoin d'un peu de temps pour classer tout cela dans ma tête; je suis trop étonné encore de ce que j'ai vu pour pouvoir en rendre un compte détaillé. Nous passâmes près d'un kiosque d'une architecture élégante et qu'entourent des cyprès et des platanes. Le séraskier vient d'en faire hommage au sultan, en mémoire de la destruction des janissaires. Rien n'est plus commun ici que les fontaines; on en rencontre à chaque pas: elles sont construites avec beaucoup de goût, presque toujours en marbre blanc, avec des ornemens de diverses couleurs et portant en lettres d'or des inscriptions tirées du Coran. De petites coupes en laiton y sont attachées au moyen de chaînes; les passans s'en servent pour boire. Entouré d'une nature si riche et si pompeuse, je ne pouvais oublier cependant que j'étais dans un pays peu civilisé; à chaque instant une odeur infecte m'obligeait à hâter le pas, et je voyais au milieu du chemin étroit des corps d'animaux déjà en putréfaction, et dont des chiens maigres et dégoûtans se disputaient les restes.

De tous côtés j'apercevais des édifices abandonnés et démolis en grande partie, habités jadis par de riches familles grecques ou arméniennes victimes des derniers événemens. Je remarquai surtout les ruines de la demeure des frères Donsoglou et celles de l'habitation du prince grec Kallimachi, exilé, puis étranglé par ordre du sultan, pour avoir pris part au soulèvement de ses compatriotes, après avoir été drogman de la Porte. Son palais était, dit-on, le plus beau de ceux qui s'élèvent sur les rives du canal de Constantinople : sa construction a coûté des sommes immenses; un vaste jardin l'entourait : saisi de tristesse, je parcourus ces lieux, qui portaient encore l'empreinte de l'opulence de leurs anciens propriétaires. Je découvrais le majestueux Bosphore du milieu des ruines où fleurissait le laurier rose à côté du cyprès, du tilleul et du figuier.

Nous eûmes chez l'ambassadeur de France une soirée, à laquelle assistaient le corps diplomatique et les gens du pays. Le costume de cérémonie des femmes pérotes est disgracieux : elles portent des tailles ridiculement courtes et semblent contrefaites. Leurs petits cafetans en velours, leurs vestes usées, garnies de fourrures, ressemblent à des habits d'hommes ; sur la tête elles ont des bonnets du pays, appelés *tarbouches :* elles les entourent de morceaux de crèpe ou de gaze, disposés en forme de turban.

Je suis, etc.

LETTRE V.

Constantinople.

Je vous ai écrit hier au soir, cependant je recommence aujourd'hui, après une journée passée à Constantinople. Je désire vous rendre compte de ce que j'ai éprouvé en voyant cette ville bizarre; si je différais encore, j'aurais le temps de me familiariser avec les objets qui m'entourent : beaucoup de détails qui m'ont frappé n'auraient plus rien d'extraordinaire pour moi, et ma description ne serait peut-être plus qu'une description géographique exacte, mais froide et ennuyeuse. M. le baron Beugnot, secrétaire de l'ambassade de France, et M. Foltz, aide-de-camp du général Guilleminot, me proposèrent, le lendemain de mon arrivée, de me mener à Constantinople et de m'y servir de Cicérone. Nous partîmes de Thérapia à six heures du matin; jamais peut-être le temps n'avait été plus parfaitement beau dans un pays où il l'est habituellement. Un caïque à trois paires de rames nous attendait à la porte du palais; je m'y plaçai avec mes compagnons, et nous partîmes. Nos conducteurs grecs battaient l'eau en mesure avec leurs six rames : ils avaient les jambes nues ; de larges pantalons d'une étoffe blanche et légère leur descendaient jusqu'aux genoux, et le haut de leur corps n'était couvert que de chemises de lin très-fines et très-amples, qui laissaient leur cou, leur poitrine et leurs bras à découvert. Ils ne portent point de cheveux et se font raser la barbe, sauf la moustache; ils portent sur la tête de petits tarbouches rouges, à houppe bleue. Les caïques, que le moindre mouvement des passagers peut faire chavirer, d'une légèreté et d'une propreté admirables, sont très-longs, très-étroits et se terminent en pointe : on les construit en bois d'érable orné de sculptures, couvertes d'un vernis fort clair; les rameurs sont assis, chacun isolément, sur un petit banc; les promeneurs, au contraire, se placent les jambes étendues sur le plancher même de la barque, que l'on garnit de coussins ou de tapis: on franchit une distance de plusieurs lieues en une heure et demie ou cinq quarts d'heure environ, pour aller de Thérapia à Constantinople. Le Bosphore, que je traversai dans toute sa longueur, offre une succession constante et très-variée de points de vue ravissans. Des montagnes assez élevées garnissent les rivages d'Europe et d'Asie; des villages, qui font l'effet le plus pittoresque, se suivent sans interruption; des anses délicieuses, garnies de cyprès, de lauriers et de platanes, se présentent à tout instant;

de petits cafés et des fontaines sont établis au pied de ces arbres, et une foule de Turcs y sont groupés assis sur leurs tapis, fumant leurs pipes et jouissant de leur *quief*[1]. De fraîches vallées, où des platanes centenaires forment de grands couverts de verdure, leur succèdent ; plus loin, on aperçoit de vastes forêts de cyprès, au milieu desquels se détachent une foule de petits monumens en marbre blanc, sculptés d'après un goût tout particulier : ce sont les cimetières turcs, qui servent en même temps de promenades publiques. Le Bosphore lui-même est aussi animé que ses rivages; des milliers de bâtimens le croisent en tous sens ; partout on aperçoit des nuées d'oiseaux aquatiques, tandis que de grandes troupes de marsouins se jouent autour des embarcations, et quittent leurs retraites pour venir se chauffer au soleil. Plus nous avancions, et plus la scène devenait variée ; nous doublâmes enfin le promontoire, sur lequel s'élève la tour des janissaires, ancien fort, datant de la dernière époque du Bas-empire, et qui forme le point central entre Thérapia et Constantinople[2]. Je jouis alors d'un

---

1 Nom que les Turcs donnent au repos parfait, ou *dolce far niente* des Italiens.

2 Il est bâti sur le promontoire dit *Kislar Bouroun*, qui a porté jadis le nom d'*Hermès;* le courant y est fort rapide. Ce fut là que les Goths et les Croisés passèrent d'Europe en Asie. C'est aussi de ce point que Darius vit le passage de son ar-

coup d'œil dont jamais l'impression ne s'effacera de ma mémoire. A ma droite se trouvait la résidence d'été du Grand-Seigneur, Dolma-Baktche, monument qui semble être l'ouvrage des fées; on croit voir un palais aérien, une de ces créations fantastiques qui ne doivent leur existence qu'à l'imagination des poëtes orientaux[1]. A notre gauche, Scutari se déployait avec toute sa magnificence : son promontoire étroit, à l'extrémité duquel se trouve le nouveau kiosque du Grand-Seigneur, formait une courbe devant nous ; un peu plus loin, au milieu du bras de mer, je voyais la tour de Léandre, contre laquelle les vagues venaient se briser; derrière elle se dessinaient les îles des Princes, la mer de Marmara, la côte de la Bithynie et le mont Olympe avec ses neiges éternelles. Au fond du tableau, enfin, se montrait la pointe du sérail, à côté de laquelle s'élève la pompeuse Constantinople. Des milliers de maisons sont répandues sur les sept collines qu'occupe la ville, et au milieu desquelles

---

mée. Le village de Balta-Liman s'étend au pied du fort des janissaires et forme un tableau enchanteur.

1 Le palais est bâti, dit-on, sur le lieu où Jason aborda lorsqu'il alla chercher la toison d'or. Le village qui s'élève à côté est appelé Bechik-Tash, d'un nom de Hadje Bektash, qui institua la milice des janissaires, et y est enterré. On regarde l'anse que le Bosphore forme en cet endroit, comme l'ancien port des Rhodiens.

se trouve la célèbre corne d'or, son port, le plus beau du monde; parmi les maisons croissent de magnifiques bouquets d'arbres ; une quantité de mosquées somptueuses, de minarets élancés s'offraient en même temps à ma vue : le soleil y répandait les teintes brûlantes des climats méridionaux. L'air était d'une pureté parfaite ; une brise légère agitait mollement les cimes des arbres ; la mer calme et limpide réflétait le paysage, qui semblait ainsi suspendu dans les airs et nageant dans un océan d'or et d'azur. Je n'osais respirer; je croyais faire un rêve délicieux, et je ne voulais point en détruire l'illusion. Ce tableau était magique. Nous avancions rapidement et bientôt nous nous trouvâmes dans le port. A notre droite s'élevaient Galatha, Péra et Tophana, quartiers des Francs et de l'arsenal. A notre gauche se trouvait Constantinople proprement dite ; nous nous dirigeâmes de ce côté, en traversant une ville d'un autre genre, une flotte de plusieurs centaines de bâtimens marchands, où l'on voyait réunis des hommes de toutes les nations du monde. Nous débarquâmes à une échelle [1] couverte, où les caïques s'arrêtent ordinairement. Mon Cicérone me recommanda encore de prendre garde aux chiens et de ne point toucher les

---

1 On nomme échelles, des planchers qui s'avancent dans l'eau, et où l'on débarque habituellement.

passans; ces instructions, au reste, étaient presque inutiles, car un étranger nouvellement arrivé dans le Levant a peut-être une crainte exagérée de la peste, tandis qu'au bout de quelques jours il se promène avec autant de sécurité à Constantinople que dans les rues de Paris. Nous entrâmes dans celle qui aboutit au port. Les rues sont affreuses; les maisons sont des huttes en bois, d'une construction si chétive que l'on ne conçoit pas le courage et le fatalisme des gens qui les habitent au risque de les voir renversées par le vent ou dévorées par les flammes. Le pavé de Constantinople est détestable; les voies publiques y sont étroites : trois ou quatre personnes ont quelquefois de la peine à y marcher de front, et cependant ces rues sont plus animées que celles d'aucune autre capitale. Un Européen qui n'a jamais vu une ville asiatique, ne peut se figurer, quelque effort d'imagination qu'il fasse, l'étonnement qu'éprouvent ses compatriotes lorsqu'ils en parcourent une pour la première fois. La variété et l'ampleur des costumes est ce qui frappe d'abord. C'est d'après les chaussures et les coiffures qu'on reconnaît le rang et la nation des gens que l'on rencontre. Les croyans se chaussent en jaune; les rayas, chrétiens sujets de la Porte, en rouge, et les juifs en bleu. J'ai déjà observé, dans ma précédente lettre, que la même distinction existe pour les bâtimens: les édifices publics et ceux qui appartiennent au

Grand-Seigneur sont peints en blanc, ceux des émirs en vert, ceux des Turcs en rouge; enfin, les maisons des rayas et autres sujets sont grises. Je ne vous entretiendrai pas longuement du turban à côtes des effendi [1], du cône écarlate des cuisiniers du Grand-Seigneur, du singulier bonnet des bostangi, du calpak des Arméniens et du petit turban des juifs; il me suffit de vous dire que chaque caste a sa coiffure, ses coupes d'habits, et souvent même ses couleurs à part; les Turcs seuls ont le choix sur cet article, et je remarquai que les jeunes musulmans portent des habits de nuances foncées, tandis que le rose, le jaune ou le vert-clair sont en général réservés aux vieillards. Les chiens, que je rencontrais à chaque pas par centaines, m'inspiraient une horreur insurmontable. Ces animaux vivent à Constantinople dans les rues; ils sont sans maîtres, absolument sauvages et se multiplient d'une manière incroyable; cependant il n'y a jamais eu d'exemple que la rage ait régné parmi eux. Leur race est hideuse; ils ressemblent, pour la forme et la couleur, au renard ou au loup; ce qu'il y a de singulier, c'est qu'ils se sont distribués entre eux les quartiers de la ville. Un chien de telle rue ne peut s'en éloigner sans que toute la gent canine du voisinage ne fonde sur lui : j'ai été témoin de plusieurs

1 Mot turc, qui répond à notre expression de Monsieur.

de ces batailles. Quand l'intrus s'en tire vivant, c'est toujours en laissant au moins une portion de son individu sur le théâtre du combat. Aux rues étroites succèdent de temps à autre des places irrégulières sur lesquelles on voit de grands arbres. Les trottoirs sont fort élevés; le centre des rues est occupé par une petite rigole raboteuse dans laquelle marchent les cavaliers et les voitures. Ces voitures sont la chose du monde la plus comique; celles qu'on nomme *kotschi* sont longues et étroites : on les construit en bois léger, bariolé de mille couleurs; les femmes qui s'en servent y montent au moyen de petites échelles, qu'on retire et qu'on attache derrière, aussitôt qu'elles se sont placées : on y étend un tapis ou des carreaux sur lesquels tout le monde s'accroupit; en les voyant passer, on ne conçoit pas comment un si grand nombre de personnes tiennent dans un espace aussi resserré. En guise d'impériale, on étend un morceau de drap écarlate ou même de mousseline; le pourtour de la voiture est garni d'un grillage en bois, artistement sculpté, et qui ne laisse d'ouverture libre qu'aux endroits par lesquels on entre. La forme des *arabas*, autres voitures turques, est encore plus imparfaite que celle des kotschi : ce sont simplement des chariots non suspendus, et couverts, au haut, d'une pièce de mousseline ou de drap. L'attelage se compose de deux chevaux ou de deux bœufs; le cocher marche ordinairement à côté d'eux, tenant un grand bâton en main. Plus j'avançais, et plus le mouvement des rues me paraissait extraordinaire; les quartiers les plus populeux de Paris en donnent à peine une idée. De tous côtés on voit des boutiques : ici c'est un marchand de sorbets ou un pâtissier, établi à l'ombre d'un platane; plus loin un lapidaire, chez lequel on voit des bagues extraordinaires ou des pierres gravées, et qui, assis les jambes croisées sur son bureau, travaille en fumant son *narguilè*. A quelques pas de là, un marchand de pipes dorées étale ses embouchures d'ambre et d'émail : à côté de sa boutique se trouve celle d'un chaudronnier, qui vend des ustensiles de la forme la plus bizarre. Un peu plus loin, on voit un trafiquant de vieux habits, de schals, d'étoffes orientales; un vendeur de poisson; un jardinier, à moitié nu, portant sur ses épaules un long morceau de bois en forme d'arc, d'où pendent, aux deux bouts, des paniers remplis de plantes potagères. Un marchand de citrons et d'oranges vous renverse presque avec sa boutique ambulante. On entend en même temps un cri plaintif; un porte-faix déguenillé, se dirigeant vers l'hôpital, s'avance, ayant les épaules chargées d'un horrible pestiféré. On se range avec effroi; mais au bout d'un instant, à cette frayeur que l'on vient d'oublier, succède la crainte d'être jeté dans la rigole par une file d'ânes conduits par des ouvriers publics et chargés de bois de construction, de façon à prendre toute la largeur de la rue. Partout on voit des mendians couverts de turbans et de cafetans déchirés; des aveugles et des lépreux, qui implorent la charité des passans. Cependant je ne pouvais me lasser d'admirer la beauté de la plupart des hommes que je rencontrais; leur démarche est noble et majestueuse; leur sang superbe, et leur costume contribue encore à faire ressortir tous leurs avantages physiques. Quant aux femmes, on ne peut juger que de leurs yeux, la seule partie de leur visage qui reste à découvert; ordinairement ils sont beaux et d'un noir de jais : elles sont enveloppées de la tête aux pieds dans des vêtemens d'une excessive ampleur; leurs *feretje* et *jachmak* [1] les couvrent au point qu'il est impossible de juger leur taille et leur tournure. Après avoir marché pendant assez long-temps, nous entrâmes dans les bazars. Ces marchés sont un des objets les plus curieux dans les villes turques. Le devant des boutiques s'ouvre comme une porte à deux battans renversés horizontalement, de manière à former une espèce de comptoir et un auvent qui met les marchandises à l'abri; les rues des bazars sont couvertes par des toits que soutiennent de

1 Noms que l'on donne au voile et au manteau.

longues poutres; chacune d'elles est affectée à une classe particulière d'ouvriers ou de marchands. Les Turcs entendent fort bien l'art de disposer les objets de leur commerce de manière à attirer les regards; cependant ils tiennent toujours en réserve ce qu'ils ont de plus beau et ne le montrent qu'après avoir tenté inutilement les chalands en leur offrant des marchandises plus ordinaires. Ils ont l'habitude de surfaire excessivement, et finissent par conclure des marchés pour la moitié ou même le quart du prix qu'ils ont demandé d'abord. C'est dans les bazars surtout qu'on est frappé de la bigarrure de ces gens de toutes les nations et de toutes les couleurs, habillés chacun suivant l'usage de son pays. Je dois avouer cependant que si ces marchés m'ont intéressé vivement, comme chose entièrement nouvelle pour moi, ils n'ont pas répondu à mon attente; je les ai trouvés bien au-dessous des élégantes boutiques de nos pays. Nous entrâmes dans la rue aux étoffes et aux habits, la plus dangereuse de toutes; souvent elle a répandu le fléau de la peste à Constantinople. On y voit de grandes boutiques remplies de schals, de cafetans, de manteaux et d'autres objets de ce genre : sans doute il en est parmi eux qui ont appartenu aux victimes du mal contagieux; mais cela n'empêche pas la foule de marchander et d'acheter sans éprouver la moindre inquiétude. Ce sentiment ne pouvait réprimer mon désir de voir. Je ralentis un peu le pas, et en relevant les yeux du côté de mes compagnons, je les vis déja assez loin de moi au détour de l'un des angles du bazar; ils me croyaient à leurs côtés et marchaient sans tourner la tête : accoutumés d'ailleurs aux habitudes du pays, ils prenaient moins de précautions que moi et avançaient fort vite. Je doublai le pas dans l'espoir de les rejoindre bientôt, mais à chaque instant je craignais de marcher sur un de ces chiens hideux ou de heurter quelque Musulman dans la foule prodigieuse qui m'entourait. Comme tous les nouveaux arrivés à Constantinople, je croyais voir un pestiféré dans chaque passant. J'avoue que je fus un peu tourmenté à l'idée de perdre mes guides dans cette ville immense où je me trouvais pour la première fois, dont toutes les rues se ressemblent, dont enfin la langue et les usages m'étaient complétement étrangers. Cependant la masse du peuple obligea mes conducteurs à s'arrêter un peu et me donna le temps de les rejoindre. Au reste, j'ai déjà fait des progrès, car je crois qu'actuellement je parcourrais fort bien seul les rues de Stamboul la Sainte [1]. En sortant de ce bazar nous entrâmes dans celui des épiceries, le plus sain de la ville, le seul peut-être où la peste n'ait jamais exercé ses ravages. Nous arrivâmes en-

---

[1] Nom que les croyans donnent à Constantinople.

suite à celui des étoffes précieuses et des broderies; on y vend également des miroirs, des babouches et des sacs pour contenir le tabac, brodés avec goût en arabesques d'or et d'argent. J'y vis beaucoup de marchands arabes et des hommes de toutes les parties de l'Asie.

Au sortir des bazars nous nous trouvâmes sur une place publique, non loin de la mosquée de Sainte-Sophie, la plus magnifique de Constantinople, autour de laquelle s'élèvent quatre minarets. Elle fut commencée en 517 par l'empereur Justinien et terminée en seize ans[1]. Les chrétiens y célébrèrent leur culte pendant neuf cent vingt ans; les

1 Constantin en avait déjà jeté les fondemens avant sa mort, et son fils Constance l'avait achevée : elle fut la proie des flammes, lorsque les ennemis de S. Jean-Chrysostôme y brûlèrent ceux qui n'avaient point voulu souscrire à son bannissement. Ce fut environ un siècle après que Justinien la rebâtit. On fit venir des parties les plus éloignées de l'empire des matériaux précieux pour la construction de cet édifice. Son large dôme est fort aplati; de nombreuses coupoles inférieures l'entourent. Cette mosquée a la forme d'une croix grecque : elle a 270 pieds de longueur de l'est à l'ouest, et 240 pieds de largeur du midi au nord. On assure que l'intérieur de Sainte-Sophie renferme une grande quantité de belles colonnes et de mosaïques antiques. Sa coupole a 105 pieds de diamètre, 18 de profondeur et 165 d'élévation au-dessus du pavé du temple. Mahomet II, qui la première fois y entra à cheval, la dédia à son prophète, aussitôt après la prise de Constantinople.

Musulmans en prirent possession dès 1453. Malheureusement aucun Franc ne peut pénétrer dans les mosquées de Constantinople, mais les portes extérieures en sont ouvertes, et l'on peut au moins y jeter un coup d'œil à la dérobée. Le devant de celle de Sainte-Sophie forme, comme tous les édifices de ce genre, une cour carrée, au milieu de laquelle se trouve un groupe d'arbres avec une fontaine (où les croyans vont faire les ablutions prescrites par la loi), et aux quatre coins de laquelle s'élèvent les minarets. Le fond de la cour est occupé par le bâtiment principal, dôme imposant, dont la vaste coupole est surmontée d'un croissant doré. Les minarets sont peut-être la construction la plus singulière qu'aient jamais exécutée les mains des hommes; ce sont des tours élancées comme de simples colonnes, d'une élévation considérable, dont le haut est entouré d'une ou de plusieurs galeries, et qui se terminent par des toits de forme conique. Les imans montent trois fois par jour aux galeries des minarets et appellent à haute voix les fidèles à la prière. Cet appel a quelque chose de touchant et de mélancolique.

La chaleur était étouffante et je mourais de soif: voyant mes compagnons aussi altérés que moi, je leur proposai d'entrer chez un marchand de sorbets; nous en prîmes de fort bons, moyennant six paras. Le para est une petite monnaie d'argent mêlée de beaucoup d'alliage et mince comme une feuille de papier. Il en faut quarante pour faire une piastre turque ou huit sous de France environ. Trois piastres font une roupie, petite pièce d'or. J'admirai en cette occasion la bonne foi de mon marchand : j'avais déjà quitté sa boutique depuis quelques minutes lorsque je le vis courir après moi pour me rendre deux paras que je lui avais donnés au-delà du prix convenu. De tels traits sont très-fréquens parmi les Turcs. Il est fort rare qu'un Musulman se laisse aller au vol : on n'en peut dire autant des autres habitans du Levant. La manière dont on punit ici les délits de ce genre est très-sommaire ; de même en général que celle de rendre la justice en Turquie. Ces jours derniers, par exemple, on voyait un homme pendu à la porte de sa maison, et ayant attachées sur sa poitrine deux petites plaques de cuivre, objets qu'il avait volés. Au-dessus de sa tête était un écriteau portant qu'il avait été pendu pour avoir commis trois fois le même crime. La première fois qu'il s'en est rendu coupable, disait l'écrit, on lui a dit de ne plus le faire ; la seconde fois, on lui a donné cent coups de bâton ; la troisième fois, enfin, on l'a pendu.

Nous entrâmes alors dans le quartier brûlé, il y a un an, et qui comprend environ un tiers de Constantinople. On y rebâtit à force, tout aussi légèrement qu'avant l'incendie; les maisons sont entassées les unes contre les autres, de même que jadis : sans doute d'ici à peu d'années elles seront de nouveau la proie des flammes. On aperçoit dans ce quartier une grande colonne en porphyre rouge, qui date de l'ancienne Byzance; elle est entourée, de distance en distance, de couronnes triomphales. Ce monument a été en partie calciné par le feu : des liens de fer en soutiennent les débris; le chapiteau est en marbre blanc et porte les traces d'une inscription illisible aujourd'hui. Cette colonne est d'ordre dorique : une statue d'Apollon était placée jadis sur son chapiteau; le fût est formé par plusieurs blocs de porphyre, dont les joints sont cachés par les couronnes triomphales : il a 33 pieds de circonférence. Après une heure et demie de marche, nous nous trouvâmes auprès du vieux sérail, demeure du séraskier, où les Francs sont très-bien accueillis depuis la dernière révolution des janissaires. Les Français surtout sont fort considérés par le vieux séraskier, qui, chargé de faire instruire à l'européenne les nouvelles troupes du sultan, a pris à sa solde plusieurs instructeurs de cette nation. En général l'antique vénération de la Porte pour la France ne s'est point altérée, et elle nous regarde toujours encore comme supérieurs aux autres peuples chrétiens. Le vieux sérail est un bâtiment élégant, placé au fond d'une vaste cour, et derrière lequel est planté un jardin. Le toit en est plat et saillant; la maison est de couleur blanche; des arabesques de diverses nuances entourent ses nombreuses fenêtres. La cour de cet édifice a été le théâtre principal de la sanglante catastrophe qui a détruit la puissance des janissaires. J'y assistai à une revue des troupes turques; les régimens des djebhehanedjes (munitionnaires) y faisaient l'exercice à feu à l'européenne. Ils portent des vestes rondes vertes, des pantalons bleus fort larges jusqu'aux genoux et serrés plus bas, et sur la tête des bonnets ronds, fort hauts, bleu clair et garnis de tresses jaunes. Cette coupe d'habits est affectée aujourd'hui à toutes les troupes turques; mais les divers régimens ont leurs couleurs particulières. Les officiers des djebhehanedjes étaient vêtus d'uniformes amaranthes, garnis de tresses d'or. La musique, qui jouait la *marseillaise* et le *ça-ira* avec un mauvais fifre et quelques tambours, donnait seule un air un peu barbare à cette revue. Je crois bien que ces soldats de la nouvelle organisation ne se conduiraient pas encore comme de vieilles troupes européennes sur un champ de bataille; c'est une création toute nouvelle. Cependant je ne puis vous dissimuler, mon cher ami, que j'ai été frappé d'étonnement en voyant avec quelle promptitude ces soldats, recrutés dans l'âge le plus tendre, ont su se plier à notre discipline et saisir notre manière de faire l'exercice. A côté du palais se trouvait une grande tente, à l'entrée de laquelle j'allai me placer sans façon avec mes compagnons : à l'extérieur, elle était de couleur verte, comme appartenant à un émir; un grand et large divan en garnissait l'intérieur. Le séraskier, commandant général des forces de terre de la Porte ottomane, y était accroupi: c'est un vieillard à longue barbe, et l'un des principaux auteurs des dernières réformes. A côté de ce grand dignitaire, étaient un colonel et trois écrivains, que l'on reconnaissait à leurs cafetans bleus et aux écritoires d'argent, à long manche, qu'ils portaient à leurs ceintures. Un instructeur franc faisait manœuvrer homme par homme des recrues dans l'intérieur de la tente. Tout auprès étaient une foule d'esclaves et un beau cheval blanc richement caparaçonné en vert et dont les harnais étaient dorés; les étriers, longs, massifs, et façonnés de manière à permettre au pied de s'y reposer dans toute sa longueur, étaient également en vermeil. Khalil, pacha à deux queues, adjudant du séraskier, et qui loge avec lui au vieux sérail, ne se trouvait point dans la tente : mon conducteur, qui le connaissait, me proposa de lui faire une visite. Vous pensez bien que j'acceptai avec empressement. Nous entrâmes aussitôt dans le palais; je jetai en passant un coup d'œil sur les fenêtres du harem; vous savez qu'elles sont couvertes de treillages, qui permettent aux femmes de voir, sans être vues, ce qui se passe au dehors.

Les Turcs, dont l'usage est de s'accroupir sur les meubles, ont grand soin d'avoir des chaussures extrêmement propres. Ils portent dans l'intérieur des appartemens de petites bottines en maroquin jaune, sans semelles; et quand ils en sortent, ils mettent par-dessus des babouches, qu'ils laissent ensuite dans les corridors. Nous fûmes donc obligés de déposer nos chaussures au haut de l'escalier: après avoir traversé une antichambre, dans laquelle se trouvaient une foule de serviteurs, on nous ouvrit un rideau épais, qui fermait l'appartement du pacha. Le plancher de cette chambre était couvert d'une natte de jonc d'une grande propreté, dont le dessin était à peu près semblable à celui de nos parquets; les murs étaient peints en blanc, avec des arabesques violets; l'un des côtés de l'appartement formait une avance sur le jardin et n'était composé que de fenêtres étroites à un battant, placées à très-petite distance les unes des autres. Chaque fenêtre avait un rideau en toile de lin à fleurs et à fond vert; un divan fort large, recouvert d'une étoffe semblable à celle des rideaux et garnie de franges blanches et bleues, entourait la chambre, dans laquelle il n'y avait pas d'autres meubles. Des esclaves étaient assis sur leurs talons à terre; le pacha et un jeune colonel de ses amis occupaient un des coins du divan. Khalil est âgé de vingt-deux ans ; il vient d'être nommé pacha par le sultan, à la suite d'une revue où son régiment s'est distingué par sa discipline et la précision de ses manœuvres en faisant l'exercice à l'européenne. Le jeune pacha est fort bel homme ; il nous reçut en souriant et en saluant à la manière orientale, c'est-à-dire en portant la main de la poitrine à la bouche et aux yeux. Il était vêtu d'un habit blanc en lin, à boutons d'or ; son cafetan était de drap brun, et il avait un grand cachemire blanc autour de la tête. Il comprend un peu le français ; cependant il fit venir aussitôt un drogman pour faciliter la conversation, qui s'engagea de la manière la plus aisée. Nous étions à peine assis, lorsque trois esclaves entrèrent en portant de très-longues pipes, dont les tuyaux étaient en bois odoriférant et les embouchures en ambre : on nous en offrit une à chacun, en posant la tête de la pipe à terre dans une assiette en laiton. Trois autres esclaves, suivant les premiers, apportèrent du café : on nous en servit à peu près la valeur de deux cuillerées ; il était sans sucre et fort épais, mais d'un goût et d'un parfum délicieux. A vous dire vrai, je le trouvai même beaucoup plus agréable que celui que l'on sert chez nous. On le versa dans des jattes de porcelaine sans pieds, que l'on plaça dans des coquetiers d'argent. Cependant le pacha, qui ne partage pas les préventions de la plupart de ses compatriotes contre les giaours, avait envie, à ce qu'il paraissait, de causer plus à son aise avec nous; mais il était obligé de garder en public le décorum musulman. Il fit donc sortir ses esclaves et fermer les portes, ne gardant que le drogman, le colonel et un serviteur affidé. Alors seulement nous commençâmes à causer librement; le pacha nous fit passer successivement en revue les mœurs, les usages, et surtout l'état militaire des diverses puissances de l'Europe. Il fit des questions avec un air d'intérêt qui prouvait évidemment le désir de s'instruire, et par lesquelles il semblait reconnaître tacitement notre supériorité sur les gens de sa nation. Nous parlâmes enfin d'uniformes et de costumes. Je déclarai de bonne foi la préférence que j'accordais aux vêtemens orientaux sur ceux des Francs. Khalil fit apporter son grand uniforme pour nous le montrer : il est de beau drap rouge, enrichi d'une quantité de broderies d'or de très-bon goût. L'un de nous ayant témoigné le désir de voir comment cet habit lui irait, Khalil le supplia d'en faire l'essai, et, quittant sa place, il s'élança au milieu de la chambre, en aidant mon compagnon à s'habiller avec une précipitation tout-à-fait italienne, et en poussant d'interminables éclats de rire. J'étais stupéfait de voir un oubli aussi complet du flegme oriental. Cependant Khalil était trop charmé de la métamorphose pour en finir de si tôt; il fit apporter un étui en maroquin renfermant un miroir rond, à cadre d'argent ciselé, afin que le nouvel osmanli pût en juger par lui-même. Nous quittâmes Khalil, après lui avoir promis de revenir sous peu. Je remarquai, en sortant, un petit tombeau placé au beau milieu de la cour du palais, et dont la position gêne souvent les revues. Il s'y trouvait par hasard lorsque cette enceinte a été déblayée. Cependant on ne l'ôte point : le respect des Turcs pour les sépultures est poussé à l'excès. On a égorgé dans cette même cour des milliers de janissaires, on a tiré sur eux à coups de mitraille du haut des murs qui l'entourent; leurs cadavres ont été jetés à la mer, et cependant on n'a pas osé détruire une obscure pierre sépulcrale.

Je suis, etc.

LETTRE VI.

Constantinople.

Vous pensez bien, mon cher ami, que je remis à l'épreuve, dès le jour suivant, la complaisance de mes guides. Je me dirigeai vers le sérail, résidence du sultan, qui occupe à lui seul l'une des collines de Constantinople, et forme, en quelque sorte, une ville à part. Les murs crénelés de Byzance l'entourent, et s'il subsiste encore, c'est à eux qu'il le doit; ce sont eux qui, l'année dernière, ont empêché les progrès de l'incendie. On peut les considérer comme un beau monument du moyen âge; ils sont très-forts, munis de grosses tours et d'un double fossé : il est étonnant que, malgré les ravages des tremblemens de terre, ces tours soient si bien conservées; les Turcs, il est vrai, en ont réparé plusieurs. On y voit des tronçons de colonnes et de précieux fragmens de marbre, employés à la réédification, et mêlés aux matériaux les plus communs. Ces murs antiques verront probablement encore plusieurs fois la ruine et la renaissance de la ville dont ils forment l'enceinte. Derrière eux s'élèvent de superbes jardins, qui occupent la presqu'île la plus avancée de Constantinople, si connue sous le nom de *Pointe du sérail*. A travers une forêt de cyprès, dont les cimes sont toujours balancées par les vents, s'élèvent des kiosques aux grilles dorées, des minarets en marbre, des bains et des chapelles. Tel est l'extérieur du palais de Sa Hautesse. C'est dans cette magnifique et triste enceinte qu'ont brillé pendant un instant les plus belles femmes de l'Orient pour disparaître au printemps de leur existence, semblables aux plantes délicates qui charment dans une serre chaude, et meurent sans avoir joui de la bienfaisante influence d'un air libre. Je ne puis vous donner de grands détails sur le harem ; le peu que j'en ai appris par les récits d'une dame qui y est entrée avec l'une des ambassadrices de France, se réduit à ce qui suit :

Les concubines du grand-seigneur, nommées *odalisques* [1], vivent en commun dans de grandes chambres, sous la direction de surveillantes nommées *caduns*, qui à leur tour sont soumises à une inspectrice générale, nommée *cadun kiaia*. Elles sont constamment occupées à des ouvrages d'aiguille, à danser et à chanter. On n'épargne rien pour leur parure ; leur soin principal est de relever leur beauté par tous les moyens possibles, pour se

---

1 Le sultan ne peut épouser que des esclaves achetées.

faire aimer du sultan. Le costume des odalisques consiste en pantalons de soie très-larges et en enteris ou vestes dont les manches sont fort longues; en outre, elles portent un cafetan qui dessine parfaitement la taille; un cachemire est légèrement lié au-dessus de leurs hanches; leurs cheveux sont flottans: elles ont la tête couverte de voiles ou de petits turbans plats en mousseline richement brodée. Les plus belles forment, dit-on, la cour de la sultane validé ou reine-mère, qui jouit d'un grand pouvoir dans le sérail. Le sultan y choisit ses favorites.

Les concubines qui donnent un fils au sultan deviennent cadines; dès-lors elles sortent des odas ou salles communes, pour s'établir dans leur propre maison : elles peuvent entrer chez le sultan quand bon leur semble. Celles, au contraire, qui ne donnent au chef de l'empire que des filles, ne jouissent point des mêmes avantages.

Les princes de la famille royale sont captifs dans un endroit séparé du sérail, depuis le moment de leur puberté jusqu'à celui où ils montent sur le trône.

La porte qui mène dans la première cour du sérail est garnie de niches, dans lesquelles on voit ordinairement exposés des sacs d'oreilles et des têtes. Dans cette cour se trouvent le taraphané (hôtel de la monnaie), le divan du visir et l'arsenal des armes antiques. Le fond en est occupé par la porte d'orta kapoussi; elle mène à la seconde cour, où sont les écuries et les cuisines du sultan, ainsi que la salle du divan. La porte de bab-schadet (du salut) conduit à la salle du trône et aux jardins du sérail, à la bibliothèque, au harem, aux bains, au trésor, etc. Vous savez qu'aucun Franc ne peut y pénétrer : ces détails ne me sont connus que par ouï-dire et par le peu que j'ai vu de la première cour. Tout auprès de la porte d'entrée se trouve une grande fontaine. Les dômes dorés des fontaines de Constantinople attirent au loin les regards et se terminent par des corniches très-saillantes : celle-ci est carrée, revêtue de marbre, flanquée aux quatre coins de tourelles rondes et surmontées de dômes recouverts de plomb; ses parois sont enrichies de plusieurs rangs d'arabesques et d'inscriptions, où l'or se marie aux couleurs les plus vives. A côté de là je voyais des Turcs fumant leurs pipes, des marchands de gâteaux et de fruits ; des femmes venaient puiser de l'eau : les gardiens du sérail sortaient du palais, tandis qu'une troupe d'enfans jouait à l'ombre d'un bosquet d'arbres qui ombrage cet élégant monument. Après m'y être arrêté pour faire un dessin, je me dirigeai vers la place de l'At-Meidan (Hippodrome), la plus grande de Constantinople. Ce lieu avait été bâti par l'empereur Sévère sur le modèle du cirque de Rome. D'après les auteurs anciens, il était de la plus grande magnificence, décoré d'une foule de colonnades et de statues; on y remarquait, entre autres, les fameux chevaux de Venise, qui avaient été transportés de Rome à Constantinople. L'hippodrome servit de théâtre au triomphe de Bélisaire, vainqueur des Vandales. On y voit encore quelques traces de son ancienne splendeur: le centre en est occupé par un obélisque de granit, qu'on apporta de Rome. Cette immense aiguille repose sur un piédestal en marbre blanc, dont elle est isolée au moyen de quatre dés en bronze; les hiéroglyphes qui en couvrent les faces sont d'un fini très-précieux: mais l'obélisque lui-même n'est pas d'une belle proportion; il devrait être plus haut à peu près d'un septième; son extrémité supérieure forme une petite pyramide. On assure que jadis ce monument était plus élevé, mais qu'on fut obligé d'en retailler la pointe après qu'il eut été renversé à deux reprises et brisé à la suite d'un tremblement de terre. Cette opinion me paraît assez fondée: je remarquai que l'une de ses faces est très-détériorée, tandis que les trois autres sont d'une conservation parfaite, probablement parce que c'est de ce côté qu'il est resté couché au milieu des décombres pendant plusieurs siècles après sa chute.

Le piédestal, que j'examinai en détail, est peu propre à donner une haute idée de la sculpture dans les derniers temps de l'empire romain. Il est couvert de bas-reliefs d'un assez mauvais style, et dont on n'a pas jusqu'ici expliqué le sens d'une manière satisfaisante. Derrière l'obélisque se trouvent des serpens entrelacés, dont les têtes soutenaient jadis le trépied consacré par les Grecs au temple d'Apollon de Delphes, après la défaite de Xerxès. Ce singulier monument est de bronze; il est d'une authenticité reconnue.

Un peu plus loin, enfin, est un obélisque à moitié ruiné, qui jadis était recouvert en bronze, et qu'entoure un bosquet de platanes.

En me plaçant auprès du monument principal, je découvris à la fois la masse imposante de Sainte-Sophie, une partie des murs de Byzance et les portiques élégans de la mosquée du sultan Achmet, qui bordent la place dans toute sa longueur. Du côté opposé, des arcades à demi ruinées se rattachent à une tour carrée. La place elle-même est couverte de monceaux de pierres et de décombres. La mosquée d'Achmet est le plus beau monument que les Turcs aient jamais élevé. Elle a six minarets fort élancés; sa coupole est hardie et très-vaste : une grande cour plantée d'arbres l'entoure. J'allai voir, à côté de cette place, la ménagerie du sultan, espèce de cave infecte, qu'on croit être l'ancienne église de Saint-Chrysostôme, et dans laquelle on nourrit quelques beaux lions.

Je suis, etc.

LETTRE VII.

Constantinople.

Je passai la majeure partie de ma troisième journée à visiter les citernes de Constantinople. Quoiqu'il y eût une grande quantité de fontaines dans cette ville, il arriva souvent, au temps du bas-empire, que le peuple eut à souffrir pendant l'été du manque d'eau. Plusieurs empereurs firent construire de grandes citernes pour remédier à cet inconvénient.

Je ne vous parlerai que des principaux de ces réservoirs. La citerne de Mocina, construite par Anastase Dicorus, avait 970 pas de long, et distribuait de l'eau à l'une des sept collines de Constantinople; elle est à quelques pas au nord de la petite mosquée d'Exi-Marmara, et a été depuis transformée en un jardin, auquel les Turcs donnent le nom de *Tchikouv-Bostan.*

La citerne bâtie sous le règne de l'empereur Léon par Asparis, en partie comblée aujourd'hui, est soutenue par quatre-vingts belles colonnes.

Celle de la mosquée d'Imhor Djiami est soutenue par vingt-quatre colonnes de granit. J'en vis plusieurs autres qui sont ruinées ou comblées en grande partie. Enfin je me trouvai auprès de la citerne dite *des mille colonnes*, peu distante de la place de l'hippodrome, et que je comptais examiner en détail, comme étant la plus intéressante de toutes celles qui existent encore. Sa construction est attribuée à l'empereur Constantin; elle portait dans les temps anciens le nom de *cisterna basilica*, et est située à Jéré Batan, près de Sainte-Sophie; elle se trouve sous un tertre assez élevé, d'où l'on découvre en entier ce majestueux édifice. Un aqueduc y conduisait jadis, dit-on, une grande quantité d'eau. Au-dessus du réservoir était le somptueux palais de Lausus Patrice, grand-chambellan de Théodose le jeune, renfermant une basilique, de vastes portiques et une bibliothèque célèbre. Ce palais, qui fut brûlé et reconstruit à plusieurs reprises, était orné des plus belles productions de la sculpture et de la peinture. Le lieu qu'il occupait offre aujourd'hui un espace vide, couvert de décombres. On entre dans la grande citerne au moyen d'une ouverture pratiquée au haut de l'une de ses voûtes; on y descend par un escalier en bois supporté par un massif de maçonnerie. Ignorée pendant de longues années, elle a été retrouvée par Pierre Gilles, au commencement du seizième siècle : il y entra; elle était remplie d'eau et alimentait un grand nombre de puits à Constantinople, sans que les propriétaires s'en doutassent. Ce voyageur raconte qu'il y navigua au milieu d'un dédale de piliers : il donne au monument trois cent trente-six colonnes de marbre, distantes de douze pieds l'une de l'autre, et qui soutiennent des voûtes en briques couvertes d'un mortier très-bien conservé. Ces données sont exactes. Je descendis quelques marches, et je me trouvai sur un petit palier. Un mauvais escalier en bois, presque pourri et pratiqué le long des anciens murs, me mena au fond de l'édifice. Une profonde obscurité y régnait, cependant j'entendais le bruit d'une quantité de rouets. Peu à peu, mes yeux se familiarisant avec les ténèbres, je vis s'agiter une foule d'ouvriers turcs ; ils dévidaient de la soie dans ces longues galeries souterraines, qui sont à sec aujourd'hui. Je me trouvai alors au milieu de ces colonnes de marbre, dont les dernières se perdaient dans l'éloignement. Elles soutiennent des arcs construits avec hardiesse ; leur hauteur démesurée les fait paraître très-rapprochées. Cependant je ne pouvais me lasser d'admirer la magnificence de ce monument et son extrême solidité. Sans doute il a été conservé pendant tant de siècles grâces aux eaux qu'il contenait, et le plus sûr moyen de le sauver de la destruction serait de le rendre à sa destination primitive.

Un grand aqueduc, mal entretenu et construit d'assises de pierres et de briques, alimentait la citerne des mille colonnes : on y arrive par de petites rues sales et étroites; il a été bâti très-solidement, mais sans élégance. Les Turcs le nomment aujourd'hui *Bosdoghan Kermer.*

Cet aqueduc est, à ce qu'on assure, le même qu'Adrien avait fait construire pour alimenter d'eau la ville de Byzance. Il porta plus tard le nom de l'empereur Valens, fut rétabli par Constantin Monomaque et entièrement rebâti par Soliman le magnifique. Je me proposais de joindre à ma lettre l'esquisse de ce monument, dans lequel vous eussiez trouvé quelques-uns des caractères de l'architecture gothique; déjà je m'étais établi au coin d'une rue avec mes crayons et mon album. J'avais à peine tracé quelques lignes, lorsqu'une pierre lancée sur mon ouvrage me fit lever la tête; je vis un groupe d'enfans qui se disposaient à une attaque dans toutes les règles. Je pliai bien vite bagage, m'estimant heureux de n'avoir été troublé que dans l'examen d'un des objets les moins intéressans de Constantinople.

Nous nous dirigeâmes vers le port, traversant le quartier incendié et longeant les murs du sérail. Je m'arrêtai pour admirer un petit kiosque du grand-seigneur, bâti sur l'enceinte même des jardins, à leur angle occidental. Vis-à-vis de ce pavillon se trouve la fameuse *Porte* qui donne son nom à l'empire, et derrière laquelle sont placés les vastes bâtimens qu'occupe le grand-visir. Les Turcs leur donnent le nom de *visir-sérail.* Une foule innombrable d'employés travaillent dans cette enceinte : c'est là que se traitent toutes les affaires intérieures et extérieures de l'empire ottoman. C'est auprès de cette porte que les grands apprennent leur disgrâce ; ils sont obligés d'y passer pour se rendre au palais du sultan, et lorsque ce prince veut se défaire de l'un d'eux, il se place dans son kiosque ; des satellites attendent le favori disgracié. Lorsqu'il a passé le seuil, on lui ordonne de descendre de cheval et de tendre le cou au fatal cordon.

J'arrivai bientôt à l'Échelle, et je pris un caïque pour me rendre à Galatha, faubourg de Constantinople, situé auprès de Péra. Non loin du rivage, au milieu d'une place ombragée par de grands platanes, s'élève une fontaine assez semblable à celle du sérail, mais plus belle encore et plus riche de détails. A la droite et à la gauche de ce monument sont deux belles mosquées, dont l'une vient d'être achevée. Ses minarets dorés sont les plus élégans de Constantinople ; les janissaires avaient fixé le jour de son ouverture pour assassiner le sultan actuel, qui, ayant eu connaissance de ce complot, sut en prévenir l'exécution. Derrière la fontaine s'élève, sur une hauteur, le quartier de Péra. Les magasins de l'artillerie, nommés *tophanna*, sont à côté de la mosquée nouvelle. Un mouvement extraordinaire règne sans cesse sur cette place. Les bostangis (jardiniers des environs) viennent y vendre leurs fruits et leurs légumes. Les mariniers et les kaiktgi (conducteurs de caïques) s'y rassemblent. Les porte-faix y guettent les occasions d'exercer leur état, et les chiens du quartier, les plus méchans de la ville, fatiguent les passans de leurs hurlemens continuels.

Je suis, etc.

LETTRE VIII.

Constantinople.

J'employai ma quatrième journée à voir plus en détail les faubourgs francs de Péra et de Galatha. Le premier des deux est celui où résident les envoyés des puissances chrétiennes. Une grande rue, dans laquelle se trouvent une quantité de boutiques européennes, le traverse. On n'y voit d'autres édifices remarquables que les palais de France et d'Angleterre.

La résidence d'hiver de notre ambassadeur est une grande maison bien bâtie, entourée de jardins en terrasses, d'où l'on jouit d'une très-belle vue sur Constantinople : elle forme en quelque sorte un quartier séparé, dans lequel logent les personnes attachées à la mission, et dont on ferme les portes tous les soirs.

Le faubourg de Galatha, voisin de celui de Péra, est plus digne de fixer l'attention; une foule de souvenirs s'y rattachent. Il occupe l'emplacement où se trouvaient dans les temps du bas-empire la région et le port des figuiers. Ces arbres, qui y croissent en très-grande quantité, lui avaient fait donner le nom de *Syka*. Les auteurs anciens nous apprennent que Justinien avait bâti un pont qui joignait Syka à Constantinople. Ce pont se trouvait donc à peu près à l'entrée du port actuel. On nous parle également d'un forum et d'un théâtre qu'Honorius y fit élever; des temples d'Amphiaraüs et de Diane Lucifère, dont il ne reste aucun vestige. Une grande citerne, dépouillée de ses colonnes, et qui est convertie en jardin, est le seul monument antique dont on aperçoive encore quelques traces. Galatha est depuis plusieurs siècles le lieu où résident tous les négocians et marchands francs et arméniens fixés à Constantinople. Déjà dans le temps du bas-empire, un grand nombre d'étrangers s'étaient établis dans la capitale. Michel Paléologue leur assigna ce quartier; ils s'enfuirent lors de la destruction de l'empire d'Orient; mais Mahomet II ayant déclaré qu'on rendrait leurs biens à ceux qui reviendraient avant l'expiration d'un délai de trois mois, beaucoup d'entre eux y retournèrent; depuis lors Galatha est resté le quartier le plus commerçant de Constantinople. Des boutiques, dans lesquelles on vend des marchandises européennes, y sont établies. Je me rendis d'abord au champ des morts, que je traversai dans toute sa longueur avant d'arriver à la tour de Galatha, fameuse par la vue dont on y jouit. Les cimetières turcs sont ordinairement placés le long des routes ou sur le sommet des montagnes, et présentent l'aspect d'un jardin planté de platanes, de tilleuls et surtout de cyprès. Celui de Galatha est un des moins considérables; les principaux sont ceux d'*Eioup*, des *Eaux douces* et de *Scutari :* il en est plusieurs aussi le long du Bosphore. Une fois consacrés à cet usage, ces vastes terrains ne peuvent plus être rendus à la culture ou à la bâtisse ; la loi musulmanne défend de jamais déplacer les cendres d'un vrai croyant. Les fragmens antiques que l'on y découvre souvent sont aussitôt employés pour les tombeaux par les sculpteurs turcs. Ces lieux ne présentent point l'image repoussante de la plupart de nos cimetières, et sont les promenades favorites des sectateurs du prophète.

Les tombeaux sont couverts de terre et un peu élevés au-dessus du sol pour empêcher qu'on ne les foule aux pieds. Les monumens eux-mêmes varient suivant le rang de celui dont ils renferment les restes. Les uns ne se composent que d'une pierre plate, sur laquelle on grave le nom du défunt; d'autres présentent deux socles de pierres ovales plantés perpendiculairement aux deux extrémités. Les tombeaux des gens d'un rang plus relevé portent au socle placé du côté de la tête un turban en marbre, dont la forme distingue l'état du mort. Les socles des tombeaux de femmes sont d'égale hauteur, et se terminent en pointe. Parmi ces monumens il en est de sculptés avec beaucoup d'art, en creux ou en relief, et représentant des fleurs ou des arabesques; souvent aussi ils sont peints ou dorés. Les Turcs possèdent l'art de peindre la pierre en couleurs très-vives et durables.

Il n'existe aucune espèce de symétrie dans les champs des morts; mais ce défaut d'ordre apparent leur prête un grand charme. Les arbres y sont très-rapprochés; et les tombeaux, qui semblent jetés au hasard au milieu d'une verdure sombre et touffue, inspirent des pensées à la fois douces et tristes; à leur vue, l'image d'un repos paisible se présente à l'imagination, et l'idée des terreurs dont la mort est accompagnée fait place ici à des pensées plus douces; les Turcs, qui la considèrent comme le commencement d'une vie calme, ont voulu en éloigner tout ce qui pourrait inspirer le dégoût et la crainte. Les épitaphes mentionnent d'ordinaire le nom du mort, sa condition et le jour de son décès. Quelquefois aussi on y ajoute des stances qui expriment, en style oriental, les misères de la vie humaine et le bonheur ineffable dont on jouit dans un meilleur monde. D'après la croyance musulmanne, Mahomet descendra à la Mecque au jour du dernier jugement et y appellera ses sectateurs. Aussi tous les corps sont placés dans leurs fosses le visage tourné du côté de la ville sainte;

les Turcs sont persuadés qu'immédiatement après l'enterrement, Moukir et Nékir, deux anges noirs, viennent auprès du corps, armés l'un d'un crochet et l'autre d'un marteau. Ils y remettent alors l'ame et lui font rendre un compte exact de ses actions. Lorsque les deux anges sont satisfaits des réponses, ils font place à des anges blancs, qui veillent sans cesse auprès du tombeau. Lorsqu'au contraire le mort est reconnu mauvais Musulman, Nékir lui assène un coup de marteau sur la tête de manière à l'enfoncer à plusieurs toises sous terre. Tandis que nous parcourions le champ des morts, nous vîmes arriver un convoi. Un cercueil en bois blanc, recouvert d'étoffes, et sur lequel se trouvait un turban de lin, était porté par six Musulmans, et, suivant l'usage turc, tous les disciples de Mahomet qui avaient rencontré le convoi accompagnaient le défunt à sa dernière demeure, en murmurant à demi-voix des prières; on déposa en silence le cercueil dans la fosse, et lorsqu'il fut recouvert de terre, une pierre informe en indiqua la place. Les assistans se séparèrent aussitôt : cinq ou six personnes, les seules qui restassent réunies, se dirigèrent en silence vers le port. Nous passâmes encore à côté de divers groupes, assis auprès des marbres funéraires, la pipe à la bouche et faisant la conversation, tandis que près d'eux quelques hommes étaient à genoux et en prières; enfin, nous nous trouvâmes au pied de la fameuse tour de Galatha, bâtie par Anastase, et à laquelle on donne aujourd'hui le nom de *Bouiouk-Koulé.* Elle sert actuellement de point d'observation en cas d'incendie. J'y montai, chassant à ma droite et à ma gauche une multitude de pigeons qui y ont établi leur domicile. J'essayerais vainement de vous peindre tout ce que j'éprouvai en découvrant la vue dont on jouit sur cette tour. Un Français disait en y montant pour la première fois : « Qu'on additionne ensemble les « beautés de l'univers entier, et l'on n'aura rien de « comparable à ceci. » Cette expression n'est point trop exagérée : il semblerait que le Créateur a voulu montrer ici jusqu'où peut aller sa puissance. Je me voyais au milieu de Galatha et de Péra, qu'entrecoupent les longues avenues du champ des morts. A ma gauche j'apercevais le Bosphore jusqu'à la tour des Janissaires, avec ses montagnes, ses forêts, ses rians villages et ses magnifiques vallées; devant moi se déployaient Scutari et ses hauteurs, la mer de Marmara, les îles des Princes, la côte d'Asie, qui dessinait des lignes d'un azur foncé et que dominaient les cimes sourcilleuses et couvertes de neiges du mont Olympe; à ma droite je voyais l'embouchure du Bosphore dans la mer de Marmara; le port de Constantinople, où voguaient des milliers de bâtimens et dont les eaux baignaient les pieds d'arbres séculaires : derrière moi, enfin, se trouvait une portion de Constantinople, ses innombrables maisons, ses mosquées somptueuses et la vallée des *Eaux douces*, d'où sort une rivière qui forme le fond de la corne d'or. Je m'établis au point où je pouvais le mieux jouir de ce magique panorama, et je me perdis dans la contemplation. J'oubliai ce qui m'entourait, le lieu où je me trouvais. Le vieux Turc qui habite cette tour, me parla pendant long-temps pour me présenter la pipe et le café, avant de pouvoir me tirer de mon extase. Nous passâmes des momens délicieux sur ce belvédère; enfin, il fallut redescendre pour continuer notre course : en peu de momens je me trouvai auprès du port, que je me proposais de voir en détail. Je m'étais contenté jusqu'alors de le traverser pour aller à Constantinople ou en revenir, et ce n'est qu'incidemment que j'en ai fait mention. Je profite de la circonstance pour en parler un peu plus au long. Il existe plusieurs versions sur le nom de *corne d'or*, qui a été donné au port de Constantinople. D'après Strabon, ce nom venait de la forme même du golfe, dont les sinuosités et les anses dessinent à peu près une corne de cerf; d'autres traditions disent que l'abondance qui régnait dans le port de Byzance et les grandes richesses qui y affluaient, l'avaient fait comparer à la corne d'Amalthée. Le fait est que ce golfe, s'étendant entre une double rangée de collines, se resserrant vers le fond et y dessinant une courbe, présente la forme d'une corne d'abondance : son entrée, tournée du côté de la mer de Marmara, est en quelque sorte formée par trois promontoires, savoir, la pointe du sérail, celle de Scutari, et enfin celle d'*Égri-Kapoussi* ou de *Sali-Bazari*, du côté des quartiers francs. Les anciens donnaient à ces promontoires les noms d'Acropolis, de Damalis et de Métopos, et au port lui-même celui de golfe Chrysocéras. Strabon lui assigne une longueur de soixante stades, et les fleuves Cydaris et Barbyssès, qui en forment le fond, sont connus aujourd'hui sous le nom d'*Eaux douces* d'Europe ou de *Kiat-Hana* et de *Machlena*. Le fond du port était appelé dans les temps antiques mer pourrie (*Sapra Thalassa*), à cause de la grande quantité de fange que les rivières y apportaient. Les poissons de Constantinople étaient aussi abondans autrefois que de nos jours, et les auteurs nous parlent des grands avantages que les Byzantins tiraient de la pêche des palamydes.

La mythologie s'était emparée autrefois du golfe Chrysocéras. Kéroessa, dit-elle, fille d'Io et de Jupiter, naquit à l'entrée de la vallée des *Eaux douces*, où la vengeance de Junon avait obligé sa mère de chercher un refuge. Kéroessa fut allaitée par Sémistra, qui donna son nom au point où les deux rivières se réunissent avant de se jeter dans la mer. Ce fut également à cet endroit que

Byzas, fils de Kéroessa, voulut fonder la ville de Byzance : il ordonna un grand sacrifice pour se rendre les dieux favorables; mais, ajoute la tradition, un corbeau vint enlever la victime à demi consumée, et la transporta sur le promontoire du Bosphore. Byzas comprit cet avis des dieux, et bâtit à l'embouchure du canal la cité à laquelle il donna son nom. Nous passâmes d'abord devant la flotte marchande, en laissant l'arsenal à notre droite. Il occupe une partie étendue du rivage, et se compose d'une quantité de bâtimens qui renferment des approvisionnemens de guerre. Les Turcs le nomment *Tersana :* c'est là qu'habite le capitan-pacha, grand-amiral de la Porte; c'est là encore que sont stationnés les bâtimens de guerre : il y en a de toutes les dimensions. J'en remarquai plusieurs qui portent les traces des derniers combats contre les Grecs. Tout à côté de l'arsenal se trouve le vaste chantier, bâti par Sélim I.er, le fondateur de la marine turque. Les ouvriers et les esclaves qui y sont employés habitent tous dans son enceinte. Le baron de Tott y a fait de grandes réformes; elles ont été continuées avec succès par des ingénieurs français sous le fameux Hassan-pacha. Un peu au-delà, mais sur le même rivage, se trouve une grande fonderie d'ancres, établie d'après les procédés européens; puis vient la caserne des *Combaradgi* (bombardiers), où je vis les énormes mortiers et canons de Constantinople, à côté desquels s'élèvent des piles de boulets en marbre blanc d'une dimension colossale, débris des monumens de Byzance. Les Combaradgi forment un corps puissant; on les reconnaît à leurs calpacs noirs en forme de cônes tronqués. Nous abordâmes à gauche auprès d'Éïoup, quartier de Constantinople où est planté un vaste cimetière, des hauteurs duquel on découvre une fort belle vue. Elle est à peu près semblable à celle dont on jouit de la tour de Galatha; c'est la répétition des mêmes objets groupés d'une manière un peu différente, et dont le premier plan est occupé par de grandes masses de cyprès. Éïoup portait, dans les temps anciens, le nom de *Hebdomon;* c'est là que les empereurs recevaient les marques de la dignité souveraine, avant de faire leur entrée à Constantinople. On assure que cet usage s'est conservé, et que les sultans vont encore aujourd'hui recevoir les insignes de leur puissance dans la mosquée d'Éïoup [1]. Quoi qu'il en soit, ce lieu est fort déchu de son ancienne splendeur. Valens, après y avoir été cou-

1 La mosquée d'Éïoup est assez belle, sans être cependant une des plus considérables de Constantinople. Elle fut bâtie par Mahomet II à l'endroit même où, sur la feinte révélation de Cheik, on trouva le tombeau d'*Éïoup Ensari.* D'après les Musulmans, il avait prédit à Constantin, dernier empereur des Grecs, la chute de son empire et le triomphe de l'islamisme.

ronné par son frère Valentinien, l'avait décoré de superbes statues, tandis qu'aujourd'hui ce quartier est un des plus laids de Constantinople. Les hauteurs qui dominent Éïoup sont occupées par des casernes nouvelles et bien bâties : on poursuit ici avec un zèle extrême tout ce qui tient à l'organisation militaire. Je passai devant le quartier des *Dehli* (cavalerie légère) et je remontai dans mon caïque. Peu à peu l'eau commença à changer de couleur, et j'entrai dans la belle vallée des *Eaux douces* d'Europe. Une jolie rivière en occupe le centre; à ses côtés s'étendent de vastes prairies qu'ombragent de vieux arbres et où paissent de grands troupeaux de chevaux. De temps en temps on voit des habitations turques, d'une forme élégante, s'élever au milieu de touffes de verdure; de jolis caïques sont amarrés au rivage, et des femmes qui sortent de leurs harems, accompagnées de leurs esclaves, sont assises sur des tapis au bord de la rivière : plus loin on aperçoit des musiciens, des enfans qui se livrent aux jeux de leur âge et des marchands de rafraîchissemens. Cet ensemble forme un tableau aussi varié qu'agréable. Bientôt je me trouvai en face du pavillon du Grand-Seigneur, bâti au milieu d'une magnifique prairie et qu'entoure un canal limpide. Le kiosque est construit avec légèreté et élégance; il forme un carré long, dont les quatre coins sont occupés par des pavillons dans le goût oriental.

Les toits forment de larges saillies; leurs fenêtres ont une forme presque gothique : elles sont ornées de grilles et de charmantes arabesques. Ces pavillons sont réunis par de longues galeries couvertes, que soutiennent de petites colonnes fort minces; les intervalles des colonnes sont remplis par des treillis dorés, afin que les femmes du sultan puissent s'y promener sans avoir rien à redouter de la curiosité des passans. Je mis pied à terre et je continuai à cotoyer les bords de l'eau. Cependant l'heure du dîner approchait et nous avions deux lieues à faire pour retourner au palais de France. Nous traversâmes, sous le soleil le plus ardent, six ou sept collines nues, où l'on ne rencontre pas un seul arbre. En contemplant la triste aridité de ces terrains si fertiles, je ne pus m'empêcher de songer à ce qu'ils deviendraient, si les arts, fruits de la civilisation, savaient profiter des dons que prodigue ici la nature. J'arrivai, après une heure de marche, à l'*Oc-Méidan* (lieu où l'on lance les flèches). On y élève de petits socles en mémoire des dards lancés à un éloignement remarquable. Je fus saisi d'étonnement en voyant de ces monumens placés à une distance qui semble tenir du prodige. Je passai également auprès du village de San-Dimitri, où se sont retirées beaucoup de familles grecques; parmi elles il en est qui ont appartenu à la classe que l'on appelait Grecs du Fanar, du nom du quartier qu'ils habitaient. Ils surpassaient de beaucoup leurs compatriotes en civilisation et en connaissances, et parlaient un langage pur qui se rapprochait du grec antique. Beaucoup d'entre les familles du Fanar ont été dispersées par les derniers événemens, et celles qui habitent aujourd'hui San-Dimitri se livrent, dit-on, au plus honteux libertinage. Nous montâmes alors sur la hauteur où l'on a bâti la caserne des *Topschi-Nefer* (fantassins d'artillerie), d'après un dessin des Tuileries, qui fut apporté de France par Ibrahim Effendi, ambassadeur d'Achmet III. Les Turcs ont murmuré jadis de ce qu'on ait cherché à copier la demeure d'un infidèle; mais ils s'en consolent aujourd'hui en soutenant que leur mesquine imitation est très-supérieure à l'original. Derrière cette caserne s'étend un vaste champ des morts. Il est placé sur un plateau fort élevé et couvert de chênes, de platanes et de tilleuls. Les branches de ces arbres ne prennent qu'à une hauteur considérable et ne gênent point la vue. Elles encadrent un tableau charmant. D'un côté on aperçoit Scutari, le Bosphore et les îles des Princes; de l'autre Constantinople avec la mer de Marmara. Les Arméniens sont tous enterrés dans ce cimetière. Leurs tombeaux sont d'une forme particulière; ils figurent de petits autels peu élevés et couverts d'inscriptions. Une singularité me frappa. Parmi ces Arméniens il en est beaucoup qui ont péri de mort violente; leurs familles ne manquent pas de les faire représenter sur leurs tombeaux pendus ou décapités : ce qui ailleurs serait envisagé comme un déshonneur, semble être considéré ici comme une espèce de titre glorieux, comme une preuve que le défunt a joué un rôle dans les affaires publiques.

Le cimetière renferme une grande quantité de puits et on y voit aussi une foule d'abreuvoirs de toutes les dimensions, où l'on a soin de renouveler souvent l'eau, pour les chiens, les oiseaux, etc.

Je suis, etc.

LETTRE IX.

Thérapia.

J'appris ce matin que le sultan ferait sa prière à une petite mosquée [1], non loin de *Dalmabatsche*, son palais d'été. Je pris aussitôt un caïque pour m'y rendre; je me trouvai vis-à-vis de la résidence du Grand-Seigneur à midi, au moment où une salve d'artillerie annonçait le départ de sa Hautesse. Je le vis de fort près au moment où il monta dans son caïque. Il était revêtu d'un cafetan violet fort simple et n'avait d'autre ornement distinctif qu'une belle aigrette de diamans.

Mahmoud a une assez belle figure; il est pâle; sa barbe est touffue et d'un noir de jais; ses yeux sont de la même couleur, mais ont une expression froide et repoussante; cependant l'ensemble de sa

---

1 Le sultan ne peut se dispenser de faire sa prière du vendredi à la mosquée; s'il y manquait, il en pourrait résulter une sédition. Quelque temps qu'il fasse, il est obligé de s'y rendre à visage découvert, de manière à pouvoir être vu du peuple. Il n'est pas de pouvoir, quelque despotique qu'il soit, qui n'ait ses bornes.

physionomie ne manque pas de majesté. Il est de taille moyenne et un peu chargé d'embonpoint. Le caïque du sultan, d'une longueur considérable, est peint en blanc, avec des ornemens bleu et or, et de la plus grande magnificence : il se termine en pointe dorée ; le derrière forme une espèce de corne recourbée intérieurement et également dorée : de ce côté se trouve un dais écarlate, richement brodé et aux quatre coins duquel s'élèvent des lanternes de vermeil ornées de pierreries. Le dessous de ce dais est couvert de tapis et de carreaux de velours, sur lesquels se place le chef des croyans. Quelques grands dignitaires entrèrent également dans le caïque, entre autres le chef des eunuques noirs, le Kisslar-Aga, aux ordres duquel le harem est soumis et qui joue l'un des premiers rôles dans l'empire ottoman. On ne peut rien se figurer de plus épouvantablement hideux que cet homme : c'est lui et sa troupe qui sont attachés au service des sultanes ; les eunuques blancs n'en approchent jamais, et n'ont que la garde extérieure du mystérieux harem.

Vingt-huit rameurs, revêtus d'habits blancs et la tête couverte de longs bonnets rouges, faisaient avancer cette superbe barque avec une inconcevable rapidité. Trois autres caïques, d'une magnificence presque égale, suivaient celui du sultan et portaient des serviteurs revêtus d'habits de satin cramoisi, garnis de fourrures, et les gardes du corps, habillés en satin vert, portant des casques dorés qui se terminaient par d'énormes aigrettes vertes et blanches, disposées en forme d'éventail; on y voyait encore d'autres officiers, remplissant des fonctions semblables à celles de nos chambellans et de nos pages, et dont les habits blancs, verts ou rouges, étaient d'une grande beauté. Des haies de soldats de la nouvelle organisation, dont les uniformes sont semblables à ceux des Djebhehanedjes, à la couleur près, qui est rouge, garnissaient le rivage, où le peuple s'était rassemblé en foule. Je suivis le cortége : aussitôt que Mahmoud fut débarqué, il monta à la mosquée; elle était trop petite pour contenir la foule qui s'y portait. Beaucoup de croyans étalèrent leurs tapis dans les rues et s'y agenouillèrent pour faire leurs prières, après avoir terminé à une fontaine voisine les ablutions prescrites par la loi.

Un iman, à voix mélancolique, chantait de temps en temps au haut du minaret, et la foule se levait, se prosternait et touchait du front la terre, en observant une sorte de mesure. Ces prières se font avec le plus profond recueillement. Rien ne distrait le Musulman qui invoque le Très-Haut; il semble abîmé dans la contemplation, et dans ces momens on peut le considérer comme un modèle de dévotion : toutes ses attitudes sont nobles; sa manière de rendre ses actions de grâces à la divinité, d'implorer ses faveurs ou le pardon de ses fautes, est imposante et pleine de dignité. J'étais placé de manière à pouvoir examiner l'intérieur de la mosquée, dont la porte était restée ouverte. La plus grande simplicité règne dans les temples musulmans. Quelques nattes en font tout l'ornement, et sur leurs murs on voit des planches où sont inscrits des passages du Coran. Au bout d'une demi-heure le sultan se rembarqua, et chacun chercha à regagner son caïque. Je retrouvai le mien avec beaucoup de peine, et après avoir été long-temps serré et pressé par la foule; je me hâtai d'arriver à Péra, pour assister à une séance des derviches-merlévis ou tourneurs. Ils se réunissent tous les vendredis dans une salle près de laquelle est un petit cimetière qui en dépend. On voit dans ce cimetière le tombeau du comte de Bonneval, qui, après avoir quitté la France, sa patrie, ensuite l'Autriche, au service de laquelle il était entré, passa chez les Turcs à la suite d'un démêlé qu'il eut avec le fameux prince Eugène de Savoie, et y changea de religion. Il devint pacha à trois queues, sous le nom d'Achmet-pacha; mais quoiqu'il eût rendu à la Porte des services assez importans, il n'obtint jamais de considération à Constantinople.

A une heure et demie, je fus introduit avec les autres curieux dans la salle des derviches. Je vis une pièce octogone entourée d'une large galerie, séparée du centre de la pièce par une balustrade:

de petites colonnes en bois soutiennent une tribune qui en fait le tour; le plafond est bariolé d'inscriptions et de peintures : de tous côtés sont des guirlandes de petites lampes de diverses couleurs. Une foule de peuple se précipita dans le lieu des séances en même temps que moi. Nous nous accroupîmes tous sur des nattes fort propres qui couvrent le plancher de la galerie. Bientôt les derviches arrivèrent; les uns entraient dans le centre de la salle, les autres montaient à la galerie : ils étaient pieds nus, portaient sur la tête des bonnets de castor gris, en forme de cônes arrondis par le haut; de longues couvertures, de diverses couleurs, leurs tombaient jusque sur les pieds. Le président de l'assemblée se distingue par un bourrelet vert qui entoure son bonnet; il occupe la place vis-à-vis l'entrée, et s'accroupit sur une pelisse teinte en écarlate. Chaque arrivant fait une profonde inclination et va se placer contre une des colonnes de la salle. Lorsque les derviches sont au complet, leur chef récite, d'une voix monotone, de longues prières, pendant lesquelles les assistans restent immobiles comme autant de statues. Après la prière, une voix nasillarde, perçante et chevrotante chante dans la galerie une espèce d'hymne, en appuyant avec force sur les dernières notes du chant et en les soutenant pendant fort long-temps. A certains endroits de la litanie, les derviches frappent la terre de leur front.

Bientôt ce chant plaintif et monotone fait place à une musique instrumentale d'une espèce toute particulière. Elle n'est point désagréable ; il y règne de la douceur et de l'harmonie : elle semble provenir d'instrumens à vent cassés et presque dépourvus de son. Un petit tambour en marque la mesure ; dès que ce concert commence, les derviches se lèvent tous et tournent autour de la salle à pas lents avec gravité, faisant deux salutations à la place où s'était assis leur chef et une seule à la porte. Cette marche dura pendant un grand quart d'heure : alors les derviches de la galerie unirent leurs voix au son des instrumens ; la musique devint rapide et forte, et forma un crescendo continuel. En même temps les derviches de la salle, le chef et deux autres exceptés, laissèrent tomber leurs manteaux et parurent dans un costume entièrement blanc, qui consistait en une robe excessivement large, à grands plis, liée au-dessus des hanches, et en un spencer à longues manches. Ils étendirent les bras et commencèrent à tourner sur eux-mêmes, d'abord lentement et peu à peu avec une incroyable rapidité ; leurs robes se déployaient et formaient une espèce de roue autour d'eux ; quoiqu'ils fussent fort nombreux dans un espace resserré, ils ne se rencontrèrent jamais pendant cet exercice, qu'ils firent avec une grâce toute particulière. Le corps reste pour ainsi dire immobile malgré ce double mouvement de progression et de rotation; on dirait une machine soumise à une impulsion étrangère : ils tiennent la tête haute et même un peu rejetée en arrière. Le chef des derviches ne quitte point sa place et un autre d'entre eux, qui a conservé son manteau, fait le tour de la salle à pas lents : de temps en temps la musique fait un point d'orgue, alors les tourneurs s'arrêtent et font une grande génuflexion en croisant les mains sur la poitrine, puis ils se remettent en mouvement.

Cette scène singulière dura pendant près de deux heures, et se termina par des prières récitées à demi-voix. L'air de recueillement des derviches, leurs longues barbes et même la grâce de leurs mouvemens ôtaient à cette réunion l'aspect burlesque qu'elle présentait au premier abord.

Il règne diverses opinions sur ces derviches : suivant l'une, leur but est de se mettre dans un état d'extase qui les rapproche de la divinité et d'imiter le mouvement de rotation des astres; d'après l'autre, ils sont simplement des charlatans qui ne cherchent qu'à en imposer à la multitude.

Je n'observai cependant parmi les assistans aucune démonstration de respect; ils semblaient n'être là que comme à un spectacle curieux et divertissant.

Les derviches hurleurs, qui tenaient autrefois leurs assemblées à Constantinople et qu'on pourrait comparer aux jongleurs indiens, ont été supprimés.

En sortant de ce lieu, je regagnai Tophana pour prendre un caïque et faire une course à Thérapia. Malheureusement la pluie me surprit devant le palais de Dalmabatsche, et comme il est défendu d'ouvrir un parapluie auprès des lieux qu'habite le Grand-Seigneur, je fus trempé jusqu'aux os en quelques minutes. Un quart d'heure après, l'averse et l'orage redoublèrent. La violence du vent m'empêcha d'aborder ; c'était une véritable tourmente : il me fallut cinq heures pour retourner au palais de France.

Je suis, etc.

LETTRE X.

Constantinople.

Je suis revenu ce matin à Constantinople. La terrible averse d'hier m'avait laissé un certain engourdissement, dont je me suis débarrassé en allant au bain turc. Vous n'ignorez pas que les peuples de l'antiquité regardaient les bains comme l'une des principales jouissances de la vie; un étranger qui demandait l'hospitalité était immédiatement mené aux thermes.

Ceux des Grecs et surtout des Romains étaient construits avec la plus grande magnificence. Les Turcs, lors de la conquête de Constantinople, ont non-seulement entretenu les établissemens de ce genre, mais ils en ont encore fait bâtir une grande quantité de nouveaux : on en compte, dit-on, près de cent cinquante dans la capitale de l'empire ottoman.

Celui dans lequel j'entrai est établi à Péra. Je me trouvai d'abord dans une grande pièce carrée, au milieu de laquelle s'élève une fontaine et qu'entoure une haute estrade, où sont disposés des coussins et des tapis. J'y quittai tous mes vêtemens; on me lia autour des reins une pièce de toile blanche à raies rouges, et l'on remplaça mes souliers par des espèces de sandales en bois, fixées aux pieds par une courroie, et qui m'élevaient à deux pouces du plancher, au moyen de petits chevalets en bois qui y sont adaptés.

J'entrai alors dans la seconde salle où régnait une vapeur assez épaisse et une grande chaleur; elle était voûtée et éclairée au moyen de petites vitres rondes, placées au haut de la coupole. Un moment après, je passai dans la troisième salle, beaucoup plus échauffée que la précédente, mais construite de la même manière. Elle était pavée et revêtue en marbre, et aux quatre coins étaient placés de petits robinets d'où coulaient des fontaines artificielles d'eau presque bouillante. Le centre de cette pièce formait une plate-forme, sur laquelle je me couchai tout de mon long; quelques baigneurs entrèrent alors, me frottèrent le corps avec du drap, me savonnèrent et me firent craquer les membres. Ils me conduisirent après cette opération dans un des cabinets des coins; l'on m'y fit asseoir sur un socle en marbre pour me masser encore avec de l'étoupe très-fine, puis on me jeta, à plusieurs reprises, de l'eau chaude sur le corps. D'autres baigneurs arrivèrent, m'enveloppèrent de linges et me ramenèrent dans la seconde salle; je m'y étendis sur un matelas, tandis que l'on me faisait de nouvelles frictions à sec et que l'on me parfumait. Je restai sur ce lit pendant une heure environ avant de m'exposer à l'air extérieur ; on m'y apporta la pipe et le café. Il y avait grande société au bain tandis que je m'y trouvais ; les hommes y vont en général de très-bonne heure : plus tard les bains ne sont ouverts qu'aux femmes.

Cette assemblée d'hommes presque entièrement nus et qui tous, en se faisant savonner et parfumer, causaient gravement ensemble, me parut la chose du monde la plus singulière. C'est ici surtout que j'ai pu apprécier les avantages du costume musulman. Je fus étonné en voyant que des hommes, dont l'air noble et majestueux m'avait frappé lors de leur entrée au bain, avaient des visages et des tailles fort ordinaires lorsqu'ils avaient quitté leurs vêtemens. Les bains, dont on fait ici un usage fréquent, passent pour très-salutaires; mais ils détruisent fort vite la beauté des femmes : elles y passent des journées entières à danser, chanter, converser et prendre des rafraîchissemens. Vous savez qu'aucun regard indiscret ne peut pénétrer dans les lieux où se trouvent les dames turques ; mais si vous êtes curieux de connaître à fond la manière dont elles emploient leur temps au bain, je vous engage à lire la charmante description qu'en a donnée lady Montague. Les riches particuliers ont des bains qui sont établis absolument sur le modèle des thermes publics et ordinairement avec beaucoup de luxe; ils sont revêtus en stuc et chauffés au moyen de tuyaux qui circulent en tout sens dans les murailles. En sortant du bain je me rendis à la boutique d'un barbier élégant du voisinage; j'eus le loisir de la considérer à mon aise, en attendant que mon tour vînt d'être rasé. La salle dans laquelle il travaillait était éclairée par des ouvertures pratiquées au plafond de la pièce; des cloches de verre les fermaient. Des cerceaux de toutes les tailles, destinés à faire sécher le linge de toilette, pendaient au milieu de la coupole, attachés horizontalement les uns au-dessus des autres, et formaient une espèce de lustre, au-dessous duquel se trouvait un brasier ardent. Les murs de la salle étaient peints en blanc avec des arabesques noirs et violets, et garnis de tablettes sur lesquelles on avait posé des bassins, des rasoirs, des tasses, des cafetières et des pipes. Aux deux côtés de l'appartement je remarquai des estrades sur lesquelles étaient assis ceux qui se faisaient raser; un large divan en occupait le fond. Le plancher de cette partie de la boutique était plus élevé que le reste de deux marches, et disposé en pente douce presque comme nos lits de camp. Des pilastres en bois et des balustres la séparaient de la pièce principale. Je m'y étendis avec plusieurs Turcs qui attendaient leur tour, ou qui prenaient du café et fumaient leur pipe lorsque l'opération était terminée. Les Musulmans conservent en général la barbe et se font raser la tête. Au-dessus de la place où l'on s'assied, est un long crochet fixé au plafond, et auquel on suspend une espèce d'entonnoir, percé d'un petit trou à l'extrémité inférieure. Le barbier remplit ce vase d'eau tiède, et faisant incliner la tête de celui qu'il rase sur un grand plat à barbe en métal et sans échancrure, il y laisse couler de l'eau, frottant avec du savon la tête, le visage et le cou de sa pratique : il commence ensuite son opération avec la plus grande dextérité. On ne sent pas le rasoir; cependant la peau reste parfaitement nette. Les rasoirs turcs sont à peu près deux fois aussi longs et aussi larges que les nôtres. Ils se brisent rarement et semblent se ployer, tant ils sont bien trempés et peu épais. Lorsqu'on est rasé, le barbier nettoie les oreilles et les ongles, fait craquer les doigts, lave la tête et la sèche; enfin, il apporte la pipe et le café. Les gens de son état semblent d'ailleurs avoir ici, comme chez nous, le privilége du bavardage; celui chez lequel j'étais entré racontait une foule d'histoires et semblait amuser beaucoup ses auditeurs. Je dois vous dire encore qu'après avoir été rasé, on vous présente un miroir rond et à manche, afin que vous jugiez si tout a été bien fait. Ces miroirs sont de la plus grande élégance; les uns sont montés en castor violet, brodé d'or et d'argent ; les autres ont des cadres artistement travaillés en nacre de perles et en écaille. Sortant de chez mon barbier, j'entrai dans un café qui se trouvait à quelques pas de là. Les cafés turcs sont en général de grandes pièces au rez-de-chaussée, auprès d'un arbre ou d'une fontaine. De larges divans, sur lesquels s'accroupissent les fumeurs, les entourent; une espèce d'échoppe est établie d'ordinaire sur le devant de la pièce; on y étend en été des tapis ou des coussins pour prendre le café en plein air.

Je suis, etc.

LETTRE XI.

Constantinople.

Je viens de faire une course aux Sept-Tours, fort situé sur la mer de Marmara, non loin de la pointe du sérail. Pour y arriver, on passe devant plusieurs kiosques élégans : le premier porte le nom de kiosque des artilleurs ; c'est le lieu où le sultan donne son audience de congé au capitan-pacha : le kiosque des perles, qui en est voisin, est décoré, dit-on, avec la plus grande magnificence ; construit en forme octogone, il est soutenu par de belles colonnes de marbre [1]. On voit tout auprès de ce pavillon une fontaine pour laquelle les Grecs ont la plus grande vénération. Ils lui donnent le nom de fontaine du Sauveur, et prétendent qu'elle faisait partie du temple élevé par Jean Tzimiscès en mémoire d'une grande victoire remportée sur les Bulgares. Les jardins de Vlanga Bostan, qui sont un peu plus loin,

---

1 Il s'élève au lieu même où existaient jadis les thermes arcadiens ; près de ces bains était la colonne de Théodora, femme de l'empereur Justinien.

occupent le terrain voisin de l'ancien port d'Éleuthère, sur lequel s'élevait jadis le palais de Vlanga, habité par Andronic Comnène avant son avénement au trône. On voit encore aujourd'hui dans ces jardins des restes de murailles et d'arcades antiques. C'est près de là aussi que se trouve le lieu appelé par les Turcs *Cadhirga-Limani* (le port des galères), d'où partit Bélisaire lorsqu'il conduisit la flotte de Justinien contre Gelimer, l'usurpateur du trône des Vandales. Près de là on remarque encore la place des cavalcades, nommée en turc *Dgindi-méïdan*. J'arrivai enfin au château des Sept-Tours ; il n'inspire d'intérêt que par le souvenir des victimes qui y ont péri : du reste il n'offre rien de remarquable[1]. Il s'élève sur l'emplacement de l'ancien fort, appelé par les Grecs *Cyclobion*. Mahomet II, l'ayant trouvé en ruines, le fit rebâtir et y ajouta plusieurs tours ; depuis il est resté tel qu'il est

---

1 Les restes de la porte dorée, qui forment un arc de triomphe, orné de pilastres corinthiens d'un mauvais style, sont la seule chose digne de remarque au château des Sept-Tours ; elle fut élevée à l'occasion de la victoire remportée par Théodose sur Maxime. Les empereurs faisaient par cette porte leur entrée triomphale à Constantinople ; les statues et bas-reliefs qui la décoraient sont détruits. Les deux églises élevées à la vierge par Justinien, non loin de la porte dorée, n'existent plus : une fontaine sacrée, nommée *Baloukli*, très-révérée par les Grecs, se trouve près des Sept-Tours, au lieu où était l'un de ces temples.

encore aujourd'hui. C'est tout à côté du château des Sept-Tours qu'est situé le quartier d'*Avret-Bazar* (marché aux femmes) où se vendait autrefois la plus grande partie des esclaves; aujourd'hui le principal marché de ce genre se trouve auprès de la mosquée d'Osman. On m'a assuré que les esclaves une fois achetées et entrées dans un harem, y sont traitées avec douceur, et y mènent une vie tranquille, ce qui me semble confirmé par tous les faits que j'ai pu recueillir à ce sujet.

Retournant à Constantinople, je mis pied à terre à la tour de Léandre, bâtie à l'entrée du port, au milieu du détroit, plus près cependant de la côte d'Asie que de celle d'Europe. Cette tour a usurpé le nom d'une autre construction plus ancienne, théâtre des tragiques amours d'Héro et de Léandre, et qui s'élevait en face d'Abydos. Les historiens du bas-empire rapportent qu'une chaîne de fer servait à fermer l'entrée du port de Constantinople aux vaisseaux ennemis sous le règne de Manuel Paléologue. Cette chaîne était tendue de la tour de Léandre à celle de Bélisaire, située en face de la première, du côté de l'Europe, mais qui n'existe plus aujourd'hui. C'est à ce même point qu'Héraclius fit construire le pont qui unit pendant un moment l'Europe à l'Asie, lorsque, vaincu par les Sarrazins, il vint cacher sa honte dans son palais. La tour de

Léandre est très-délabrée intérieurement ; on a cherché à en égayer les dehors par une couche d'eau de chaux et quelques mauvaises peintures. C'est un petit bâtiment carré, établi sur une plate-forme que baignent les vagues du Bosphore, et dont le centre est occupé par une tour de la même forme. Les Turcs y ont braqué quelques canons, et on y voit constamment des sentinelles. La vue que l'on découvre du haut de la tour est vraiment admirable. On voit en même temps la mer de Marmara, les îles, le Bosphore, Constantinople et Scutari, et une foule de palais et de jardins. Les Turcs nomment la tour de Léandre *Kiz-Koulessi* (tour de la fille), et racontent à ce sujet qu'elle fut construite par un sultan à qui l'on avait prédit que sa fille unique mourrait d'une piqûre de serpent, à moins qu'il ne lui fît élever un palais dans un lieu que les pieds de nul être vivant n'avaient encore foulé.

J'ai été voir ces jours derniers l'extérieur de toutes les principales mosquées de Constantinople. Il en est plusieurs qui sont d'anciennes églises chrétiennes converties en temples musulmans, et quant à celles que les Turcs ont élevées depuis la chute de l'empire grec, elles sont toutes la copie plus ou moins imparfaite de Sainte-Sophie. Ils se sont bornés à y ajouter des minarets.

On divise en général les mosquées en mosquées impériales, mosquées ordinaires et mesdjidi : elles ne sont pas moins distinctes par leur structure que par les prérogatives qui y sont attachées. Les premières ne sont que dans les grandes villes de l'empire turc; il y en a quinze à Constantinople[1]. Elles s'élèvent presque toutes au milieu de grandes cours carrées; devant leur porte principale se trouve une fontaine ombragée par de grands arbres : leur architecture est imposante et les minarets sont d'une élégance parfaite. Les cours des mosquées sont animées ordinairement par des groupes d'hommes qui font leurs ablutions avant d'y entrer; le silence et le recueillement règnent dans leur enceinte : ce sont des constructions magnifiques ; leur position isolée permet d'en saisir à la fois toutes les beautés. Les mosquées ordinaires sont beaucoup moins belles que celles fondées par les empereurs ; je ne crois pas exagérer en affirmant qu'il y en a près de deux cent cinquante à Constantinople : elles sont fondées d'ordinaire par les visirs et les pachas.

Les mesdjidi ne sont pour ainsi dire que des chapelles publiques.

---

1 Les mosquées impériales de Constantinople sont celles de Sainte-Sophie, d'Achmet, la Solimanie, l'Osmanie; celles de Mahomet, de Sélim, d'Éïoup, de Laleli, de la validé, mère de Mahomet IV; de la validé, mère de Moustapha II; de Shahzade, de Moustapha III, d'Abdul Hamid, et enfin la nouvelle mosquée de Galatha, bâtie par le sultan actuel.

Les mosquées de Constantinople ont été décrites trop souvent, pour que je prenne encore ce soin: elles se ressemblent beaucoup d'ailleurs, et je me contenterai de vous citer celles dont j'ai été le plus frappé. La mosquée de la sultane validé située sur la rive du port près de la douane, rappelle en miniature celle de Sainte-Sophie. Celle du sultan Achmet est peut-être la plus belle qui existe en Orient. J'ai déjà eu l'occasion de vous en parler à propos de ma visite à la place de l'Atméidan : elle en est séparée par une longue muraille, percée de trois portes et de soixante-douze fenêtres en ogives. Au milieu d'une grande cour carrée, pavée de marbre, qu'entourent vingt-six arcades soutenues par un nombre égal de colonnes de granit, s'élèvent une grande fontaine hexagone et un bouquet de platanes.

Le fond de la cour est occupé par le corps du temple, qui est carré, surmonté d'un dôme surbaissé et de quatre demi-dômes.

Les tombeaux d'Achmet et de son frère Othman sont au nord de l'édifice, le seul de Constantinople qui ait six minarets à trois étages chacun.

La mosquée de Mahomet s'élève, suivant Pierre Gilles, à la place où était autrefois la somptueuse église des saints apôtres. M. Le Chevalier place cette église au lieu où est aujourd'hui la mosquée de Seirek : les constructions antiques que l'on voit tout auprès me semblent devoir confirmer cette dernière opinion.[1]

J'ai dessiné de préférence la Solimanie ; de toutes les mosquées de Stamboul, c'est celle dont l'architecture m'a paru la plus originale : elle est d'un caractère tout particulier. La forme de son dôme est d'une extrême élégance; ses minarets sont très-élevés : il y en a deux à trois galeries; les deux autres n'en ont que deux. On assure que Soliman, son fondateur, a voulu rappeler par là qu'il était le dixième empereur. C'est dans l'intérieur de cette mosquée que se trouve aujourd'hui la colonne *virginale* sur laquelle s'élevait jadis la statue de Vénus. Les Turcs lui donnent le nom de *Kiztach* (pierre de la fille). D'après la tradition, cette colonne faisait distinguer les jeunes

---

1 La plupart des mosquées possèdent des biens dont le revenu est destiné à leur entretien et à celui des fondations qui y sont attachées. Les biens sont divisés en *moukatas* et en *vacoufs*; les premiers sont les domaines des mosquées et proviennent du partage des terres conquises que firent les sultans : ils les divisèrent en trois portions, celles du prince, de l'église et de l'armée. Les *vacoufs* sont des substitutions; lorsqu'on les établit sur un immeuble à un prix convenu et payé par la mosquée, les biens qui les représentent paient à cette mosquée un droit annuel relatif à leur valeur. A défaut de succession héréditaire en ligne directe dans les possessions, le bien déclaré *vacouf* passe à la mosquée, qui en devient propriétaire.

Grecques sages de celles qui avaient cessé de l'être. Les premières pouvaient la regarder tranquillement, les secondes devenaient furieuses aussitôt qu'elles en approchaient.

J'ai vu auprès de la Solimanie un fort singulier spectacle. Non loin de la mosquée se trouve une boutique ombragée par quelques arbres et sur le devant de laquelle est établi un large divan. Tandis que j'étais occupé à dessiner, je vis arriver de différentes rues des hommes à la figure pâle et livide, aux yeux creux, à la démarche chancelante; ils se dirigèrent vers la boutique dont je viens de vous parler et s'établirent sur les coussins : un serviteur en sortit et leur offrit des pillules d'opium accompagnées d'un verre d'eau.

Ils les avalèrent avec le plus grand phlegme et restèrent d'abord parfaitement tranquilles; mais au bout d'un certain temps je les vis s'animer; ils commencèrent peu à peu à gesticuler, à faire des grimaces; enfin la scène devint plus vive, et bientôt ils me parurent tous dans un état de ravissement, de béatitude parfaite. Ils cherchèrent alors à regagner leurs maisons et se dispersèrent chacun de son côté.

On assure que l'ivresse d'opium plonge dans un état d'extase qui ne ressemble à aucun autre; quoi qu'il en soit, cette passion diminue beaucoup parmi les Turcs : l'opium et le tabac sont absolument interdits au sultan, comme étant propres à troubler la raison; l'usage de l'opium est dangereux, et ceux qui se sont fait cette funeste habitude, sont décrépits avant l'âge et n'atteignent presque jamais quarante ans. En passant devant la porte du sérail pour retourner au palais de France, je vis que ses niches contenaient plusieurs têtes dont les bouches étaient remplies de paille; les chiens du quartier s'étaient rassemblés autour de ces trophées hideux.

On voit d'ordinaire auprès des mosquées impériales divers bâtimens qui sont voués à l'utilité publique, tels que des hôpitaux, des colléges, des bibliothèques, ou enfin des chapelles sépulcrales destinées à recevoir les cendres des empereurs, et sur lesquelles je dois appeler votre attention.

Les mosquées d'Achmet, de Soliman et de Mahomet renferment des hospices destinés aux fous (*Timar-Ham*) et aux malades (*Tabi-Ham*) du sexe masculin; on reçoit les femmes dans les hôpitaux dépendant des mosquées de Hasseki et de Tschilinghir.

Il est encore à Constantinople d'autres établissemens de ce genre, ouverts aux hommes de toutes les croyances, tandis que ceux dépendant des mosquées ne le sont que pour les Mahométans; ces derniers même n'y sont reçus que sur un firman de la Porte.

Les Musulmans regardent la folie comme une preuve de la faveur du Ciel; les aliénés sont sacrés pour eux : leurs personnes sont en quelque sorte considérées comme saintes et dégagées des liens terrestres. Aussi les fous sont parfaitement traités ici; les hospices qui leur sont consacrés sont bien tenus; ils forment ordinairement un grand carré, dont le centre est occupé par une cour et dont les côtés sont garnis de cellules destinées aux malheureux privés de raison.

Les malades sont bien nourris, couchent sur de larges divans qui entourent les salles, et sont traités avec bonté; mais les secours de la médecine ne leur sont presque jamais administrés. Ces hôpitaux contiennent en général deux cents ou deux cent cinquante infirmes.

Les écoles publiques (*Medressés*) ont toutes été fondées par les sultans en même temps que les mosquées auxquelles ils ont donné leurs noms. On y instruit les jeunes gens dans les langues orientales, les lettres, la poésie et la loi; les maîtres (*Softas*) y sont entretenus aux frais du gouvernement, et chacun d'eux a un jeune homme qu'il instruit et qui lui sert de domestique.

Les croyans qui veulent entrer dans l'Uléma fréquentent ces écoles. On ne peut devenir homme de loi ni exercer les fonctions sacerdotales sans y avoir fait ses études. Les écoles de la mosquée de

Soliman passent pour les meilleures de Constantinople.

Les écoles particulières (*Mekteb*) dépendent également des mosquées et sont destinées aux enfans indigens; on leur enseigne dans ces établissemens la religion, les élémens de la langue turque, l'écriture et la lecture. Les étudians les plus pauvres y sont logés et nourris aux dépens de la mosquée jusqu'à la concurrence d'un nombre déterminé. L'instruction y est gratuite.

Je n'ai point pénétré dans les bibliothèques; plusieurs personnes, qui comptent séjourner ici plus long-temps que moi, font des recherches à ce sujet.

Constantinople renferme treize bibliothèques publiques, dont la plupart dépendent des mosquées: la principale est celle du sérail. Il y a en outre des bibliothèques particulières, dans lesquelles on trouverait peut-être des objets du plus haut intérêt.

Les Turcs consentent assez facilement à ce qu'on entre dans ces établissemens; mais ils ne permettent à aucun Franc d'emporter des ouvrages, tant est grande leur crainte que nous n'y fassions des découvertes importantes et que nous n'en profitions pour mettre fin à la puissance des Osmanlis en Europe.

Les chapelles sépulcrales (*Turbé*) des sultans sont construites ordinairement à côté des mosquées impériales, par les fondateurs de ces mosquées, et destinées à renfermer un jour leurs cendres, et celles de leurs femmes et de leurs enfans; ce sont des espèces de kiosques dont l'intérieur est disposé comme celui de la salle des derviches-tourneurs : sans avoir pu y pénétrer, j'en ai très-bien vu l'ordonnance, au moyen des grandes fenêtres grillées qui y sont percées. Sur les fosses qu'elles renferment s'élèvent des catafalques qui se terminent en forme de toit et sont couverts de cachemires. Les catafalques des princes portent, du côté de la tête, un turban en mousseline. Les murs de ces chapelles sont revêtus d'inscriptions en lettres d'or, tirées du Coran. Une foule de lampes sont suspendues aux voûtes; des gardiens y maintiennent le bon ordre, et dix ou douze vieillards viennent tous les matins y réciter des prières. Je ne vous parlerai point des églises grecques, qui ont été décrites et qui d'ailleurs ne méritaient guère de l'être; ce sont de simples chapelles, et encore sont-elles pour la plupart mal entretenues ou même ruinées.

Les khans de Constantinople, que j'ai visités ces jours derniers, sont de grands bâtimens carrés; leurs larges cours sont entourées de magasins et d'écuries, au-dessus desquels sont établis de petites chambres destinées au logement des voyageurs moyennant une très-légère rétribution.

On ne trouve aucune espèce de meubles dans les khans, et celui qui veut y séjourner doit y porter tout ce qui lui est nécessaire. On ne peut les considérer que comme un abri hospitalier pour les étrangers qui arrivent dans la ville sans y avoir ni parens ni amis. Le khan voisin du vieux sérail est le plus beau de Constantinople : il est solidement bâti en pierre de taille.

Je suis, etc.

LETTRE XII.

Thérapia.

Après avoir visité tout ce que Constantinople offre de plus curieux, je me préparai à faire une course aux îles des Princes, situées dans la mer de Marmara, non loin de la côte de l'Asie mineure. Je me rendis de grand matin à la chancellerie turque, bâtie sur le port dans le quartier de Galatha, afin d'y chercher un teskéré, espèce de passe-port sans lequel on ne peut débarquer dans ces îles. Je montai l'escalier et j'entrai dans une antichambre pavée en marbre, mais fort mal-propre. Au milieu de cette pièce se trouvait un plateau d'étain placé sur un petit tabouret haut d'un demi-pied environ; autour de cette table singulière étaient accroupis quinze ou vingt individus, qui trempaient leurs doigts dans une gamelle de poissons. Les effendis de la chancellerie déjeûnaient de leur côté, et comme la porte était ouverte et qu'il me fallut attendre la fin du repas, je pus examiner à mon aise la manière dont se faisait le service. Ils étaient également accroupis; on leur présenta d'abord un bassin, du savon, une aiguière remplie d'eau : lorsque chacun se fut lavé les mains, on apporta des poulets, que l'un des assistans découpa avec les doigts de la manière la plus adroite; ces messieurs n'avaient ni fourchettes, ni assiettes, ni couteaux, ni cuillers; chacun plongea sa main dans le plat et y prit le morceau qui lui convenait. Je vis servir alors un agneau, que personne ne découpa; chacun en arracha une pièce avec beaucoup de dextérité, et en ayant soin de ne pas toucher la portion déjà attaquée par son voisin : un plat de pâtisserie, qui vint ensuite, fut mangé de la même manière.

L'aiguière fit une seconde fois le tour de la table, et les assistans se replacèrent sur le divan; on leur apporta des concombres crus pour se rafraîchir la bouche, du café et des pipes; enfin des esclaves leur placèrent leurs registres d'écritures sur les genoux, et je fus admis. Le secrétaire prit en main un morceau de papier assez semblable à nos cartes à jouer, et y écrivit fort vite, en allant de droite à gauche, le nom que je me donnai. En peu d'instans je fus hors du port et je débarquai à Scutari. Vous trouverez ci-joint le dessin de la belle fontaine de marbre située derrière l'Échelle; le fond de mon esquisse est occupé par une portion de la pointe du sérail : on y voit la mosquée du sultan Achmet ; à côté de la fontaine vous apercevez une partie de Scutari, et le nouveau kiosque du

Grand-Seigneur s'élève sur le promontoire le plus avancé de la côte d'Asie. [1]

L'intérieur de Scutari est semblable à celui de Constantinople : la ville est bâtie en amphithéâtre, le long de l'embouchure du Bosphore; on y jouit d'une très-belle vue sur le port et les sept collines de Stamboul. Scutari se nommait dans les temps anciens Chrysopolis : différentes versions existent sur l'origine de ce nom. La plus généralement adoptée est celle d'après laquelle les restes de Chrysès, fils d'Agamemnon et de Chryseïs, y auraient été ensevelis; suivant Denys de Byzance, les Perses y rassemblaient les tributs des villes qui leur étaient soumises, et lui avaient donné le nom de Chrysopolis (la ville d'or).

J'allai visiter la principale mosquée de Scutari, c'est une assez faible imitation de Sainte-Sophie : j'obtins sans beaucoup de difficulté la permission de pénétrer dans l'intérieur de l'édifice, l'heure de la prière étant encore éloignée ; on m'enjoignit seulement de laisser mes souliers devant la grande porte. Je vis un temple de la structure la plus simple et presque sans ornemens ; quelques colonnes lui servent d'appui; des passages du Coran sont

1 Ce promontoire portait autrefois le nom de *Bos ;* on y voyait une colonne en marbre blanc, sur laquelle s'élevait la statue de Bos, femme du général athénien Charès.

écrits sur des tableaux en bois suspendus aux murailles; une chaire carrée et assez élevée est appuyée contre l'un des piliers. Les escaliers par lesquels on arrive aux minarets sont des espèces d'échelles roides et étroites ; je demandai vainement la permission d'y monter.

Le cimetière de Scutari passe pour le plus vaste et le plus beau de l'Orient ; les Turcs de distinction, qui regardent l'Asie comme la vraie patrie des disciples de Mahomet, s'y font enterrer : l'Europe leur paraît une terre ennemie, où ils sont campés actuellement, mais qu'ils devront quitter un jour ; d'antiques prédictions leur annoncent qu'ils en seront chassés, et ceux qui en ont le moyen, ne veulent point laisser leurs ossemens au milieu des infidèles.

Les hauteurs qui s'élèvent derrière la ville ont été illustrées par la victoire décisive que Constantin y remporta sur Licinius, le 18 Septembre 324, et à la suite de laquelle il réunit sous son autorité toutes les provinces de l'empire romain : aujourd'hui elles sont célèbres par la vue que l'on y découvre ; un étranger se dirige vers le mont Bougourlou dès les premiers jours de son arrivée à Constantinople. Je vous l'avouerai cependant, ce point de vue, trop vanté peut-être, n'a pas répondu à mon attente : il n'est aucun endroit d'où l'on saisisse mieux l'ensemble du pays ; mais à mon avis le spectateur est placé trop haut, et le vaste tableau que l'on découvre, fait en quelque sorte l'effet d'un plan en relief: Bougourlou n'est, ce me semble, que la faible répétition de la vue de Galatha. Je traversai le champ des morts et passai devant les nouvelles et belles casernes, que l'on construit du côté de la mer de Marmara. J'avais ordonné à mes rameurs de prendre l'avance, et je les retrouvai auprès du petit vallon où est située la source de Hermagora dont parle Denys de Byzance, et non loin de laquelle s'élevaient les temples d'Eurostès et de Vénus : on n'en aperçoit plus de vestiges.

Je débarquai bientôt après au petit village de Kadi-Keui : il se trouve à l'endroit où existait jadis la fameuse Chalcédoine, colonie des Mégariens, bâtie près de la rivière qui lui donna son nom. Cette ville était l'une des plus anciennes de l'Asie; son temple d'Apollon jouissait d'une célébrité presque égale à celle du temple de Delphes: de magnifiques monumens la décoraient; elle a essuyé les fortunes les plus diverses : ravagée à différentes reprises par les Perses, détruite par les Goths, et plus tard encore par les Sarrazins, elle n'est plus aujourd'hui qu'un des plus pauvres villages de la côte d'Asie; le nom même de la rivière de Chalcédoine n'existe plus.

Je vis à Kadi-Keui une chapelle dédiée à Sainte-Euphémie : l'église dans laquelle se tint le concile général, en 451, a été entièrement détruite. Je continuai ma promenade à pied, en me faisant suivre le long du rivage par mon caïque. Je m'arrêtai à la pointe de Mounde-Bouroun; un petit café y est établi sous un grand couvert de platanes et de figuiers : j'apercevais entre les branches des arbres un beau golfe, que fermait du côté opposé le promontoire de Fener-Baktchesi (ou du fanal d'Asie [1]). Cette anse profonde formait l'ancien port d'Eutrope; j'y remarquai encore une foule de fragmens et de murailles antiques.

Un petit sentier bien ombragé, et qui serpente au milieu de ces débris, me conduisit au fanal. Justinien y avait bâti un palais et des bains. Les ruines d'une grande citerne antique existent encore aujourd'hui sur la pointe de Fener-Baktchesi; des cyprès, des pins maritimes et des grenadiers les ombragent : tout auprès s'élève une plate-forme en marbre blanc; deux fontaines élégantes versent leurs eaux dans de grands bassins; des platanes d'une taille vraiment gigantesque entretiennent dans cet endroit une délicieuse fraîcheur. Les îles des Princes se montrent à peu de distance; les montagnes de la Bithynie bornent l'horizon. Des récifs hérissent la côte, et l'on entend au loin le bruit monotone des vagues qui viennent s'y briser. Quelques Turcs

---

1 Ce promontoire portait autrefois le nom de *Hereum*.

avaient étendu leurs carreaux sur les marbres de la fontaine au pied des platanes les plus touffus; ces tapis brillant des plus vives couleurs et ces costumes pittoresques ajoutaient un nouveau charme à ce ravissant paysage. Les Musulmans prenaient le café; ils m'engagèrent avec cordialité à me joindre à eux : bientôt nous fûmes dérangés. Des femmes venaient de Scutari en arabas; il fallut leur céder la plate-forme. On y construisit à la hâte une espèce de tente en étoffe à fleurs, ouverte par le haut, afin qu'elles pussent prendre leur repas et ôter leurs voiles.

Les îles des Princes sont des montagnes assez élevées et sortent presque à pic du sein des eaux; elles sont cultivées dans quelques endroits, mais en grande partie arides et rocailleuses. Au bout d'une heure de navigation, j'approchai de l'île de Protï, la première du groupe : je passai devant Antigonê et Kalki, et je débarquai à Prinkipo. On voit s'élever sur les flancs de ces îles une grande quantité de monastères grecs qui datent des temps du bas-empire et sont encore habités aujourd'hui. J'entrai dans une petite auberge assez propre, bâtie, pour ainsi dire, dans la mer, et faisant partie de la ville des Princes. J'y louai un âne pour moi, un autre pour mon drogman, et nous commençâmes notre promenade. Nos montures marchaient avec une grande vîtesse, quoique sur un chemin difficile et très-escarpé, et l'enfant grec qui me servait de guide me précédait en courant et sautant d'un rocher à l'autre avec l'agilité du chevreuil. Je cheminais dans un sentier étroit qui planait sur la mer, et qu'obstruaient de temps en temps de gros blocs d'une pierre grisâtre, au milieu desquels croissaient quelques pins noueux. Je voyais à ma gauche une corniche de rochers et des landes incultes; à ma droite s'étendait le beau golfe de Nicomédie, borné par la chaîne des montagnes du même nom. Je ne m'arrêtai point au monastère de Saint-Nicolas. Il est construit sur le versant oriental de la montagne à peu près à mi-côte; les moines l'ont abandonné: il sert aujourd'hui de caserne aux apprentis musiciens de l'armée turque. Je les entendis exécuter une de leurs symphonies; il faut avoir assisté à ces concerts, pour se faire une idée d'un semblable charivari: quinze ou vingt clarinettes fêlées, autant de flûtes et de hautbois, jouaient des gammes, chacun dans un ton différent; des timbales et un roulement de tambours, qui eussent couvert le fracas du tonnerre, faisaient l'office de basses perpétuelles, et amortissaient fort heureusement les épouvantables discordances des instrumens à vent. Cependant tous ces musiciens paraissaient enchantés de leur savoir-faire, et soufflaient ou frappaient à tue-tête: je les entendais encore à une bonne demi-lieue du théâtre de leurs exploits. Je continuai à monter, et j'arrivai au couvent de Saint-George, élevé sur la plus haute cime de l'île. C'est un vieux bâtiment, placé comme une aire d'aigle sur le sommet de rochers tantôt nus, tantôt couverts de ronces et de lianes. Ces fragmens anguleux, entassés les uns sur les autres, et qui offrent les formes les plus bizarres, forment une grotte assez profonde, dans laquelle se réfugia Saint-George, à ce que racontent d'anciennes légendes. Je me rappelai involontairement le val de Tremola, à la descente du Saint-Gothard du côté de l'Italie. Au milieu de cette nature désolée s'élève un bouquet de pins qui ombrage le couvent, construit moitié en pierres, moitié en bois, mal entretenu, et dont l'aspect est celui d'une pauvre maison turque. C'est ici que les Grecs privés de raison et de moyens de subsistance trouvent un refuge. J'y vis un membre de la famille Ypsilanti, déjà âgé, et que de longues infortunes ont plongé dans la mélancolie. Près de lui était une jeune Grecque d'une beauté peu commune, victime d'un amour malheureux, qui l'a conduite dans ce triste séjour. A côté du bâtiment s'étend une petite terrasse naturelle, sur laquelle je m'arrêtai pendant long-temps. Je voyais à mes pieds le groupe des îles des Princes et la mer de Marmara ; en face de moi Constantinople et Scutari se perdaient dans le lointain ; à ma droite étaient le golfe de Nicomédie et la côte occidentale de l'Asie mineure ; à ma gauche, enfin, la haute mer se confondait avec l'atmosphère, et les contours vaporeux des îles du Pape et de Marmara entrecoupaient sa masse imposante. J'attendis sur ce belvédère le coucher du soleil : bientôt une teinte de feu se répandit sur la mer ; des lignes d'or et de pourpre couvrirent les rivages, tandis que les montagnes plus éloignées dessinaient de grandes masses d'un violet foncé. Peu à peu les objets se confondirent, les détails se perdirent dans l'obscurité ; je ne distinguais plus que l'ensemble du paysage. Je payai ma petite rétribution au couvent, et je cherchai à regagner la ville. Les ténèbres gênèrent d'abord ma marche ; mais la lune s'étant levée, je fis une promenade délicieuse : je traversai à pied les bosquets de platanes, de cyprès, de figuiers, de grenadiers et de tilleuls qui entourent la capitale de l'île. L'air était embaumé, je me décidai difficilement à quitter une aussi belle nature, pour aller m'étendre sur le divan où je devais passer la nuit.

Le lendemain je partis de bonne heure pour visiter l'île aride de *Protï*, la dernière de tout le groupe. Son monastère de Saint-Christophe est peu remarquable, et en général cette île pauvre et presque inhabitée ne vaut pas la peine qu'on se donne pour y arriver. Je n'y restai que pendant une demi-heure, me dirigeant ensuite vers Antigonê, je passai devant l'île des *Lapins*, petit plateau de rochers, qui doit son nom à ces animaux, les seuls habitans qu'on y trouve. *Antigonê* est très-pittoresque, les vagues viennent se briser contre le quai d'un joli village bâti au pied d'une colline verdoyante, et derrière lequel s'étendent des bouquets d'arbres.

L'île de *Kalki* (Kalchi), est la plus pittoresque des quatre : je débarquai auprès d'un beau chemin en dalles, qui conduit par une montée peu rapide au couvent de la Panagia (la Vierge), et serpente au milieu d'une forêt assez claire de pins et de cyprès. Des gazons touffus s'étendent aux pieds des arbres. La vue du monastère me charma : il est construit solidement en pierres de taille, et son architecture indique une origine très-ancienne. L'intérieur en est occupé par une cour dans laquelle de jeunes vignes forment des berceaux ; un cyprès est planté au milieu de cette enceinte : l'on y voit également de grandes touffes de lauriers roses et blancs.

Le couvent est adossé d'un côté à des rochers, de l'autre on voit s'étendre des prairies qui descendent vers la mer en pente douce. Des arbres magnifiques l'ombragent et forment çà et là d'énormes groupes. Des plans d'oliviers occupent les collines, qui se succèdent du côté du couchant jusqu'aux promontoires de Tschamliman et de Tarsana. Le mélange des mœurs monastiques chrétiennes et des mœurs turques forme un singulier contraste dans ces retraites. On y rencontre des individus des deux sexes. Aussitôt qu'un étranger arrive, on lui porte la pipe et le café ; les costumes sont orientaux : on se repose sur de larges divans ; en un mot, si je n'eusse visité la chapelle, rien ne m'eût rappelé que je me trouvais dans un couvent. Le monastère de la Trinité, que j'atteignis ensuite, est situé sur le sommet de l'île ; il est fort étendu. J'y découvris la même vue qu'à Saint-George de Prinkipo. De longues allées de cyprès me conduisirent à Saint-George *aux rochers*, qui est dans une position charmante. Le bâtiment semble accroché à une pointe de granit ; ses fenêtres donnent perpendiculairement sur le détroit qui sépare Kalchi de Prinkipo. En quittant ce couvent, on suit un sentier excessivement étroit, tantôt percé dans des galeries taillées dans le roc, et tantôt suspendu au-dessus de la mer, à une hauteur de deux ou trois cents pieds. Quelquefois on n'y peut marcher qu'en se cramponnant aux parois des rochers.

Les îles des Princes sont habitées uniquement par des moines, des pêcheurs, réputés excellens bateliers, et quelques familles pérotes, qui y passent l'été, ou s'y réfugient lorsque la peste exerce ses ravages à Constantinople. Ces dernières se fixent presque toutes à Prinkipo ; le soir elles se rassemblent ordinairement devant un petit café, bâti au bord de la mer. J'assistai à deux de ces réunions, auxquelles préside une franche gaieté. Je retournai à Thérapia, sans m'arrêter à Constantinople. Lorsque je doublai le promontoire de Scutari, pour entrer dans le canal, la nüit était déjà obscure, et la mer phosphorescente à un point extraordinaire. Chacune de nos six rames, en se plongeant dans l'eau, y dessinait une immense gerbe de feu, et semblait couverte de paillettes de diamans, lorsque les bateliers l'en retiraient : beaucoup de caïques naviguaient sur le Bosphore, et y formaient en tout sens des traces lumineuses et étincelantes. C'était vraiment un feu d'artifice magique. Des milliers de mouches luisantes ajoutaient à l'effet de ce beau spectacle ; elles volaient ou se posaient en innombrable quantité sur les cyprès et les monumens tumulaires des deux rivages.

Je suis, etc.

LETTRE XIII.

Thérapia.

Je m'occupe actuellement, mon cher ami, à examiner en détail les rives du Bosphore, et je suis de plus en plus charmé des environs de Thérapia. Le canal de Constantinople a sept lieues de longueur, à peu près; sa largeur varie beaucoup, mais ne dépasse jamais une demi-lieue : ses sinuosités sont brusques et anguleuses; elles donnent naissance à un grand nombre de courans et de contre-courans, qui facilitent la navigation et empêchent le port de Constantinople de se combler. Le canal forme une anse assez profonde, à deux cents pas environ du palais de France. Le village de Thérapia est bâti autour de ce port, une quantité de petits bâtimens marchands y sont stationnés. Derrière le golfe s'étend une vallée fraîche et fertile.

Me proposant de faire une course fort longue, je montai à cheval dès quatre heures du matin, et je me dirigeai vers le village : il s'élève en amphithéâtre sur les hauteurs qui dominent le Bosphore; des vignes, des platanes, des figuiers ombragent la plupart de ses maisons : un ruisseau, sur lequel se trouvent à chaque pas des ponts étroits, construits en rondins, coule au milieu de la rue principale du bourg. La présence des riches familles grecques Morosi et Kallimaki avait répandu une certaine aisance dans cet endroit; elles ont été victimes de la dernière révolution : aujourd'hui le voisinage de l'ambassade de France est regardé comme un gage de sécurité par les habitans de Thérapia. La vallée s'ouvre immédiatement derrière le village, un joli ruisseau l'arrose : jadis ce vallon était entièrement couvert de forêts; aujourd'hui on y voit de beaux groupes d'arbres, des prairies et une culture beaucoup plus soignée que dans les environs. Il portait autrefois le nom de Pharmacias; c'est là que, suivant la fable, Médée venait cueillir des simples et préparer ses poisons. Au fond de la vallée est une fontaine rustique qu'ombragent des platanes séculaires, et dont l'eau jouit d'une grande réputation de salubrité; elle porte le nom de *Fontaine froide* : les gens du voisinage viennent y remplir leurs amphores à forme antique. Derrière la source est un sentier escarpé et presque impraticable, que nous escaladâmes difficilement. Nous nous trouvâmes alors sur des hauteurs arides, où croissaient la bruyère et l'arbousier. Une forêt de châtaigniers et de chênes leur succéda bientôt. Autour des arbres étaient suspendus du lierre et de la vigne, qui formaient de tous côtés des festons naturels. Une clairière, d'où l'on découvre une vue magnifique, est au centre de cette forêt. Nous apercevions autour de nous un dédale de montagnes couvertes d'une brillante verdure, et au milieu desquelles se dessinait l'aqueduc de Bujuckdère [1]. A notre gauche s'étendaient le Bosphore et les rivages d'Asie. L'entrée du canal était occupée par une nombreuse flotte marchande, qui attendait que le vent du Nord tombât pour pénétrer dans la mer Noire. A peu de distance de la clairière, nous commençâmes à descendre, et nous arrivâmes auprès de l'aqueduc ; bâti dans le temps du bas-empire, il sert encore aujourd'hui : il a une seule rangée d'arcades très-élevées, et ne forme un double étage qu'au point central. Les Turcs l'ont peint en blanc, couleur affectée aux édifices publics. A peu de distance de ce monument est le petit village de Baktchekeui. Après l'avoir traversé, nous entrâmes dans une forêt de châtaigniers : de temps en temps l'on rencontre dans ce bois de vastes terrains couverts d'arbousiers. Les hêtres, qu'on y aperçoit également, les chemins meilleurs que ne le sont ordinairement ceux de ce

---

1 Il porte aussi le nom d'aqueduc de Baktchekeui (village du jardin) du nom d'un hameau voisin.

pays, enfin, quelques prairies bien entretenues, me transportèrent pour un moment dans les contrées de l'Europe : mais des platanes, des pins maritimes, des lianes abondantes, et surtout des montagnes incultes, dont cependant le terrain est très-fertile, me rappelèrent que j'étais dans un pays soumis à la domination musulmane. Après deux heures de marche nous arrivâmes au village de Belgrad : il est dans une jolie position ; mais son air de malpropreté nous ôta l'envie d'y faire halte. Nous choisîmes, à peu de distance du bourg, une place ombragée pour y déjeûner. La petite caravane s'assit à côté d'une source, dont l'eau coulait dans un bassin de marbre. Notre guide déballa les sacoches pendues aux deux côtés de son cheval ; un déjeûner frugal me fit penser à ceux des anciens preux, dont Walter Scott donne la description dans ses romans. De jeunes filles grecques nous interrompaient de temps en temps pour chercher de l'eau à la fontaine, ou pour y faire désaltérer les troupeaux qu'elles conduisaient dans les pâturages voisins. Dans ce pays le voyageur porte avec lui tout ce dont il a besoin. Ici, les usages, la manière d'être et le degré de civilisation peuvent donner une idée de ce qu'était l'Europe il y a quelques siècles. Sous ce rapport l'Orient est extrêmement intéressant pour un étranger habitué à ne voir que des contrées où même la plus basse classe du peuple a déjà des notions et des idées qui tiennent essentiellement aux temps modernes.

La forêt de Belgrad est magnifique : tantôt elle est touffue, tantôt d'énormes arbres se trouvent isolés au milieu de vertes prairies : des ruisseaux limpides en baignent les racines. Des accidens heureux, qui semblent l'effet de l'art, se rencontrent à chaque pas; mais l'extrême humidité de ce bois rend son voisinage mal-sain. Un hatchérif du Grand-Seigneur menace de la mort quiconque oserait y couper ne fût-ce qu'une branche d'arbre ; on le regarde en quelque sorte comme le palladium de Constantinople : il attire les orages et alimente d'eau la capitale de l'empire. Les sultans y ont fait creuser, à grands frais, des réservoirs, qui, après avoir reçu toute l'eau des montagnes voisines, la distribuent dans des canaux, et la répandent ainsi dans les divers quartiers de la ville. Nous passâmes d'abord auprès du réservoir [1] de Chifte-Havouz (double bassin), qui, semblable à un fort gothique carré, s'élève au milieu d'un bouquet d'arbres, et verse de l'eau dans deux larges bassins. A peu de distance de là se trouve le nouveau réservoir (*Jeni Bent*), construit il y a huit ou neuf ans ; il est entièrement en marbre blanc, et bâti avec un luxe oriental. Ce superbe édifice traverse une gorge de montagnes

---

1 En turc *Bent*.

au fond de laquelle est un grand étang; il forme une terrasse élevée, à laquelle on arrive par de larges escaliers. Une avance carrée en occupe le milieu, et livre un passage à l'écoulement des eaux; des vers, gravés en or, sur une plaque de marbre, font un éloge ridiculement exagéré du sultan actuel, fondateur du Jeni Bent. A quelques lieues de ce réservoir, on voit encore un aqueduc bâti par Justinien; la journée déjà assez avancée ne nous permit plus d'aller le voir, et nous reprîmes le chemin de Thérapia. Arrivés à l'aqueduc de Baktchekeui, nous descendîmes dans la vallée de Bujuckdère, à laquelle sa fertilité avait fait donner le nom de *Kalos Agros.* Un ruisseau y alimente de superbes prairies. Ce lieu sert de but de promenade aux Grecs et aux Francs des environs; les troupes turques viennent souvent y faire l'exercice.

Nous passâmes auprès du fameux platane de Godefroi de Bouillon, dont je vous ai déjà parlé; il est colossal, et forme douze ou quinze arbres sortant d'une seule souche. Le golfe de Bujuckdère portait dans les temps anciens le nom de Bathy-Kolpos. Nous traversâmes le bourg du même nom, et entrâmes dans le hameau de Sarikeu. Le Bosphore y forme une anse terminée du côté du Midi par le promontoire de Mezar-Bouroun, consacré jadis à Vénus; un fort remplace aujourd'hui le temple qui s'élevait sur la langue de terre, du côté Nord.

La batterie de *Boujouk-Liman*, construite à peu de distance de ce point, s'est élevée sur l'emplacement du port des Éphésiens; celle de Karipché a été bâtie sur les débris du port des Liciens. Revenant sur nos pas, nous regagnâmes Thérapia. Le petit fort de *Keres-Bouroun* est à peu de distance du palais de France; de nombreux platanes l'ombragent : les gens du voisinage y viennent ordinairement dans la soirée pour prendre des rafraîchissemens. On trouve auprès de Keres-Bouroun quelques vestiges du monastère de Sainte-Euphémie.

Je suis, etc.

LETTRE XIV.

Thérapia.

Vis-à-vis du palais de France, sur la côte d'Asie, s'ouvre la délicieuse vallée de Tokate. Je pris hier au point du jour un caïque, et après avoir traversé le Bosphore, je mis pied à terre à côté de quelques maisons turques, et je m'enfonçai dans les prairies qui tapissent les flancs de la montagne. La vallée est peu large ; de grands bouquets de platanes semblent jetés au hasard au milieu des pâturages. A leur pied j'apercevais quelques tentes, dont les habitans avaient allumé des feux pour cuire leur pilaw ; des troupeaux de chevaux galoppaient de tous côtés. Plus j'avançais, et plus la vallée se resserrait : au bout d'une heure de marche j'arrivai à la fontaine de Tokate, auprès de laquelle se trouvait, il y a peu d'années, un kiosque dont on voit encore les vestiges ; la forêt de sapins, qui s'élève sur une hauteur voisine, me retraça les vues de nos climats. Je commençai alors à gravir la montagne du Géant, la plus haute de celles qui avoisinent le Bosphore : elle est nue et aride jusqu'aux trois quarts de sa hauteur; son sommet est garni d'un bois épais de chataigniers. Le sentier que je suivais est très-escarpé ; il serpente autour d'énormes blocs d'une pierre rougeâtre; une foule d'ouvriers étaient occupés à en détacher des quartiers. Arrivé au haut de la montagne, je découvris devant moi la mer Noire; à mes pieds serpentait le Bosphore, et du côté opposé s'étendaient Constantinople, Scutari et la mer de Marmara. Un vieux Turc qui habite en cet endroit, vint m'engager à visiter le sépulcre du Géant qui y est enseveli, et pour lequel les Musulmans conservent une religieuse vénération ; tout auprès se trouve une petite mosquée : ce tombeau est constamment chargé d'offrandes. Il a quarante-deux pieds de long, et mon Cicérone me raconta de la meilleure foi du monde que, pour y enterrer le Saint, il avait fallu le couper en plusieurs morceaux. Un jeune homme qui était avec lui, ajouta moitié par signes, moitié en mauvais italien, que le Géant, étant assis sur la montagne, avait coutume de se laver les pieds dans le Bosphore, qu'il se promenait dans la mer Noire sans perdre fond, et cent autres absurdités pareilles. Je me dirigeai vers le *Fort Gênois*, bâti sur le sommet inférieur de la montagne : il est de la construction la plus solide; dans son intérieur on voit plusieurs maisons encore habitées; son architecture n'a d'ailleurs rien de remarquable. Un sentier difficile me mena au rivage du canal. J'arrivai auprès de la forteresse de Porias-Liman, bâtie par le baron de Tott, et à côté de laquelle s'étend le promontoire de Fil-Bouroun, exactement vis-à-vis de l'ancien port des Éphésiens dont je vous ai parlé dans ma lettre précédente. Passant auprès du golfe de Ketcheli-Liman, j'arrivai au château d'Asie (Anadoli Kavak), construit, à ce que l'on croit, sur l'emplacement de l'ancien temple élevé à Jupiter Urius par les Argonautes à leur retour de la Colchide. Le Bosphore y dessine une baie assez profonde, dans laquelle sont ordinairement stationnés une foule de bâtimens légers, et au fond de laquelle sont une fontaine et un café, rendez-vous des habitans du village. La batterie d'Youcha en est peu éloignée; elle est en quelque sorte encaissée dans des rochers au-dessus desquels on voit des ruines insignifiantes, qu'on regarde comme celles de l'église fondée par Justinien en l'honneur de saint Pantaléon.

Je fis encore, durant la soirée, une promenade à la vallée des *Eaux douces d'Asie*. Ayant doublé le promontoire de Selvi, près duquel sont les jardins de Sultanié, nous débarquâmes auprès d'Anadoli Hissar, *Château neuf d'Asie*, situé vis-à-vis la tour des Janissaires; deux petites rivières, que les Turcs nomment Jok-Sou et Kutchuk-Sou, y serpentent au milieu de la plus belle des vallées qui avoisinent le Bosphore. La végétation y est plus riche que partout ailleurs : jamais je n'ai vu un paysage à la fois aussi pompeux et aussi riant; sur le bord des rivières croissent des platanes et des aunes, dont un cyprès élancé rompt de temps en temps l'uniformité; des gazons émaillés s'étendent au pied des arbres; des châteaux crénelés, des maisons turques, des ponts légers, des kiosques somptueux, des fontaines aux dômes dorés sont jetés au milieu de ces voûtes de verdure : ici l'on aperçoit un groupe de fumeurs étendus sur de brillans tapis, plus loin un cavalier fait galopper son cheval arabe, quelques enfans se disputent le prix de la course, des femmes enveloppées dans leurs larges féretgés se reposent sous les ombrages, tandis que de nombreux caïques parcourent les sinuosités du Jok-sou. Cette scène animée, peinte par un artiste habile, pourrait donner la plus juste idée du climat et des mœurs de l'Orient.

Je n'attends plus, pour quitter Constantinople, que la célébration du Kourbam Beiram, l'une des plus grandes fêtes religieuses des Musulmans. J'ai eu le bonheur de rencontrer ici lord Brabazon, avec qui j'ai été lié à Vienne. Nous comptons parcourir ensemble le Levant; nous avons déjà nos firmans et nos teskérés. M. Lindsay, gentilhomme anglais, s'associe a nous pour voir une partie de l'Asie mineure. Je pense que nous serons en route dans trois ou quatre jours.

Je suis, etc.

LETTRE XV.

Constantinople.

Nous quittâmes Thérapia mardi dans l'après-dîner pour assister à la célébration du Kourbam Beiram, fixée au mercredi : cette fête est une époque de réjouissance pour les Mahométans ; dès le point du jour, le sultan se rend à l'une des mosquées impériales, en grande cérémonie. La route que l'on suit en allant à Constantinople par terre donne une idée de l'ancienne Thrace : des collines se succèdent sans interruption ; le pays est aride, et l'on n'aperçoit de traces de culture que dans un petit domaine assez bien tenu, appartenant au porte-épée du sultan, et qui forme une oasis de vingt arpens environ au milieu de vastes landes. Tout à côté se trouve un kiosque, où Sa Hautesse vient souvent s'entretenir avec son favori. On arrive à Péra en passant à côté de la caserne des Topschi ; nous y entrâmes à la nuit tombante. La ville offrait dans ce moment le tableau le plus animé ; les minarets étaient illuminés et se dessinaient en traits de feu sur un ciel sans nuages. Les triples galeries de la mosquée d'Achmet formaient de larges cercles lumineux, réunis par des lignes enflammées, jetées de l'une à l'autre. Ces lumières se reflétaient dans les eaux tranquilles du port, et l'on entendait au loin le bruit tumultueux de l'immense population qui parcourait les rues. Je restai pendant long-temps sur la terrasse du palais de France à considérer ce spectacle si nouveau pour moi. Le lendemain, nous nous rendîmes, long-temps avant le jour, à la place de l'At-Meidan, ayant avec nous deux serviteurs turcs attachés au palais; ils remplissent les fonctions des anciens Janissaires, et font respecter les étrangers par la populace. De longues haies de soldats étaient rangées dans les rues que le sultan devait traverser avec son cortége. Sa Hautesse sortit du palais au moment où parut le premier rayon du soleil. Les agas du sérail le précédaient, portant leur costume de cérémonie, qui se distingue surtout par un turban fort élevé de mousseline blanche et sans bourrelet. Ils étaient vêtus pour la plupart d'étoffes blanches, montés sur d'assez beaux chevaux, dont les harnais étaient couverts d'or. Des valets, marchant à pied, suivaient les agas; venaient ensuite les cuisiniers du sultan, en général mal montés, portant des habits écarlate et sur la tête des bonnets étroits, prodigieusement hauts et de forme conique. Le costume des bostangis (jardiniers), qui marchaient après eux, ne diffère du précédent que par les bonnets informes dont ils se couvrent la tête. Ces bostangis précédaient les différens ministres, qui portaient des cafetans de satin amarante, garnis de fourrures précieuses; je remarquai parmi eux le reis-effendi (ministre des affaires étrangères), homme jeune encore, à longue barbe noire. Ces dignitaires étaient tous à cheval; une foule de domestiques et de chevaux de main richement caparaçonnés les suivaient.

Les pachas à trois queues venaient ensuite. Ils sont les premiers de l'empire; on les distingue à leur turban, cône arrondi et très-élevé, qu'enrichit une large bande d'or; leur cafetan est de satin vert avec la pelisse de martre. Le capitan-pacha marchait en tête, comme étant le moindre en rang; venait ensuite l'ancien seraskier, le fameux Hussein-pacha, destructeur des janissaires; puis le seraskier actuel, vieillard à barbe blanche, principal auteur des réformes récemment introduites dans l'armée turque, et de la nouvelle organisation qu'on lui a donnée; enfin, au milieu d'une foule d'officiers, de valets, de chevaux de main, etc., arrivait le grand-visir, vêtu de satin blanc. Une troupe nombreuse de pages et la garde personnelle du sultan en habit de soie verte, orné de riches broderies en or, et portant des casques dorés et d'énormes panaches blancs et verts, copiés, dit-on, sur ceux des gardes impériales du bas-empire, annonçaient l'arrivée de Sa Hautesse, qui montait un fort beau cheval, dont les harnais étaient couverts de pierreries. Une superbe aigrette en diamans distinguait le chef des croyans, dont le costume était d'ailleurs fort simple: il était entouré d'esclaves et de chevaux, sur les selles desquels on voyait des boucliers ronds en or ciselé, ornés de pierres précieuses. Venaient enfin les porte-turbans et les porteurs des tabourets d'or et d'argent.

Le porte-épée, en costume mamelouk, ouvrait la seconde partie du cortége. Il avait à sa suite un porte-épée d'un rang inférieur au sien. Puis on voyait paraître le kislar-aga, chef des eunuques noirs, auquel les assistans faisaient une salutation aussi profonde qu'au sultan lui-même. Le second eunuque noir, couvert du turban de pacha à trois queues, arrivait après lui, suivi de deux autres eunuques de la même couleur; tous trois étaient vêtus de satin vert à fourrure brune, et portaient sur leurs monstrueux visages l'empreinte de leur dégradation. Ils précédaient les eunuques blancs à figure blême et imberbe, habillés en soie amarante. Des serviteurs, des chevaux, des officiers inférieurs, des bostangis et des cuisiniers, fermaient la marche.

Je fus étonné de voir que le peuple, ordinairement si curieux d'assister aux cérémonies publiques, ne montrait point ici le même empressement. Cinquante ou soixante individus se promenaient isolément sur la place de l'hippodrome, pour considérer cette procession, la plus pompeuse que l'on connaisse à Constantinople. Au reste, je dois vous avouer que ce luxe oriental, dont on nous parle tant, existe bien plutôt en imagination qu'en réalité. J'ai remarqué, parmi ceux qui composaient le cortége, des costumes fort beaux ; j'y ai vu des chevaux superbes, de riches harnais ; mais le tout manque d'ensemble, et on est frappé à chaque instant des plus choquantes disparates. A côté d'un magnifique étalon arabe se traîne une rossinante efflanquée; un serviteur en habit déchiré et rapiécé marche à côté d'un seigneur richement vêtu; une housse en loques, une bride composée de quelques mauvaises courroies, figurent à côté d'un caparaçon d'un prix inestimable. Le cortége ne resta guère que vingt minutes à la mosquée, et retourna au sérail dans le même ordre qu'il en était parti.

Aussitôt que les troupes eurent défilé, je repris le chemin de Thérapia, pour y faire mes derniers préparatifs de départ. Je quittai dans la soirée avec de bien vifs regrets le palais de France, où l'on m'avait reçu avec une bienveillance si marquée; je contemplai une fois encore le magnifique Bosphore, que peut-être je ne reverrai plus; son souvenir ne s'effacera jamais de ma mémoire. Il semblait vouloir se montrer à moi dans toute sa beauté; la soirée était calme et les derniers rayons du soleil répandaient sur le paysage les teintes chaudes des régions méridionales ; une quantité d'alcyons, de cormorans et d'autres oiseaux aquatiques voltigeaient auprès du rivage, et fondaient en tournoyant sur les poissons qui paraissaient à fleur d'eau. Les vitres des maisons, réfléchissant les rayons de feu qui doraient l'horizon, semblaient illuminées. Mais bientôt ces beaux effets de lumière disparurent entièrement; le passage du jour à la nuit est presque subit dans ces contrées ; j'arrivai à Constantinople au milieu des ténèbres, et je me rendis de Tophana au palais de France, en traversant les rues étroites, obscures et mal pavées de ces quartiers.

J'ai rejoint ici mes compagnons de voyage; notre départ est définitivement fixé à demain soir.

Je suis, etc.

LETTRE XVI.

Constantinople.

Quatre nations se sont établies dans le Levant, indépendamment des familles franques qui s'y sont fixées, et qui ont peu à peu adopté les mœurs orientales : ce sont les Grecs, les Turcs, les Arméniens et les Juifs. Je vous parlerai des Grecs après avoir parcouru l'Archipel; aujourd'hui je vais chercher à vous faire connaître les trois autres peuples que je vous ai nommés. Les Turcs, maîtres du pays, doivent les premiers fixer votre attention.

Le sang du Musulman est superbe, sa démarche est noble, et ses membres, qui ne sont jamais gênés par des vêtemens étroits, se développent avec facilité et acquièrent une grande souplesse. Ses yeux, pleins de feu, sont noirs, ainsi que sa chevelure et sa barbe; il a les dents belles, le teint brun comme celui des Espagnols, les traits grands et bien dessinés, l'expression fière et mâle; il est, en général, heureusement traité par la nature : il a la conception prompte, de l'imagination, de la mémoire, un grand penchant à la volupté et à la dévotion. La politesse de ses manières est cérémonieuse et réservée : doué de peu de prévoyance, il est porté à dépenser tout ce qu'il acquiert, sans songer à l'avenir; capable des actions les plus généreuses, la colère et la soif de la vengeance l'égarent souvent; enfin, sensible à la flatterie, il est fréquemment la dupe de celui qui caresse ses penchans.

Le caractère moral des Turcs a reçu sa direction de la religion musulmane et d'un climat qui a le double effet d'exciter les passions, de les porter à s'exprimer vivement, et de disposer à une nonchalance apathique, lorsque rien ne vient les réveiller.

Le mahométisme, ce principal mobile de la vie des Orientaux, a été puisé dans les livres des juifs, des chrétiens, et même dans les dogmes de plusieurs sectes idolâtres : il est austère, et ses préceptes, souvent très-minutieux, sont fidèlement observés par la plupart des Musulmans.

C'est à Mahomet que les peuples qui ont adopté sa religion ont dû leur gloire et leur puissance. En séparant le faux prophète du législateur, on reconnaît en lui un génie profond; la connaissance intime qu'il avait des nations orientales permet de le comparer sous certains rapports à Moïse. Grand législateur, politique habile, guerrier distingué, il a su approprier ses lois et même sa religion au climat et aux mœurs de ses compatriotes.

L'impulsion donnée par Mahomet lui survécut

long-temps : il avait retrempé les peuples asiatiques et leur avait donné une vigueur nouvelle. Persuadant à ses sectateurs que Dieu même lui avait envoyé le Coran, il sut leur inspirer pour ce livre un respect inaltérable ; et le dogme de la fatalité, qu'il grava dans leurs cœurs, ajouta à l'autorité des califes et des sultans un ressort extraordinaire : se regardant comme placés sous l'ascendant d'une destinée inévitable, persuadés d'ailleurs que le guerrier mourant les armes à la main se trouvait transporté dans un séjour enchanteur, dont les délices étaient peints sous les plus vives couleurs à ces hommes dominés par une grossière sensualité, les Musulmans se précipitèrent sans hésiter dans les entreprises les plus hardies, dans les plus grands dangers ; leurs succès augmentèrent cette confiance, qui devint héréditaire pendant quelques siècles ; l'on vit surgir des puissances nouvelles, et l'Europe entière trembla à la chute de l'empire grec.

Laissons là des considérations, qui s'appliquent à tous les peuples mahométans, pour nous occuper plus particulièrement des Turcs. Leur grandeur finit avec le règne de Sélim II : les janissaires et l'Uléma déchirent l'empire ; les révolutions se succèdent. Le fanatisme religieux, qui avait poussé les Turcs à la conquête des plus belles contrées du globe, se place entre eux et les autres nations comme une barrière de fer : tant que la puissance était à *établir*, il a été un mobile irrésistible ; mais une fois *établie*, les Turcs ont refusé avec un ridicule orgueil de s'associer aux usages et aux lumières des autres peuples de l'Europe ; ils restèrent donc stationnaires, tandis que leurs voisins faisaient de vastes et de rapides progrès. En consolidant le despotisme par la religion, Mahomet l'avait armé de moyens immenses ; mais après la conquête de l'Asie et la chute de l'empire d'Orient, ce même mode de gouvernement tomba insensiblement dans les plus horribles abus, et revêtit les formes les plus absurdes. N'ayant plus d'ennemis à combattre, les soldats indisciplinés du croissant tournèrent leurs armes contre les lâches despotes qui les gouvernaient : leurs premiers excès restèrent impunis ; dès-lors leur audace ne connut plus de bornes. On ne sut résister à une faction qu'en lui en opposant une autre ; et dans les séditions qui déchirèrent l'empire, le gouvernement protégea toujours l'un des deux partis. L'Uléma, qui s'élève insensiblement au-dessus des autres pouvoirs, craignant la présence des sultans au milieu de l'armée, les tient en tutelle perpétuelle, et se sert des successeurs au trône comme d'un épouvantail, pour obliger les princes régnans à se soumettre à sa volonté ; les sultans de leur côté, redoutant leurs héritiers présomptifs, les font élever dans une étroite prison ; ils arrivent au pouvoir suprême sans expérience, sans instruction, et ne voient dans leur avénement que le moment heureux où il leur est permis de se livrer à des penchans trop long-temps contenus. Ils sont obligés d'avoir recours à leurs favoris pour la direction des affaires : ces favoris sont d'ordinaire le chef des eunuques noirs, le porte-épée, le berber-baschee et quelques officiers du sérail ; ils font nommer les grands-visirs : mais il est rare qu'ils gardent pour eux-mêmes cette fonction périlleuse qui, si elle donne un pouvoir illimité, conduit ordinairement à la mort, ou du moins à l'exil, ceux qui en sont revêtus. Ces favoris font nommer également les pachas à trois queues, qui ont rang de visir et sont gouverneurs des provinces. L'étendue de l'empire et la difficulté des communications font jouer à ces derniers le rôle de dominateurs absolus ; ils y commettent, aussi bien que leurs subordonnés, d'horribles exactions, jusqu'au moment où ils sont rappelés, ou condamnés à perdre la tête.

Dans ces pays, la naissance n'est point considérée ; le rang se fonde uniquement sur les emplois donnés par le sultan. D'après ce principe, le Grand-Seigneur est regardé comme source unique de toute fortune, de toute puissance, et comme héritier naturel des riches qui décèdent. Il ne laisse aux familles qu'une assez faible portion de la succession, et lorsqu'il est pressé de s'en emparer, il s'en rend maître quelquefois au moyen du cordon.

Vous concevez qu'un pareil ordre de choses a dû entraîner à sa suite le long cortége des horreurs qui ensanglantent ordinairement l'histoire des peuples soumis à des despotes faibles et livrés dans leurs palais à de vils esclaves, dont ils font leurs favoris. Cette forme de gouvernement empêchait de rien asseoir sur une base solide; aucune existence n'était garantie par la loi; le sujet, sans sécurité pour l'avenir, dut se borner à vivre au jour le jour, sans songer aux besoins du lendemain. Ainsi l'on peut dire que le despotisme, joint au fatalisme, a développé ici le penchant à la paresse, que fait naître d'ordinaire un climat brûlant; c'est de là que vient cette orgueilleuse indolence de la plupart des Turcs qui, n'attachant de prix qu'à la jouissance de l'instant, croient qu'on n'a rien de mieux à faire que de couler doucement sa vie, dégagé de tous soucis et en attendant sans inquiétude les maux inévitables que le sort doit envoyer.

Rien ne paraît plus singulier à un étranger que les habitudes des Turcs qui ne sont point astreints à des occupations réglées; leur but constant semble être de parvenir à l'état de repos parfait qu'ils nomment *quief*. Ils restent pendant la plus grande partie de la journée réunis dans des cafés; là, parlant peu, ils avalent goutte à goutte leur boisson favorite et fument lentement leurs pipes ou leurs narguilès. Ils cherchent alors à ne s'occuper de rien, à ne pas même penser sérieusement, à se laisser aller à une douce et molle rêverie : on les voit compter et recompter méthodiquement les grains d'une espèce de chapelet en ambre, en noyaux d'olives, ou en aloës, qu'ils ne quittent jamais : leur gravité est imperturbable ; j'ai souvent été tenté de me laisser aller à un mouvement d'impatience, lorsque, passant à un endroit que j'avais vu trois ou quatre heures auparavant, j'y retrouvais les mêmes individus dans le même état d'immobilité où je les avais quittés. Au reste, si leur phlegme nous choque, notre manière d'être leur paraît le comble de la folie. Le mouvement que nous nous donnons souvent sans but, et uniquement pour le plaisir de nous promener, est à leurs yeux tout-à-fait contre nature ; ils nous reprochent de tuer le temps, tandis qu'ils ont le bon esprit, disent-ils, de jouir de tous les momens de leur existence.

L'indifférence des Turcs pour tout ce qui n'est pas musulman est surtout déplorable en ce qui concerne les monumens de l'antiquité ; elle a fait plus de mal que le temps : un fragment antique a tout juste autant de mérite à leurs yeux qu'une pierre brute ; ils le brisent, ou l'emploient dans leurs constructions. Au reste, cela provient uniquement de leur ignorance ; ils n'ont aucune idée du mal qu'ils font en détruisant ces restes précieux.

Les scènes sanglantes, qui se répètent si souvent

à Constantinople, ont donné aux Turcs une réputation qu'ils sont bien loin de mériter : on a confondu le caractère des particuliers avec celui du gouvernement, et partant de là, on a toujours dépeint les Turcs comme sanguinaires et se complaisant dans des actes de la plus atroce cruauté. Ils sont, il est vrai, très-vindicatifs ; leur vengeance est terrible, comme celle de tous les peuples méridionaux ; mais dans les habitudes de la vie ils ont, en général, des mœurs douces ; et les idées du juste et de l'injuste sont fortement empreintes dans leur esprit. Rien ne parle plus en leur faveur, à cet égard, que la bonté avec laquelle ils traitent leurs esclaves.

Dans ces dernières années les Turcs ont fait quelques pas vers une civilisation plus européenne ; l'organisation de l'armée a été changée, des améliorations ont eu lieu dans la marine : parmi les Musulmans d'un rang élevé, il en est beaucoup qui recherchent la societé et surtout la conversation des Francs ; dans leurs entretiens avec nous on reconnaît toujours le désir de s'instruire. A l'occasion de ces changemens on a pu apprécier l'extrême facilité avec laquelle ils acquièrent de nouvelles connaissances ; je suis convaincu qu'ils seraient le prélude de progrès plus étendus, si les circonstances difficiles dans lesquelles se trouve l'empire pouvaient lui permettre d'avoir en vue un autre but que celui de sa conservation.

Les défauts des Turcs sont rachetés par des vertus auxquelles on ne rend pas assez justice. Attachés inviolablement à leur parole, ils regardent le manque de foi et de probité comme un crime abominable. L'hospitalité est encore pratiquée aujourd'hui dans le Levant, telle qu'elle l'était dans les temps antiques; l'étranger même qui n'a aucun ami, aucune connaissance, n'est point abandonné; partout il trouve des khans et des caravansérails où il est accueilli sans qu'on exige de lui aucune rétribution, et qui ont été construits pour cet usage par le gouvernement ou de riches particuliers. Le Musulman supporte le malheur avec une admirable grandeur d'ame; et sa soumission respectueuse aux décrets de la Providence rappelle les plus beaux traits de stoïcisme des anciens. On prétend que les Musulmans des deux sexes aiment peu leurs enfans. Je n'ai point vu l'intérieur des harems; mais les enfans que j'ai rencontrés avec leurs parens, s'en approchaient avec confiance et me semblaient en être aimés : les femmes, dont la vie est sédentaire et monotone, s'attachent naturellement d'autant plus à leurs enfans, qu'elles leur doivent l'affection de leurs maris et la considération dont elles jouissent chez elles.

Les enfans sont élevés sous les yeux de leurs mères et les quittent peu avant l'âge de la puberté : l'éducation des fils de personnes riches est souvent confiée aux eunuques ; les enfans qui appartiennent à la classe pauvre peuvent aller dans des écoles, où on leur apprend à prier, à lire et à écrire.

Les deux sexes vivent ici entièrement séparés : les femmes ont des appartemens et même, en général, un service à part ; elles reçoivent leurs amies chez elles et se font des visites qui quelquefois durent plusieurs jours : l'étrangère laisse alors ses babouches à la porte du harem, et le mari de la maîtresse du lieu ne peut y pénétrer sans manquer à toutes les règles de la décence et de l'hospitalité. Je terminerai ma lettre en vous communiquant quelques observations sur l'organisation intérieure des maisons, sur les amusemens et l'industrie des Turcs.

Les habitations, ainsi que je vous l'ai dit, sont bâties en bois ; les meubles consistent presque uniquement en tapis, divans et carreaux ; les tables et les chaises y sont inconnues : le principal luxe des Orientaux est celui de la toilette et de l'argenterie ciselée, quoiqu'ils ne se servent ni d'assiettes ni de couverts. Ils ont une domesticité très-nombreuse, beaucoup de chevaux, des harnais de la plus grande valeur, des armes de luxe et des pierreries. Les appartemens dans lesquels les étrangers sont admis sont d'une grande simplicité ; ceux des harems, au contraire, sont, à ce qu'on assure, meublés avec magnificence.

Les Orientaux sont très-sobres; ils mangent beaucoup moins que les Européens, et leur nourriture est plus simple : le mouton, la volaille rôtie ou bouillie, le poisson, le *pilaw* (riz), sont leurs mets favoris ; ils font ordinairement trois repas par jour, distribués comme l'étaient ceux de nos pères. Ils font grand cas du café et des confitures, et les préparent avec une extrême recherche. Les gens du peuple mangent, en général, dans les cuisines publiques ; les riches en ont une à part et invitent à se joindre à leur repas quiconque arrive avant qu'il ne soit commencé.

Les exercices gymnastiques et les jeux auxquels les Turcs se livrent le plus volontiers sont le gérid et l'arc ; les tireurs exercés lancent leurs flèches à des distances prodigieuses : ils sont excellens cavaliers, et manient le sabre avec une dextérité dont on n'a pas d'idée dans nos pays. L'échec, le trictrac et le mangala sont en usage parmi eux.

Les Turcs apprennent très-facilement : ils estiment la science; cependant elle a fait peu de progrès parmi eux; la direction de leurs études est, en général, purement littéraire ; leurs docteurs s'occupent du Coran, des auteurs arabes, persans et turcs; la poésie a beaucoup d'attrait pour eux : les découvertes et les systèmes nouveaux leur sont tout-à-fait étrangers. Parmi les sciences cultivées en Europe avec le plus grand succès, il en est dont les premières données leur manquent ; privés, comme ils le sont, de cartes et de sphères, leurs connaissances géographiques sont très-bornées. Leurs notions historiques sont également peu étendues ; ils n'ont de certitude relativement à leur histoire nationale qu'à dater de l'introduction du mahométisme. Les beaux-arts sont dans l'enfance en Turquie : l'architecture de leurs édifices publics est, il est vrai, légère et élégante ; mais la peinture et la sculpture leur sont à peu près inconnues : ils n'ont aucune idée de perspective, de dessin, d'ombre ou de lumière ; ils excellent dans les seuls arabesques, qui sont d'un goût exquis, et peints ou sculptés avec le fini le plus précieux. Leurs couleurs ont une durée et un éclat remarquables, même celles qui sont exposées aux intempéries de l'air.

Les Musulmans cultivent par eux-mêmes peu de branches d'industrie, ils en abandonnent assez généralement l'exercice aux nations qui leur sont soumises : ils sont cependant assez habiles à travailler le bois et les métaux, et excellent dans plusieurs métiers ; les lapidaires, les ouvriers en filigrane, les brodeurs, les armuriers, les fabricans de maroquin et de couleurs, les barbiers et les vanniers turcs, sont d'une adresse étonnante ; leurs tapis et leurs soieries vous sont connus de réputation.

Les Arméniens forment en Turquie, surtout à Constantinople, la portion la plus riche de la population. Livrés au commerce, ils sont marchands voyageurs, composent la majeure partie des caravanes, et font presque tout le trafic avec la Perse et les Indes. La qualité de *sarafs* (changeurs) leur a valu d'immenses richesses; souvent le gouvernement turc les a employés dans les postes les plus lucratifs : les directeurs de la monnaie et les drogmans de la Porte ont quelquefois été choisis parmi eux. Leur caractère craintif les rend peu propres au commerce maritime, qui leur paraît trop hasardeux; ils ne voyagent ordinairement que par terre.

Les Juifs, souples, actifs, intrigans et peu considérés, se mêlent aux nations qui se trouvent en Turquie, sans cependant se confondre avec elles; ils les servent toutes également : ces rapports leur procurent les moyens de vivre; ils ne se soutiennent que par leurs inépuisables ressources et leur féconde industrie. Ils exercent à la fois tous les métiers; on trouve parmi eux des artisans, des voyageurs, des négocians et des usuriers : leur extrême activité les rend nécessaires; ils sont devenus les agens généraux du Levant : on les appelle dans toutes les affaires. Ils se consolent de l'avilissement auquel ils sont condamnés dans les maisons où on les fait venir, par le luxe qu'ils étalent dans les leurs. Vains et magnifiques chez eux, ils sont rampans, baffoués et cependant employés ailleurs : on les reconnaît dangereux, on sait qu'ils violent sans scrupule les lois, sauf la leur propre; mais on ne peut se passer d'eux; et les autres nations sont devenues tributaires de leur savoir-faire.

Les différens peuples dont je viens de vous entretenir ont conservé leurs mœurs, leur langage, leurs manières et même leurs costumes; les élémens les plus hétérogènes sont réunis dans le Levant; mais chaque nation a gardé son type particulier.

Je suis, etc.

LETTRE XVII.

Brousse.

Nous avons quitté Constantinople au crépuscule dans un bateau des îles; notre équipage se composait, outre nous trois, d'un nombre égal de rameurs, d'un drogman et d'un domestique. Les derniers momens de clarté me permirent de jouir encore une fois du magnifique coup d'œil qu'offrent la capitale de l'empire ottoman et la riante ville de Scutari. Cependant peu à peu les objets se perdirent au milieu des sombres vapeurs du soir; une brise du nord très-fraîche nous poussait en avant avec une extrême rapidité : après cinq quarts d'heure nous eûmes dépassé les îles des Princes, et nous commençâmes à longer la côte d'Asie. Les hautes montagnes qui s'étendent le long du golfe de Nicomédie paraissaient au clair de lune des colosses de forme fantastique ; on voyait le reflet argenté de la vague se briser à leur pied. Au fond de ce golfe se trouvent les restes de la ville du même nom, fondée par Nicomède, roi de Bithynie, et que

Dioclétien rendit pendant quelques années la rivale de Rome. Le vent, qui continuait à souffler avec violence, s'engouffra dans une de nos voiles et nous fit courir quelques dangers; il nous poussa rapidement jusqu'à l'entrée de la baie de *Moudania;* mais alors il tomba subitement: nous fûmes obligés de jeter l'ancre et de continuer plus tard notre voyage à la rame.

Les rivages de la mer qui avoisinent Moudania, sont escarpés et pittoresques. Figurez-vous un golfe dont la couleur est l'azur le plus foncé, entouré de trois côtés de masses de montagnes, dont les formes ne sauraient être conçues par l'imagination la plus hardie; l'immense Olympe au fond du tableau; des côtes parfaitement cultivées et couvertes avec profusion de tout ce que la végétation orientale peut offrir de plus riche; des maisons turques qui, quoique très-mal construites, se trouvent, par leur légèreté, en harmonie avec la nature qui les environne. Figurez-vous tous ces objets éclairés par le soleil d'Asie; et vous aurez une faible idée du golfe de Moudania. Aussitôt après avoir mis pied à terre, nous nous rendîmes à la poste turque (*mezil*), située sur le rivage, et nous fîmes prix avec le sirudgi, qui devait nous fournir huit chevaux et nous servir de guide jusqu'à Brousse, l'ancienne capitale de la Bithynie. Les provisions que nous avions apportées de Constantinople servirent à notre déjeûner; un Turc du voisinage nous apporta de l'eau et du feu, et nous nous établîmes à l'ombre d'un petit bosquet de cyprès. Notre modeste repas fut bientôt terminé ; nous montâmes à cheval et longeâmes d'abord pendant une heure le rivage de la mer, au milieu de plantations de mûriers, de grenadiers et d'oliviers ; à notre droite s'élevaient des coteaux fertiles ; à notre gauche s'étendait une baie profonde. Ces contrées forment un contraste frappant avec les landes arides de la Turquie d'Europe. La route est passable, on pourrait même au besoin arriver à Brousse dans des voitures légères : tous les habitans du pays que nous rencontrions nous saluaient d'un air de bienveillance.

Quittant le rivage, nous nous dirigeâmes vers le sud-est, en suivant, pendant une demi-heure environ, un chemin assez montueux, qui serpente au milieu de champs de froment ; nous arrivâmes au sommet d'une colline rocailleuse, où coulent deux belles fontaines. De ce point on découvre la mer pour la dernière fois. En se dirigeant du côté opposé, on voit s'ouvrir la vallée de Brousse, que l'Olympe ferme au sud-est. Nous y descendîmes, après avoir passé auprès du village de Demir-di-Keui. Cette vallée, arrosée par la rivière d'Ufer et par une multitude de ruisseaux, et dans aquelle on trouve deux sources thermales très-abondantes, est une de plus fertiles de l'Asie mineure. Les champs cependant n'y sont pas aussi généralement cultivés qu'au bord de la mer, et de temps en temps l'on traverse des terrains abandonnés où de petits arbustes fleuris croissent autour d'énormes noyers : la vue y est, en général, de la plus grande beauté; le paysage était animé au moment de notre passage par le cortége d'un pacha exilé, qui s'éloignait de Brousse avec ses femmes, ses serviteurs et ses chevaux : un grand troupeau de chameaux paissait auprès de la route. Après avoir traversé l'Ufer sur un pont de pierre très-ancien, nous laissâmes à notre droite les villages d'Emiklek-Keu et de Karaman-Keu, près desquels s'étend la plaine qui fut le théâtre du sanglant combat entre Bajazet et les Persans.

Non loin de là est un grand pont à neuf arches, d'une belle construction, mais qui n'est plus d'aucune utilité. La rivière d'Ufer, qu'il était destiné à faire passer, a changé de direction, et s'en trouve aujourd'hui éloignée de deux cents pas. La végétation devient ici plus belle encore; des bouquets d'arbres dont on ne soupçonne pas la taille colossale dans nos climats, arrêtent à chaque pas les regards : des fontaines abondantes coulent de tous côtés ; les landes disparaissent, les champs sont cultivés avec soin; de grandes plantations de mûriers et d'oliviers s'étendent aux deux côtés de la route. L'ancienne ville de Brousse est bâtie du couchant au levant, au pied du mont Olympe ; les collines sur lesquelles elle s'élève sont en quelque sorte les premiers degrés de cette montagne. La situation de la ville a surpassé mon attente, malgré l'éloge que j'en avais entendu faire pendant mon séjour à Constantinople. Nous y entrâmes à trois heures après midi : on nous regarda avec beaucoup d'attention dans le bazar que nous traversâmes ; cependant les assistans exprimaient la bienveillance plutôt que tout autre sentiment. Nous entrâmes au grand khan, édifice carré, solidement construit en pierres, et couvert en plomb ; nous y trouvâmes MM. Crespin et Browning, jeunes négocians, pour lesquels nous avions des lettres de recommandation et qui nous firent l'accueil le plus amical.

Brousse a été fondée par Prusias, roi de Bithynie, qui lui donna son nom : elle se montra constamment fidèle au peuple romain ; Triarius la conquit peu après que Lucullus eut défait Mithridate auprès de Cyzique. Pillée à diverses reprises dans les temps du bas-empire et par plusieurs princes mahométans, elle est restée sous la domination des empereurs turcs depuis le quinzième siècle.

Nous montâmes à cheval aussitôt après nous être installés dans la maison où l'on nous avait accordé l'hospitalité.

Nous parcourûmes d'abord une grande partie de la ville, puis nous suivîmes un chemin pavé qui serpente au milieu d'une forêt de noyers et de mûriers, et aux deux côtés duquel coulent des fontaines. Après une demi-heure de marche, nous nous trouvâmes sur un vaste plateau, d'où l'on découvre Brousse avec ses trois cent trente-six minarets, et le mont Olympe. A quelques pas de là s'élève une construction carrée, couverte d'un double dôme; au centre de cet édifice est un bassin rempli d'une eau sulfureuse thermale; des Turcs s'y baignaient : le bassin est assez grand pour que l'on puisse y nager. Je m'arrêtai pour dessiner : aussitôt je fus entouré d'une foule de spectateurs; cependant, loin d'avoir à me plaindre de leur importunité, je fus charmé de leur obligeance : aucun d'eux ne se plaça de façon à m'intercepter la vue; le soleil me gênant, ils se posèrent sur-le-champ de manière à me faire de l'ombre. Lorsque mon ouvrage fut achevé, ils témoignèrent une extrême admiration, et l'un d'eux me fit demander si je pouvais voir ce qui se passait dans l'intérieur des maisons que je traçais sur mon papier. Nous gravîmes alors une montagne assez escarpée, située au sud-ouest de la ville, et nous arrivâmes à la petite mosquée de Ghazerhuda-Vindikiar; nous y entrâmes : elle est de la plus grande simplicité; je montai également au minaret, d'où on découvre le champ de bataille des Persans. Cette mosquée a sans doute été jadis un monastère chrétien; on voit à la hauteur de sa première galerie des cellules et une cuisine conservées. J'aperçus avec douleur des tronçons de colonnes, de beaux chapiteaux et des fragmens de bas-reliefs, parmi des matériaux qui ont servi à cette construction. A côté de l'édifice est une fontaine thermale, ombragée de platanes; derrière elle s'élève la chapelle où sont déposés les restes d'Amurat I.er, de ses femmes et de ses enfans. Le gardien du turbé consentit à m'y laisser entrer, après de longues sollicitations; le centre du tombeau forme en quelque sorte un édifice à part, que soutiennent des colonnes de marbre, peintes en vert et en rose, d'après le goût musulman : la bière du sultan, plus élevée que les autres, est couverte de cachemires; un grand turban de mousseline blanche est fixé du côté de la tête. Les murs de la chapelle funéraire sont ornés de sentences tirées du Coran; on y voit aussi des tapis où sont posés des exemplaires du livre saint, des lampes de diverses couleurs et des armes, parmi lesquelles on remarque une cotte de mailles en tricot d'acier, que le prince avait coutume de porter. Nous nous dirigeâmes ensuite vers la ville, en suivant un chemin qui serpente le long des flancs de la montagne, et d'où l'on aperçoit les sommets du mont Olympe, Brousse, qui s'étend en amphithéâtre, et la vallée qui porte son nom. Des châtaigniers, des figuiers, des lauriers et des grenadiers nous couvraient de leur ombre touffue. Enfin nous arrivâmes au château ruiné, ancienne résidence des sultans, bâti au haut d'énormes rochers ; ses murs épais et quelques bas-reliefs à moitié calcinés, dans la composition desquels on remarque des aigles, fixèrent notre attention : il a été fort vaste, mais aujourd'hui on n'en retrouve plus guère que les murs extérieurs et une petite tour octogone contre laquelle est appuyée une maison encore habitée. Un grand jardin potager, appartenant à la sœur du sultan actuel, a été établi dans son enceinte. Au sortir du château, j'allai visiter la tombe où repose le sultan Orcan avec vingt-deux de ses femmes et enfans. Vouée jadis au culte chrétien, ainsi que l'attestent encore plusieurs croix incrustées, cette chapelle, qui faisait partie d'un monastère grec, était, dit-on, d'une grande magnificence : on y remarque des marbres et des mosaïques fort détériorés aujourd'hui, et couverts en partie d'une couche d'eau de chaux, mais qui ont été sans doute d'une grande magnificence. Les personnes chargées de la garde de ce lieu nous racontaient, de la meilleure foi du monde, que le sultan y revient tous les vendredis pour jouer du tambour et réciter son chapelet. Il est inutile de vous entretenir longuement des mosquées de Brousse : j'en visitai plusieurs, entre autres celle dite Mouradia-Digrami, fondée par Amurat I.er, et celle d'Ildérim-Digrami, fondée par Bajazet : elles sont fort belles ; la dernière surtout, formant un carré long à toits plats et flanqué de quatre minarets élevés, est d'une construction noble, quoiqu'un peu lourde et surchargée extérieurement de peintures du plus mauvais goût. La population de Brousse est estimée à 80,000 ames, tant Mahométans que Grecs et Juifs; on y fabrique la soie du pays, la plus estimée de l'Orient, et celle de Perse, qui n'est ni chère ni belle : les dessins des étoffes fabriquées à Brousse sont, en général, riches et légers. Quant à l'aspect des maisons, au mouvement des rues et à la manière de vivre des habitans, c'est l'exacte répétition de ce que j'avais déjà vu à Constantinople.

Je suis, etc.

LETTRE XVIII.

Brousse.

J'arrive à l'instant du mont Olympe, où nous avons passé deux journées ; quoiqu'assez fatigué de ma course, je m'empresse de vous en rendre compte. Nous nous sommes mis en route hier à six heures du matin, ayant perdu trois heures à attendre notre sirudgi et nos chevaux. Après avoir traversé la ville dans sa plus grande longueur, ce qui n'eut pas lieu sans difficulté, grâce aux files de chameaux qui se trouvaient sur notre passage, nous arrivâmes auprès d'un cimetière planté de cyprès, à côté duquel se trouve un pont antique ruiné; c'est là que commence la montée de l'Olympe. Sa base est couverte d'une magnifique forêt de châtaigniers, qu'entrecoupent des masses de rochers rougeâtres. Le chemin est épouvantable ; à tout instant j'étais obligé de descendre de cheval, pour éviter des précipices ou des blocs de pierres qui obstruent la route.

Nous passâmes auprès de belles fontaines, dont

les eaux abondantes murmuraient au milieu de touffes de verdure. Plus on monte, et plus la forêt devient épaisse : on dirait que jamais la hache n'a touché ces arbres gigantesques; leurs branches s'étendent au loin, et forment d'impénétrables dômes de feuillage. Autour de leurs troncs croissent des plantes grimpantes; des mousses émaillées de fleurs, où l'on voit briller la pervenche, tapissent la terre; quelquefois une petite clairière me laissait apercevoir la mer et les montagnes voisines.

L'Olympe est une des hauteurs principales de l'Asie mineure; il est sans cesse couronné de neige, même pendant les plus fortes chaleurs : on le divise en trois régions. Nous atteignîmes le sommet de la première après quatre heures d'une marche soutenue. La montagne forme ici la vaste plate-forme à laquelle les gens du pays donnent le nom de Cadi-Yaila. Nous rencontrâmes en cet endroit quelques juifs espagnols, descendans de ceux qui, chassés jadis de la péninsule, se fixèrent en Bithynie. Ils venaient de chez une tribu de Turcomans (Yureks), qui passe ordinairement une partie de l'été en ces lieux, et se retire dans les plaines durant l'hiver. Ces peuples nomades habitent des huttes façonnées en cerceaux, que couvrent de grossières étoffes de laine; on ne peut s'y tenir qu'assis : leur intérieur forme une seule pièce, et sert de demeure à toute une famille. Ces huttes sont ordinairement construites et démolies de mois en mois. Les Yureks sont mahométans et paient une capitation (haratsch) comme les rayas. Les hommes sont vêtus à la turque, leurs femmes vivent avec eux et ne se voilent pas; elles tissent en grande partie les étoffes qui leur servent à se couvrir. Ils ont l'air de gens fort paisibles, et s'empressèrent de faire taire leurs énormes chiens qui aboyaient à notre approche. Le chef de la tribu nous fit apporter du caimak (lait doux cuit à petit feu), et du yaourth (crème aigre). Leurs troupeaux paissaient dans la prairie, et consistaient en chevaux, bêtes à cornes de couleur grise, moutons à queue grasse, et chèvres d'un blanc roux, à nez épaté. Les châtaigniers cessent ici, et font place aux forêts de sapin, qui indiquent la seconde région. Des débris de granit gris et de marbre blanc veiné de noir sont répandus au milieu des troncs de ces arbres. Tout ici se dessine en grandes masses, comme aux sommets des Alpes. Arrivé au faîte de cette seconde région, après deux heures de marche, on trouve une plate-forme plus étendue encore que celle de Cadi-Yaila, et au centre de laquelle s'élève la dernière pointe de l'Olympe. L'air y est vif et froid; d'énormes masses de pierres, à forme bizarre, sont semées sur la surface du sol, et font faire mille cascades aux deux torrens de Sobra et de Sare-

Allan, qui se précipitent dans la vallée : on y voit également une petite mare, qu'on nomme le lac de l'*Olympe*. La végétation y est encore assez belle, de grands sapins croissent aux lieux qui paraissent les plus stériles. Nous nous établîmes, pour passer la nuit, auprès d'une chute d'eau considérable : une tribu d'Yureks campait à fort peu de distance de l'endroit que nous avions choisi. Nous lui envoyâmes deux députés pour demander du laitage, qu'on nous envoya sans difficulté. Aussitôt chacun se mit à l'œuvre ; les uns s'occupèrent à dresser une tente à l'abri des rochers, tandis que les autres établissaient la cuisine ; les troisièmes prenaient de superbes truites dans le ruisseau ; les plus paresseux, enfin, ramassaient des branches sèches pour allumer un grand feu. Notre établissement terminé, j'allai faire une visite à nos voisins les Turcomans : ils me reçurent fort poliment, et me firent asseoir sur un tapis devant la hutte principale ; on me servit d'excellent caïmak. Tandis que je faisais honneur à ce repas, on observait ma toilette avec la plus vive curiosité : mes mains, couvertes de gants noirs à coutures blanches, étonnaient surtout les nomades ; ils ne pouvaient concevoir cette différence de couleur entre la peau de mon visage et celle de mes membres. Je m'avisai d'ôter un de mes gants, et toute la troupe jeta de grands cris de surprise. Un vieillard me pria, par signes, de lui laisser considérer cet objet merveilleux : j'y consentis ; les gants passèrent de main en main. Ce fut bien autre chose lorsqu'à mon départ je les leur laissai : chacun voulut les essayer. Une vieille femme bien ridée en resta propriétaire : elle portait sur la tête un capuchon de laine rouge, qui lui tombait jusques sur les pieds, et qu'une ceinture barriolée fixait à son corps ; une seconde ceinture, liée autour des cuisses, rendait ses vêtemens collans par le haut et flottans par le bas ; des sandales lui servaient de chaussure. Ivre de joie de se voir en possession du trésor, elle poussait de grands éclats de rire, tournait sur un pied, et me donnait de petits coups sur l'épaule. Je fus charmé d'avoir fait des heureux à si peu de frais, et je quittai mes nomades. Plusieurs personnes de la caravane proposèrent de monter encore au sommet de la montagne, mais je souffrais beaucoup de la gorge, la soirée était avancée, et le thermomètre indiquait un degré au-dessus de zéro : je jugeai plus prudent de remettre la partie au lendemain.

Nous fûmes sur pied avant le jour : après avoir traversé une plaine où nous apercevions encore quelques sapins noueux, des genévriers et des fleurs charmantes, qui croissent au milieu des rochers, nous nous vîmes obligés de quitter nos chevaux et d'escalader avec difficulté une crête rapide, couverte de débris de granit, de marbre blanc et de pétrifications. Alors commencent les neiges; enfin l'on arrive au sommet inférieur de la montagne, distant d'un quart de lieue de la cime la plus élevée, où se trouvent les restes d'une bâtisse. De ce point on découvre un panorama magnifique. Au nord-est se présente le second sommet de l'Olympe; plus loin on voit une double rangée de montagnes, qu'entrecoupent les golfes de Moudania et de Nicomédie, les îles des Princes, les contours de la Propontide et la côte de Constantinople, qui se perd dans un horizon vaporeux. A l'est se trouvent les cinq rangées de montagnes de Nicée et de Nicomédie, au milieu desquelles on aperçoit, direction nord-est, une petite portion du lac de Nicée, nommé jadis *Ascanius*. Sur ses bords existait autrefois la ville du même nom, rivale de Nicomédie, plus tard de Constantinople; elle renfermait de pompeux monumens; il s'y tint un concile, célèbre dans l'histoire; aujourd'hui elle n'est plus qu'un misérable village. Les montagnes forment, pour la plupart, des lignes dentelées; elles n'atteignent point la région des neiges éternelles. Un mélange de forêts, de bruyères, de rochers et de terrains sablonneux rend leur aspect fort pittoresque. Vers le sud et l'ouest se déploient des cimes élevées, qui se présentent sur dix plans différens. Les plus voisines forment la chaîne de l'Olympe, les plus éloignées celle de Domalitsch.

Au nord-ouest se montre le lac d'Abouillonte avec ses îles, la rivière d'Ufer, qui serpente à travers de fertiles campagnes, la mer et l'île de Marmara et la presqu'île de Cyzique. Nous quittâmes à regret ces lieux intéressans pour retourner à Brousse; nous ne prîmes pas la route que nous avions suivie la veille: je ne puis vous décrire l'impression que produisaient sur moi cette nature pompeuse, où semblait régner un air de fête, ce ciel si pur, ces lointains d'un violet si prononcé. Le chemin, qui nous forçait d'aller au pas, me permit de jouir plus long-temps de ce sublime spectacle.

Je suis, etc.

LETTRE XIX.

Dardanelles.

Nous fîmes en trois heures la route de Brousse à Moudania, en dépit des protestations de notre guide, qui nous honorait fréquemment de l'épithète de Giaour, et nous accusait de tuer ses chevaux. Nous nous embarquâmes aussitôt pour Panermo; le vent nous fut d'abord très-défavorable et nous obligea d'aller à la rame, par une chaleur de trente-trois degrés. Nous fîmes halte à la pointe nord du golfe pour prendre de l'eau à une fontaine qu'entoure une plantation d'oliviers et de pins maritimes. Le vent s'étant levé pendant cet intervalle, nous commençâmes à cheminer très-rapidement, en suivant les sinuosités de la côte d'Anatolie que bordent des montagnes fort pittoresques. Nous passâmes vers les six heures du soir auprès de l'île du Pape (Kalo-Limno), côte aride, qui s'élève du sein de la mer, et vis-à-vis de laquelle nous aperçûmes l'embouchure du rapide Rhyndaque, la plus considérable des rivières qui se jettent dans la Propontide. La nuit étant survenue, nous ne pûmes plus entrer dans la baie de Panermo, vaste rade, formée par le continent et la presqu'île de Cyzique; une quantité de rochers et de récifs rendent son approche dangereuse. Nous jetâmes l'ancre, et débarquâmes le lendemain entre cinq et six heures du matin. Panermo, bâtie sur l'emplacement de l'antique Panormus, compte quatre mille habitans: sa situation est riante; des coteaux couverts de vignobles et de mûriers l'entourent, et ne sont entrecoupés que par la crête de rochers dont la mer est hérissée du côté du couchant, et que l'on suit en allant à Cyzique. Nous prîmes aussitôt des chevaux pour nous rendre aux ruines de cette ville autrefois si opulente. Après avoir longé la baie pendant une heure, forcés quelquefois de marcher dans l'eau, tant le sentier est étroit, nous montâmes sur la corniche rocailleuse dont je viens de vous parler. Laissant à notre droite un ancien monastère, bâti sur un petit îlot, nous arrivâmes à la langue de terre qui unit Cyzique au continent. Strabon dit que Cyzique est une île jointe à la terre ferme par deux ponts: il fournit de cette manière un appui à l'opinion des savans qui parlent de la diminution des eaux de la Propontide. La forme de cette langue de terre en est une preuve plus frappante encore, et indique évidemment qu'elle doit son existence à la retraite de la mer. Elle est basse et étroite, tandis que des deux côtés s'élèvent des hauteurs considérables. Le terrain de Cyzique est gras et fertile : ici, au contraire, il n'y a que de la vase et du sable, où croissent en abondance des joncs et des plantes marines. Nous arrivâmes bientôt à des collines bien cultivées. A peu de distance de là nous vîmes les premières ruines : elles consistent en une innombrable quantité de colonnes, dont les tronçons se trouvent répandus dans un champ de vignes et d'oliviers ; leurs bases sont encore debout. Il me fut impossible de juger, d'après leur disposition, des monumens auxquels elles ont appartenu ; elles sont d'ordres différens et me parurent d'un bon style. Plus loin j'aperçus une fontaine, placée au milieu d'un groupe de platanes. Des ruines étendues environnent cet endroit : on y remarque une portion des murailles et des portes de la ville ; elles sont construites en marbre et en granit : ces matériaux abondent dans la presqu'île. Des débris de sculptures, des passages souterrains voûtés, attestent l'ancienne splendeur de Cyzique. Je trouvai à une demi-lieue de ces restes d'autres ruines, qui, d'après leur forme, semblent avoir appartenu à un amphithéâtre considérable ; elles se trouvent sur la colline *Ourso*, à peu de distance des villages de Kamumly et de Kou-

koulo. Je me donnai beaucoup de mal pour trouver un point d'où il me fût possible de les dessiner dans leur ensemble : je me déchirais les mains et le visage en passant au milieu des ronces ; mais ce fut inutilement : je me contente de vous envoyer ci-joint le dessin d'une petite portion de ces beaux débris. Montant sur les hauteurs environnantes, je découvris une vue immense. Un terrain bas et marécageux s'étend le long de la côte d'Asie, vers le couchant : trois fleuves le traversent avant de se jeter dans la mer. Le Tharsius, le moins considérable des trois, est le plus voisin de la presqu'île sur laquelle je me trouvais : vient ensuite le Satal-Déré (l'ancien Æsepus); il se divise en deux embouchures au sortir de la belle vallée qui lui donne son nom. Le Granique, enfin, illustré par la victoire d'Alexandre, se perd dans un marais, qui l'empêche d'arriver jusqu'à la mer; les Turcs le nomment Outs-vola-Sou. L'île de Marmara ou Mermer-Adassi, la Proconèse des anciens, est presque en face de ces rivières; elle a une vingtaine de lieues de tour, est aride et montueuse : on y voit la petite capitale du même nom, quelques misérables villages et des monastères de Grecs caloyers. Un peu plus près de la terre ferme se trouve un groupe d'îles, dont les principales sont *Ophiusa* et *Arabler*[1]. A une

---

1 Leurs noms anciens étaient Ophiusa et Halone.

lieue, environ, des ruines de Cyzique, on voit la petite ville d'Artaki (Artace), la plus considérable de la presqu'île.

Cyzique est encore aujourd'hui très-fertile, quoique peu habitée en comparaison de sa population dans les temps reculés. Les auteurs anciens nous vantent beaucoup la richesse et la magnificence de sa capitale, qu'un grand commerce rendait florissante, et que régissaient les lois les plus sages.

Nous nous rembarquâmes pour Gallipoli et Lampsaque. Bientôt nous fûmes en face de l'île de Marmara; peu après nous traversâmes le détroit que forment les îles de Koutoli et Kuduri : cette dernière est la plus septentrionale des deux; elle est bien cultivée, d'un aspect agréable, et renferme un joli village beaucoup mieux tenu que la plupart des villages turcs. Une heure plus tard, nous fûmes à la hauteur d'*Héraclée*, du côté de l'Europe, et de *Caraboa*, du côté de l'Asie, par conséquent à peu près en face de l'isthme qui réunit la Chersonèse de Thrace au continent. Trois villes importantes y existaient autrefois : *Pactie*, nommée aujourd'hui *Palio-Patino; Lysimachia*, fondée par l'un des successeurs d'Alexandre (le petit village de Kavac en indique l'emplacement), et enfin *Cardia*, dont on ne trouve plus de vestiges. Gallipoli est l'ancienne Callipolis, où Justinien avait construit d'immenses magasins pour ses troupes. Cette ville ressemble aujourd'hui à toutes les villes turques; et quoiqu'assez considérable, elle n'arrêta pas long-temps notre attention. Nous voguions alors sur l'Hellespont, qui coule entre deux chaînes de montagnes fertiles et d'une élévation médiocre. Ce beau détroit a au moins deux ou trois fois la largeur du Bosphore, et si la nature qui l'environne est moins gracieuse et moins imposante que les rivages du canal de Constantinople, la foule des souvenirs historiques qui s'y rattachent le rendent au moins également intéressant. Théâtre d'un grand nombre d'exploits fameux dans l'antiquité, il a été immortalisé par de sanglantes batailles; les armées de Xerxès et d'Alexandre l'ont traversé; les Athéniens et les Lacédémoniens y ont lutté pour décider lequel des deux peuples dominerait dans la Grèce. Nous fîmes halte à Lamsaki, l'ancienne Lampsaque, dont Xerxès fit don à Thémistocle[1]. La ville est entourée de collines et de vignobles, sa situation est agréable; mais du reste elle ne conserve aucune trace de sa splendeur : elle se compose de quelques rues étroites, qui abou-

---

1 Plusieurs auteurs regardent Lampsaque comme une colonie de Phocéens, qui portait originairement le nom de Potiusa. Strabon vante le port qu'elle avait sur la Propontide : elle avait consacré à Priape un culte particulier.

tissent à une petite place, au centre de laquelle est construit un café. On retrouve des débris de colonnes dans une mosquée bâtie sur une hauteur du côté du sud-est. Le costume des femmes grecques de Lamsaki diffère de celui de leurs compatriotes, et me parut assez gracieux : elles s'enveloppent la tête d'un fichu ployé en forme de turban, et d'où leurs cheveux s'échappent en tresses nombreuses. Un spencer assez long leur dessine la taille ; elles lient au milieu du corps un large pantalon, et portent aux pieds de petites babouches de couleur. La plupart des jeunes femmes que j'ai rencontrées dans les rues m'ont paru d'une beauté frappante, c'est peut-être là ce qui a embelli leur costume à mes yeux. Nous nous établîmes pour passer la nuit dans une maison ruinée, qui s'élève à quelques pas de la mer, et auprès de laquelle on voit une rangée de moulins à vent, et un cimetière entouré de cyprès. Personne ne s'opposa à notre installation, et un vieux Turc, notre seul commensal, parut à peine s'apercevoir de notre arrivée. Le lendemain, de grand matin, nous commençâmes notre promenade aux environs de Lamsaki. Derrière la ville s'étend une vallée de prairies parsemées d'arbres, et qu'arrose un large ruisseau. Après une demi-heure de marche nous trouvâmes une quantité de tronçons de colonnes en marbre et en granit, des chapiteaux et des corniches, qui, sans doute, appartenaient jadis à un grand temple. On s'en est servi pour construire une écluse de moulin. Une vieille tradition prétend que de riches trésors ont été enfouis en ce lieu. On nous assura que d'autres colonnes, restes d'un édifice consacré à Vénus, étaient encore debout à un quart de lieue de distance; nous nous y rendîmes : malheureusement le vandalisme des habitans les avait renversées pour les convertir en monumens tumulaires. Nous quittâmes Lamsaki dans l'après-midi. Plus nous avancions sur l'Hellespont, et plus nous étions charmés des beautés qui s'offraient en foule à nos regards. Nous voyions déjà les hauteurs du Gargare qui domine la côte d'Asie. Le rivage d'Europe forme plusieurs vallées fertiles, où des ruisseaux limpides entretiennent la plus brillante verdure. La plus remarquable de ces petites rivières est le Kara-Ova-Sou, le fameux Ægos-Potamos, où se donna le combat qui mit fin à la guerre du Péloponèse. Nous laissâmes à notre gauche, sur la côte d'Asie, le Percôte et le Practius, qui portent aujourd'hui les noms de Bourghas-Sou et de Moussa-Keu-Sou; et nous aperçûmes devant nous, du même côté, un promontoire qui s'avance au loin dans le canal, et auprès duquel nous mîmes pied à terre : il se nomme aujourd'hui Nagara-Bouroun; c'est l'ancienne Abydos. La côte d'Europe forme trois baies à peu près vis-à-vis de ce cap. La première, celle d'Ak-Bachi-Liman (port de la Tête blanche), paraît être Sestos. Les ruines du fort Zéménic, le premier dont les Turcs s'emparèrent en Europe, dominent cette baie. C'est ici que Xerxès jeta ce pont si célèbre dans l'histoire : les amours d'Héro et de Léandre ont également immortalisé ce lieu. La baie de Kilia (Koilos) est voisine de la précédente, et presque à côté se trouve celle de Mayto, la plus profonde des trois. Un village du même nom est bâti au fond du golfe sur l'emplacement de Madytos. Des hauteurs escarpées s'élèvent à peu de distance de ces anses. On y voit également les restes de l'immense tumulus qu'on nomme tombeau d'Hécube, et que les Athéniens décorèrent de leurs trophées après une grande victoire remportée sur les Lacédémoniens. Trois petits forts turcs sont bâtis sur les rivages de l'Hellespont, à peu de distance des châteaux des Dardanelles proprement dits. Ces deux forteresses elles-mêmes sont entourées chacune d'une petite ville. Celle d'Europe, bâtie en amphithéâtre sur une colline, et dominée par les hauteurs environnantes, se nomme *Kelidir-Bahar* (cadenas de la mer). Celle d'Asie, construite dans une plaine arrosée par le Rhodius, torrent impétueux, est appelée *Soultanié - Kalessi.* La ville compte 8000 habitans, Turcs, Grecs, Arméniens et Juifs; elle fait un grand commerce. Les capitaines des navires qui vont à Constantinople ou dans la mer Noire, sont obligés de s'y arrêter pour être visités et montrer leurs papiers. Les agens consulaires des diverses nations de l'Europe y ont établi leur séjour. J'ai déjà fait une visite au Pacha des Dardanelles, afin d'en obtenir un bouyourdi (lettre de recommandation) pour la Troade. Il est fort aimé à Sultanié-Kalessi, où il réside depuis sept ans. Il est instruit pour un Turc, ayant beaucoup voyagé en Asie, et parcouru même une partie de l'Allemagne et de la Russie. Il m'a questionné sur ce que j'ai vu à Constantinople, et m'a fait servir du café, des pipes, des confitures et des sorbets, etc., etc. En sortant de chez lui, j'ai été me promener à l'ombre des platanes plantés le long du Rhodius. Ce fleuve fait souvent des ravages dans la plaine qu'il traverse avant de se jeter dans l'Hellespont. On a eu la bonté de me loger chez M. de Saint-Sauveur, au consulat de France, grand bâtiment turc, voisin de la forteresse. Au moment où je vous écris, assis à ma fenêtre, j'aperçois dans le lointain la pointe des Barbiers, où s'élevait la ville de Dardanus[1]. Les troupes turques font l'exercice sur la place qui s'étend devant la maison que j'occupe, et leur musique, vraiment infernale, est pire encore que celle des virtuoses de Saint-Nicolas, à l'île des

---

1 Fils de Jupiter et d'Électre, fille d'Atlas Ier, roi de ce pays.

Princes. J'ai à côté de moi dix-huit jeunes gens qui frappent vigoureusement sur de grosses caisses enveloppées de drap écarlate, et auxquels s'associent d'impitoyables joueurs de clarinette; j'en suis trop assourdi pour continuer à vous écrire.

Je suis, etc.

LETTRE XX.

Bonnarbaschi en Troade.

Nous quittâmes les Dardanelles dans l'après-midi, et traversâmes, en trois heures environ, tout ce qui nous restait à parcourir de l'Hellespont. Je remarquai sur la côte d'Europe la charmante vallée d'Havouza, que fertilisent plusieurs ruisseaux. Un grand bâtiment blanc, entouré d'arbres, frappa mes regards; on m'apprit que c'était un ancien couvent de Derviches, qui, autrefois, était fort respecté par les habitans de la contrée, mais qu'il avait été supprimé l'année dernière, par ordre du sultan, et que depuis lors le monastère était resté abandonné. La vallée de Sovandéros, qui s'ouvre à peu de distance de la précédente, est également belle et fertile. Je voyais déjà dans le lointain les hautes montagnes de Samothrace, et le fameux cap Sigée. Le promontoire, qui termine la Chersonèse de Thrace, est appelé aujourd'hui, par les Turcs, Eles Bouroun. Ce nom rappelle celui de la ville jadis florissante d'Eleus. La côte d'Asie, près de laquelle nous naviguions, nous présentait les objets les plus dignes d'exciter notre curiosité. Le temps était magnifique, et déjà les feux du soir se reflétaient dans les vagues lorsque nous passâmes devant la petite colline de Tchakalli-Déré, l'ancien Ophirinum, ou bois d'Hector. J'entendais encore dans le lointain le canon des Dardanelles, et des centaines de bâtimens nous croisaient pour remonter l'Hellespont. Un peu plus loin je doublai le cap Rhetéum, et je me trouvai dans la baie même où, suivant Homère, la flotte grecque stationna pendant la guerre de Troie. Cette baie, jadis commode et spacieuse, n'est plus aujourd'hui qu'un assemblage de marais et de bas-fonds; il nous fut même impossible d'aborder avec notre léger caïque: nous gagnâmes le rivage en marchant dans l'eau; elle nous venait aux genoux. Je ne chercherai point à vous peindre l'émotion que j'éprouvai en foulant pour la première fois le sol de la Troade. Le même sentiment, exprimé par d'autres voyageurs, m'avait paru exagéré; cependant je fus soumis également à son influence. Au souvenir des exploits dont ces lieux avaient été les témoins, se mêlait en moi une sorte d'orgueil : il me semblait qu'en marchant sur cette terre classique, je m'associais sous un certain rapport à son antique célébrité. Je voyais devant moi les embouchures de deux rivières fameuses, une plaine peu étendue, et bornée de tous côtés par des hauteurs. A ma gauche, vers l'est, j'apercevais une élévation artificielle, construite sur le promontoire Rhetéum, à une très-petite distance de l'embouchure du Thymbrius; c'est le tombeau d'Ajax, nommé aujourd'hui *In-Tépé-Gheulu.* Je marchai pendant deux minutes dans des bas-fonds marécageux. Je me trouvai alors dans des champs bien cultivés, où croissaient du coton et du maïs. A deux cents pas de là j'arrivai au rivage du Thimbrius; l'ayant longé l'espace de quatre cents pas, environ, je traversai un pont moderne en pierre, assez bien construit, et je commençai à gravir le tombeau d'Ajax : il est de forme conique et a environ soixante pieds d'élévation ; sa hauteur a sans doute été plus considérable, car il porte des traces évidentes d'éboulement. Des herbes sèches en couvrent les flancs. A quelques pas du sommet j'aperçus une bâtisse souterraine, mais ouverte, divisée en quatre parties, qui suivent diverses directions en forme de croix; elle est d'une solidité étonnante : les pierres qui la composent sont unies par un mortier indestructible. Quelques débris, qu'ombrage un vieux figuier, gissent épars sur le faîte de ce tombeau. D'après tous les auteurs anciens, le sépulcre d'Ajax a été orné, pendant plusieurs siècles, de la statue du héros : elle fut portée en Égypte par Marc-Antoine; mais Auguste la rendit à sa destination primitive. Sans doute la statue était posée au centre de la construction souterraine dont je viens de vous parler, et je suis même tenté de croire que cette construction, d'apparence romaine, date de l'époque où Auguste rétablit l'antique Aïantéium : celui-ci a été, dit-on, pendant long-temps l'objet d'une vénération toute particulière ; aucun marinier ne traversait l'Hellespont sans visiter ce monument célèbre.

La vue que l'on découvre de son sommet est très-belle. La plaine de Troie, tantôt fertile, tantôt marécageuse, s'étend aux pieds du spectateur. Trois petites rivières l'arrosent, et des collines l'entrecoupent : les tombeaux d'Achille, de Patrocle, et surtout celui d'Asyetes, fixent les regards. Au-delà de cette terre, immortalisée par les chants du prince des poëtes, se déploie la mer Égée, et Ténédos, qui, *puissante aux temps où régnait Priam*, n'est plus aujourd'hui qu'une île pauvre et stérile. Vers le Nord, les neiges de Samothrace dessinent une ligne blanche et dentelée, sur un ciel presque toujours pur ; et les eaux du majestueux Hellespont viennent se réunir à la mer Égée. La nuit nous obligea bientôt de regagner notre barque. Lorsque nous y arrivâmes, toute la nature semblait plongée dans le silence : une bise légère faisait à peine murmurer les vagues. Nous passâmes devant le dernier fort des Dardanelles, nommé le château du sable (*Koum-Kalé*), et allâmes débarquer au pied du cap Sigée. Une longue rangée de moulins à vent en couvre le sommet. Nous le gravîmes avec quelque difficulté, et entrâmes dans le petit village de Jeni-Tsche, où l'on nous donna l'hospitalité pour la nuit.

Le sol de la Troade a été l'objet d'une foule de controverses. Avant de vous donner le détail de mon excursion dans la plaine de Troie, je crois devoir vous dire que je l'ai parcourue en lisant les relations des divers voyageurs qui l'ont visitée, et en les comparant avec les récits d'Homère, que j'ai étudiés avec soin. La description topographique de M. Le Chevalier me paraît entièrement exacte; je ne doute point que son Simoïs et son Scamandre ne soient ceux d'Homère. Je vous nommerai les lieux par où j'ai passé, comme ce voyageur les a nommés dans son ouvrage, et je vous envoie, ci-jointe, une petite carte que j'ai tracée à la hâte, pour vous faciliter l'intelligence de mon récit.

Nous quittâmes, dès le lever du soleil, le village de Jeni-Tsche: en traversant ses rues étroites et mal alignées, nous remarquâmes quelques débris de colonnes, et quelques fragmens d'inscriptions. Après avoir descendu une crête assez rapide, nous visitâmes les tombeaux d'Achille et de Patrocle. Le premier est peu éloigné de la mer Égée, le second en est à trois cents pas environ. Ces monumens n'ont de remarquable que l'intérêt historique qui s'y rattache: ils ont la forme du tombeau d'Ajax, mais sont moins imposans et de moindre élévation. Celui d'Achille a été ouvert au temps de l'ambassade de M. de Choiseul-Gouffier à Constantinople ; on y a déterré quelques fragmens antiques, dont vous trouverez la description dans l'ouvrage de M. Le Chevalier. Diodore de Sicile raconte qu'Alexandre le grand, visitant le tombeau d'Achille, y brûla des parfums et en fit le tour avec ses compagnons, après s'être dépouillé de ses vêtemens. Pline ajoute qu'Alexandre rendit des honneurs au tombeau d'Achille, tandis qu'Éphestion couronnait de fleurs celui de Patrocle. Auprès de ces monumens s'étend une longue plage de sable où croissent en abondance des lis sauvages. Nous la traversâmes pour aller à Koum-Kalé. Je fus frappé en voyant dans la ville qui entoure ce château-fort quelques beaux restes grecs ; j'y remarquai, entre autres, deux sarcophages de marbre blanc, qui servent aujourd'hui d'auges de fontaine, et dont l'un est décoré de têtes de béliers qu'unissent des guirlandes de feuillages et de fruits. Le pacha des Dardanelles nous avait donné une lettre de recommandation pour celui de Koum-Kalé, Yeien-pacha, qui y vit dans une espèce d'exil. Il est neveu de Baba-pacha, qui a joué un rôle dans la dernière guerre de la Porte contre la Russie : Yeien lui-même a été prisonnier des Russes pendant trois ans et demi. Il nous accueillit avec l'hospitalité ordinaire des Turcs, et nous fit servir tous les rafraîchissemens d'usage, en nous priant d'excuser la parcimonie de la réception, qui, disait-il, était la suite de sa mauvaise fortune actuelle. Il nous fit venir des chevaux, parla lui-même à notre futur guide, pour lui enjoindre d'avoir soin de nous, et de nous recommander aux gens du pays ; enfin, après avoir ordonné qu'on nous montrât tout ce qui pouvait exciter notre curiosité, il nous pria de venir nous reposer chez lui à la fin de notre petite expédition.

En sortant de chez le pacha, nous nous dirigeâmes vers le tombeau d'Ajax (direction est); nous cheminions à peu de distance de la mer. Je remarquai, en passant, des chars à forme antique, dont les habitans se servaient pour transporter leurs récoltes ; ils étaient exactement semblables à ceux que nous décrivent les auteurs anciens. Le corps du char, arrondi par devant, et ouvert du côté opposé, était en osier ; les roues étaient de simples palettes en bois, sans cercle ni jantes. Je fus également frappé de la méthode singulière suivie par les habitans de la campagne pour battre le grain ; elle consiste à faire passer sur les gerbes couchées à terre en plein champ des planches armées de pointes et traînées circulairement par des chevaux ou des bœufs. Nous franchîmes l'ancien lit du Scamandre à un gué près d'un vieux pont en bois. Un canal verse aujourd'hui les eaux de cette rivière dans la mer Égée; et l'embouchure, jadis réunie, du Simoïs et du Scamandre, n'est plus que celle du seul Simoïs: nous traversâmes ce dernier à quelques centaines de pas de Koum-Kalé. On aperçoit, de distance en distance, une vieille route pavée, dont l'on se sert encore en hiver, lorsque les débordemens rendent les basses terres impraticables. Après un quart d'heure de marche, nous passâmes le Thymbrius, et, laissant à notre gauche le tombeau d'Ajax, nous entrâmes dans un espace ouvert, où des collines, tantôt arides et rocailleuses, tantôt couvertes de ronces et de buissons, se succèdent sans interruption. Nous fîmes environ une lieue de cette manière, et descendîmes ensuite, auprès du village de Halil-Eli-Keui, dans une plaine en partie bien cultivée, mais qu'entrecoupent des marais. Le Thymbrius coule tout auprès, et derrière le hameau s'étendent les ruines immenses du temple consacré jadis à Apollon Thymbrien. La terre y est couverte de débris de colonnes d'ordres différens; on y reconnaît des chapiteaux doriques et corinthiens, des frises et des bas-reliefs mutilés. Ces restes sont tous en marbre ou en granit et d'une grande beauté : les inscriptions qui s'y trouvent ont été copiées et publiées; je ne crois donc pas devoir vous les envoyer. Le Thymbrius, qui est très-rapide durant la mauvaise saison, est presque à sec pendant l'été; nous le passâmes au sortir de Halil-Eli-Keui, et après avoir touché plusieurs fois à l'ancienne route pavée dont je vous ai parlé, nous arrivâmes en une heure au village de Tchiblack : j'y vis plusieurs restes de murailles, de colonnes et d'autres fragmens ; mais épars d'une manière si confuse et tellement détériorés, qu'il est impossible de deviner la destination du monument auquel ils ont appartenu. A cent pas du village s'élève la hauteur de *Beyan-Mezally*, qu'ombragent de beaux groupes de chênes verts. On y voit, gisant à terre, des débris aussi magnifiques et presque aussi nombreux que ceux du temple d'Apollon Thymbrien. Ce sont des fragmens de colonnes d'ordre dorique, en marbre blanc, parmi lesquels sont des corniches, des sarcophages brisés et des chapiteaux. De cette hauteur on découvre à la fois la plaine de Troie, ses rivières, ses champs fertiles et ses marais ; les tombeaux d'Asyetes et d'Ajax, et une partie de l'île de Ténédos. Plusieurs auteurs considèrent ces ruines comme le lieu dit Callicolonne, dont parle Strabon, où s'élevait un temple de cinq stades de circonférence, et près duquel était l'antique *Pagus Iliensium*.

Allant alors vers le couchant, je trouvai un tombeau d'une assez grande élévation, peu éloigné d'une petite colline, auprès duquel est une vieille muraille qui se dirige vers le village de Callifat. Tout à côté de là est un ruisseau presque à sec, qui forme de temps en temps des mares assez profondes, et se jette dans le Simoïs; il porte le nom de *Callifat Osmak.* Quelques voyageurs ont voulu y voir le Simoïs lui-même; mais ce torrent, privé d'eau pendant l'été, qui n'a de cours que durant les débordemens de l'hiver, et semble même ne devoir son existence précaire qu'aux pluies de la mauvaise saison, ne ressemble en rien à la rivière rapide et terrible dont Neptune se servit pour renverser la fameuse muraille des Grecs. Près de Callifat se trouvent des vestiges de colonnes et de chapiteaux en marbre blanc et en granit, d'ordre dorique. On voit également, dans les rues du village, quelques fragmens d'inscriptions déjà publiées. Au nord de ce lieu on aperçoit encore quelques faibles restes de murs semblables à ceux que l'on rencontre si fréquemment en Troade. Des auteurs modernes, se fondant sur un passage de Strabon, ont cru y retrouver l'enceinte du nouvel Ilium. Je ne chercherai point à éclaircir cette question : il faut, au moins, un grand effort d'imagination pour découvrir les murs d'une ville dans quelques fragmens à peine visibles et répandus sur un sol où on en trouve de semblables à chaque pas. Retournant à la colline de Beyan-Mezally, j'entrai dans une belle plaine, parfois un peu marécageuse, mais en général bien cultivée. Après avoir marché pendant une bonne heure dans la direction sud, j'arrivai au rivage du Simoïs, qui forme ici deux bras peu profonds. Nous les traversâmes à gué : le fond de la rivière est sablonneux ; de beaux saules en garnissent les bords. La plaine continue encore pendant un quart d'heure, environ, et l'on arrive alors à Bonnarbaschi, village assez pauvre, où réside un Aga, et que domine une vieille tour ruinée, bâtie, dit-on, par les Génois. Les sources nombreuses et limpides du Scamandre s'échappent des flancs d'une colline rocailleuse, au sud-ouest du village : des arbres magnifiques les ombragent, et bientôt elles forment une petite rivière assez profonde. Derrière Bonnarbaschi s'étendent d'autres hauteurs, qui le dominent. Le nom de ce village, traduit littéralement, signifie la tête des sources. Il en est une parmi elles qui présente une apparence singulière : sans être d'une température plus élevée que les autres, elle sort de terre en bouillonnant ; au-dessus d'elle semble s'élever un nuage de vapeur. C'est sans doute de cette apparence qu'est née l'antique tradition, conservée jusqu'ici par les habitans de la contrée, que l'une des sources du Scamandre est thermale ; tradition qu'ils regardent comme reposant sur un fait authentique et incontestable. Je vis auprès du village de Bonnarbaschi un assez grand nombre de fragmens, tels que des tronçons de colonnes, des restes de frises et de chapiteaux, qui paraissent indiquer que jadis une ville a existé en ces lieux.

Quelques débris de murs antiques se trouvent derrière la maison de l'Aga, et même au milieu des rues du village. En sortant de Bonnarbaschi, nous gravîmes une hauteur que l'on croit avoir été la citadelle de Troie, quoique formant une continuation de la colline sur laquelle est bâtie la résidence de l'Aga; elle en est séparée d'un côté par un ravin assez profond.

Le sommet du lieu où l'on suppose qu'était bâtie l'Acropolis de la ville de Troie offre encore aujourd'hui des objets d'un haut intérêt. La pointe la plus élevée de cette crête est occupée par un tombeau de forme conique, ainsi que tous ceux qui datent de la même époque : celui-ci n'est point couvert en terre, il est composé de pierres placées les unes au-dessus des autres, sans aucun ordre apparent. Ce tombeau est considéré comme celui d'Hector, construit à la hâte par les Troyens, pendant le court armistice qu'Achille leur avait accordé pour ensevelir ce héros. Deux autres tombeaux, de la même dimension, en sont distans de quelques pas : on leur a donné les noms de tombeaux de Priam et de Paris, sans cependant pouvoir appuyer cette opinion sur aucune donnée certaine. Derrière ces monumens, des rochers presque à pic descendent vers le Simoïs, qui coule à leur pied. On y voit également les restes de murailles anciennes. Il nous fallut une demi-heure pour arriver de Bonnarbaschi au sépulcre dit d'Hector. Nous restâmes sur ces hauteurs jusqu'après le coucher du soleil, et nous vînmes passer la nuit dans une espèce de tente humide, où je me suis assis près d'un feu de bois vert, pour vous écrire.

Je suis, etc.

LETTRE XXI.

Ténédos.

Nous quittâmes Bonnarbaschi à six heures du matin pour nous rendre à *Alexandria Troas*. Nous fîmes environ une lieue vers le sud-ouest, en suivant une route assez bonne, où de légères montées et descentes se succèdent sans interruption. On y est exposé à toute l'ardeur du soleil ; le terrain en est aride, sablonneux, couvert de ronces et de fragmens de rochers. En tournant vers l'ouest, on trouve un beau bouquet de jeunes pins ; nous y prîmes quelques instans de repos, ayant à notre gauche la belle chaîne de l'Ida, qui semble s'élever comme les degrés d'un vaste amphithéâtre dont le sommet du Gargare est le point culminant : en face de nous s'étendaient la mer, Ténédos et les îles Rabbit. En regardant ces lieux, je me rappelai l'Épisode de Laocoon, l'un des plus beaux de l'Énéide : *Ecce autem gemini à Tenedo tranquilla per alta*, etc.

Laissant à notre droite le village de Bos-Keui,

situé sur une hauteur, nous nous dirigeâmes plus vers le sud, en parcourant une plaine de pâturages ; les nombreux bouquets de chênes verts et d'oliviers qui y croissent lui donnent l'aspect d'un parc anglais. Après deux heures d'un trot assez soutenu, nous entrâmes dans le village d'Igikli-Keui, auprès duquel est un cimetière où gisent beaucoup de débris de colonnes, en général d'ordre dorique. On y voit également des fondations massives qui semblent avoir appartenu à un temple. Les champs qui l'environnent sont bien cultivés. Le village d'Igikli offre, du reste, l'aspect de tous ceux de la Troade. C'est un assemblage de petites maisons à toits plats, bâties en pierre de couleur jaunâtre, et qui rappellent les misérables hameaux de la partie la plus pauvre de la Champagne. Des hauteurs s'étendent au sud, au nord et à l'ouest de ce village: nous suivîmes, en le quittant, un sentier délicieux, bien frayé ; des bosquets de pins l'ombragent et encadrent la vue magnifique dont on jouit sur la mer Égée. Bientôt on entre dans une forêt de chênes très-claire, au centre de laquelle se trouvent les constructions massives nommées par les habitans du pays *Portes d'Alexandria Troas*, et qui sont les restes de l'aqueduc d'Hérode Atticus. Les murs de la ville, que l'on retrouve à quelques pas de là, sont d'une construction également solide. Après avoir passé deux lits de torrent, actuellement à sec, dont l'un est regardé comme l'ancien *Amnis navigabilis* de Pline, nous entrâmes dans une vallée étroite de la plus triste aridité, et dont le fond est rempli par un marais infect. Des sources bouillantes, salées et ferrugineuses, connues sous le nom de *Lydia Hammam*, s'échappent du flanc de la montagne, et sont reçues dans des bassins de forme carrée, que couvrent de petits bâtimens et des dômes antiques. Ces eaux ont encore aujourd'hui de la réputation pour la guérison des rhumatismes, de la lèpre et des maladies de peau. On voit auprès des sources une voûte antique, qui forme un carré long, et quelques autres petites bâtisses, dont les pierres, posées en losange, ressemblent à diverses ruines romaines. J'y trouvai aussi une statue en marbre blanc, de taille colossale, couchée à terre, parmi des ronces et des plantes sauvages : elle paraît avoir été d'un assez beau travail, et bien drapée ; mais les bras et la tête sont cassés ; d'ailleurs, servant à soutenir le chemin du côté du précipice, ses contours sont en général fort usés. Tandis que je faisais à la hâte l'esquisse de ces monumens, le vieux Turc qui habite dans la bâtisse même de la source, vint m'engager à prendre le café avec lui, et me raconta que Lydia Hammam était sous la protection spéciale d'un Santon, qui y avait opéré une foule de miracles, et à qui seul les eaux doivent leur efficacité. Rentrant dans la forêt de chênes, nous rencontrâmes des ruines presque à chaque pas. Il en reste immensément, quoique pendant bien des siècles [1] Alexandria Troas [2] ait été considérée en quelque sorte comme une carrière d'où l'on tirait tous les matériaux dont on avait besoin. Après avoir passé à côté d'un énorme arceau presque enterré, qui, sans doute, a fait partie d'une des portes de la ville, nous vîmes, sur une hauteur à notre gauche, deux tours rondes, reposant sur de grands piédestaux carrés, et à notre droite, des bains très-détériorés: à cent pas environ de ce point, nous aperçûmes les ruines magnifiques des bains publics et de l'ancien gymnase d'Alexandrie. Les habitans de la Troade et les mariniers de la contrée leur donnent encore le nom de *Palais de Priam*, et plusieurs voyageurs, adoptant cette erreur, ont regardé jadis la ville d'Alexandrie comme l'Ilium d'Homère. Le devant de l'édifice, tourné vers le couchant, en face de la mer Égée, forme trois arches élevées [3], dont les pierres

---

1 Même aux temps de l'empire grec.

2 Bâtie par Antigonus, qui lui donna originairement son nom. Plus tard Lysimaque l'appela Alexandrie, en l'honneur d'Alexandre le grand. Cette ville prospéra surtout après que les Romains y eurent envoyé une colonie. On croit que ce fut sous le règne d'Auguste.

3 Celle du milieu a quarante-huit pieds de large à sa base, les deux autres sont de vingt-un pieds.

se soutiennent mutuellement sans aucun ciment. On y voit les restes d'une belle corniche en marbre : il paraît que toute la construction en était revêtue; je remarquai partout les entailles qui semblent avoir été destinées à en retenir les plaques. Derrière le portique est une cour carrée, ayant une arche d'une hardiesse inouïe sur chacun de ses côtés : un escalier, dont on aperçoit les débris, menait à l'entrée principale; à la droite et à la gauche des marches se trouvaient deux colonnes d'une taille gigantesque, à en juger par le diamètre des tronçons qui sont répandus au milieu des débris : de grandes arcades formaient autour du bâtiment une cour carrée, aujourd'hui encombrée de ruines, et la fermaient au nord, au sud et à l'est. Douze arches existent encore presque intactes du côté du nord : nous aperçûmes à la façade de l'est trois magnifiques portiques voûtés. Il n'est point de ruines qui puissent inspirer plus de respect pour l'architecture ancienne, que celles des bains publics d'Alexandria Troas. La couleur claire et jaunâtre des matériaux qui ont été employés à leur construction, se détache d'une manière admirable sur la verdure sombre des chênes verts qui les entourent; et la mer Égée, qu'on aperçoit avec ses îles et qu'encadrent d'immenses blocs de granit et de marbre, ajoute encore à la beauté du tableau. A très-petite distance des ruines dont je viens de vous parler, est une portion assez bien conservée d'un temple circulaire de peu d'importance. Après avoir passé plusieurs heures à dessiner, nous nous remîmes en route en continuant à nous approcher du bord de la mer vers le sud-ouest; nous vîmes d'abord un temple qui forme un carré long et dont les débris sont d'un style médiocre; bientôt nous en aperçûmes un second, beaucoup plus vaste, dont les fondemens existent encore en grande partie. Presque à côté se trouvent d'autres fragmens très-étendus, au milieu desquels nous aperçûmes une suite de cellules voûtées et souterraines, qui n'offrent rien de remarquable, et servent aujourd'hui de lieux de refuge aux bergers du pays. Continuant à marcher dans la même direction, nous arrivâmes auprès de l'ancien théâtre d'Alexandria Troas : nous vîmes un demi-cercle de siéges très-mutilés et bâtis sur une colline qui s'élève en pente douce; nous mesurâmes le diamètre du théâtre; il était de deux cent cinquante-deux pieds. Bientôt nous arrivâmes au bord de la mer, que nous longeâmes pendant un quart-d'heure; nous rentrâmes alors dans les terres : un chemin bien frayé, mais sablonneux, nous permit d'aller au grand galop. Des deux côtés de la route on voit de jeunes chênes qu'entrecoupe de temps en temps un beau groupe de pins. Peu à peu le paysage s'embellit, et nous nous trouvâmes dans un agréable sentier ombragé d'oliviers et d'arbres verts, auprès duquel s'étendaient des prairies et des champs bien cultivés : nous arrivâmes ainsi au village d'Igikli-Keui, que nous avions déjà visité ; nous reprîmes, jusqu'au hameau de Bos-Keui, le chemin que nous avions suivi dans la matinée. Quittant alors la voie frayée, nous fîmes environ une lieue et demie au milieu de genièvres, de ronces et de rochers ; à notre droite, de petites collines s'étendaient à perte de vue ; elles s'abaissaient vers la mer à notre gauche. Le village d'*Uggiek-Keui*, que nous traversâmes, ne renferme aucun objet digne de remarque, et le paysage continue à présenter le même aspect jusqu'au tombeau d'Asyetes (Uggiek-Tepe), qui élève son cône immense à trois cents pas de la mer, et à un bon quart de lieue de la petite bourgade à laquelle il doit son nom actuel : nous y montâmes avec difficulté. Cet énorme monument funéraire, l'un des plus grands qui reste de l'antiquité, est le point d'où l'on voit le mieux l'ensemble de la Troade. Parvenus à son sommet, nous découvrîmes à la fois les objets que nous avions examinés en détail durant les trois journées précédentes ; nous éprouvâmes un grand plaisir à parcourir des yeux la route que nous avions suivie, à nous arrêter en idée aux endroits intéressans : ce fut en quelque sorte un résumé général de notre excursion. Laissant au nord-ouest, sur le rivage de la mer, le tombeau dit de Pénélée, il nous fallut vingt minutes pour arriver au village de Baschia Chiflik ; il est situé au milieu d'une plaine assez bien cultivée, mais dépourvue d'arbres. On y voit un soros ou sarcophage antique, qui fut apporté d'Alexandria Troas, et sert aujourd'hui d'auge de fontaine. Il est de la plus étonnante conservation ; sa longue inscription est aussi intacte que si elle sortait des mains de l'ouvrier ; les premiers mots exceptés : elle n'est d'aucun intérêt historique et n'a rapport qu'à une famille particulière. Nous continuâmes à nous diriger vers le Nord, au sortir du village ; bientôt la culture cesse et on chemine au milieu de landes tantôt arides, tantôt marécageuses, mais qui seraient fertilisées si la population de la plaine de Troie répondait à son étendue et à sa fertilité naturelle. Nous traversâmes à un gué le canal où coulent actuellement les eaux du Scamandre, et entrâmes dans un grand marais qu'il fallut passer dans toute sa longueur, et dans lequel nos chevaux enfonçaient jusqu'aux genoux. Au sortir du marais, nous vîmes quelques vignobles répandus comme autant d'oasis au milieu d'une plaine désolée ; nous allâmes visiter au bord de la mer un tumulus insignifiant, dit tombeau d'Antiloque : notre troupe était sur les dents, lord Brabazon et moi étions seuls encore dispos : ayant bien observé la position du village de *Jeni-Tsche*, où nous avions couché quelques jours auparavant, et où nous devions trouver un gîte pour la nuit, nous laissâmes notre guide avec les traîneurs et prîmes les devants au grand galop, malgré les mauvais chemins et l'obscurité qui commençait à devenir profonde. Le petit bourg de *Jeni-Tsche*, dont j'ai déjà eu l'occasion de vous parler, occupe la pointe la plus élevée du cap Sigée. Ses habitans, qui sont Grecs, sont en général hospitaliers et reçoivent mieux les étrangers que ne le font ordinairement leurs compatriotes : on montre quelques débris près du lieu où s'élève actuellement la chapelle du village ; et on les regarde comme les restes de l'Athénée ou temple de Minerve, qui existait autrefois dans ce même endroit.

Nous allâmes le lendemain remercier le pacha des facilités qu'il nous avait accordées pour notre voyage. Nous vîmes devant sa maison des cavaliers qui jouaient au gérid. Cet exercice est extrêmement gracieux, et l'on est étonné que les Turcs, si indolens d'ordinaire, puissent se livrer à un jeu aussi animé. Des jeunes gens, montés sur des chevaux arabes, parcouraient l'esplanade avec une rapidité telle que l'œil avait peine à les suivre ; armés du gérid [1], debout sur leurs étriers, le corps penché en avant, ils s'attaquaient, se poursuivaient et cherchaient à s'éviter, en décrivant de grands

---

1 Bâton droit, léger et pointu, long de quatre ou cinq pieds.

cercles. A tout instant je m'attendais à voir un des lutteurs atteint et blessé; mais, arrêtant tout court leurs chevaux qui couraient au grand galop, ou les détournant subitement, ils esquivaient le gérid lancé dans la direction qu'ils paraissaient devoir suivre; l'arme sifflait loin d'eux, et au moment où elle allait tomber sur la pointe, le cavalier arrivait et la saisissait par le bout opposé. Je ne saurais vous donner une juste idée de l'agilité pleine de grâce que déployèrent les combattans. Après les avoir regardés pendant une heure, nous montâmes chez le pacha, qui nous reçut comme d'anciens amis. En sortant de chez lui, nous prîmes une petite barque, qui nous mena à Ténédos en moins de deux heures. N'y ayant point rencontré de bâtiment prêt à faire voile pour Smyrne, nous venons de nous arranger avec un pêcheur qui doit nous y conduire dans son caïque, moyennant trois cents piastres. M. Lindsay, notre compagnon de voyage, va nous quitter; je profite de son départ pour vous envoyer mes dernières lettres. J'ai déjà parcouru l'île toute entière, et nous n'y resterons plus que le temps nécessaire pour faire quelques provisions de voyage. Le sol de Ténédos est montueux et aride; on n'y découvre plus aucune trace de son ancienne prospérité. Son vin rouge est excellent et très-fort, il se vend six paras l'oque (deux livres), et devient blanc au bout de seize à dix-huit ans, sans perdre pour cela de sa saveur. La capitale de l'île se compose d'un grand fort turc de très-misérable apparence, de trois cents maisons grecques et de quatre cents maisons turques, bâties autour d'une anse dans laquelle les bâtimens marchands cherchent un refuge pendant les gros temps. Une longue crête de rochers absolument dépourvus de végétation domine la ville; ses différens habitans vivent ensemble en fort bonne intelligence : Ténédos est restée étrangère à la dernière révolution. Les Russes l'ont possédée pendant trois mois, lors de leurs guerres avec la Turquie, et y ont exercé, dit-on, de grands ravages. En escaladant les hauteurs, on jouit d'une très-belle vue sur la mer et les côtes montueuses d'Asie et d'Europe. L'île de Mételin ferme le paysage du côté du sud; le château de Ténédos, semblable à un vieux fort gothique, occupe le premier plan du tableau[1]. Le petit port de l'île est plus fréquenté aujourd'hui qu'il ne l'a été pendant longtemps. Les navires marchands, redoutant la piraterie, s'y rassemblent pour attendre le départ des convois militaires; ils y apportent des vivres. Les produc-

---

1 On croit que ce fort a été bâti sur l'emplacement du grand magasin que Justinien fit construire à Ténédos pour y déposer les blés venant d'Égypte, lorsque les vents contraires empêchaient les bâtimens d'entrer dans les Dardanelles.

tions de Ténédos, sauf le vin, sont à peu près nulles, et elle tire de l'Asie mineure tout ce qui est nécessaire à sa consommation. Nous avons été reçus dans la demeure de l'agent consulaire anglais, d'origine levantine. Je viens de voir sa fille, âgée de douze ans et un mois, déjà mariée et enceinte.

Je suis, etc.

LETTRE XXII.

Smyrne.

En sortant du port de Ténédos, nous nous dirigeâmes vers la délicieuse côte de l'Asie mineure, que nous suivîmes pendant plusieurs heures. Je fus frappé d'admiration en apercevant de la mer les ruines d'Alexandria Troas. Vus de ce point, les bains publics forment un tableau vraiment magique, et leur masse imposante excuse la croyance des gens du pays, qui leur donnent, ainsi que je vous l'ai dit, le nom de palais de Priam. Les trois arcades du côté de l'Est paraissent dans leur ensemble; leurs arceaux élégans, de couleur blanche, semblent planer au-dessus d'une antique forêt de chênes qui croît sur les collines environnantes. De hautes montagnes, dont les sommités sourcilleuses sont couronnées de neiges, dominent à leur tour ces majestueux objets. La côte d'Asie, tantôt parée de coteaux verdoyans, tantôt hérissée de masses de basalte, ou de granit d'un gris foncé, présente sans cesse les points de vue les plus pittoresques. Après sept heures de navigation, nous doublâmes le cap Baba (du Derviche), nommé jadis promontoire de Lectos; il forme la pointe sud-ouest de la chaîne de montagnes qui s'élève insensiblement jusqu'aux sommités glacées du Gargare, et ferme vers le Nord le golfe Adramitti. D'immenses rochers, entassés les uns au-dessus des autres, dessinent ici un demi-cercle étroit dans lequel la petite ville de Baba semble placée comme dans une niche. Les poignards et les couteaux que l'on y fabrique sont réputés les meilleurs de l'Orient.

Croisant alors l'embouchure du golfe Adramitti, nous laissâmes à notre gauche le petit groupe des îles Musconisi (Hécatones), doublâmes la pointe nord-ouest de Mételin et entrâmes dans le détroit qui la sépare du continent. Mételin, autrefois Lesbos, est fameuse par les sages et les hommes de génie qu'elle a vus naître. Ses montagnes élevées, ses profondes vallées, où des harpes éoliennes étaient, dit-on, sans cesse agitées par le vent, me rappelant les noms des Pittacus, des Sapho, des Terpandre et des Alcée, réveillèrent en moi une foule de souvenirs. Mételin, peuplée de 70,000 habitans, a environ quarante lieues de tour et contient, outre sa capitale, soixante-six villages: elle est traversée par de hautes chaînes de montagnes, au milieu desquelles on rencontre plusieurs sources thermales. Nous longeâmes l'île pendant la plus grande partie de la journée; ce trajet nous prit plus de temps qu'on n'en met ordinairement à le faire; le vent était un peu tombé vers le midi : d'ailleurs une goëlette grecque, que les gens de notre équipage virent de loin, leur inspira une terreur panique; bien qu'étant Grecs eux-mêmes, ils se crurent perdus et se cachèrent derrière les masses de rochers dont le rivage est hérissé vers le Nord : nous perdîmes une bonne heure de cette manière. Rien n'est plus majestueux que la côte de Lesbos. Sa pointe septentrionale est rocailleuse, mais plus on avance, et plus la nature s'embellit, plus on est enchanté de la fraîcheur des forêts de platanes et d'oliviers qui s'étendent de tous côtés. Cinq ou six plans de montagnes s'élèvent les uns au-dessus des autres, et présentent les formes les plus grandioses. Nous arrivâmes vers six heures du soir à la capitale Castro ou Mételin, bâtie sur l'emplacement de l'antique Mitylène : elle s'élève en amphithéâtre au-dessus de la mer; son fort crénelé est construit sur un immense bloc de rocher, qui forme une presqu'île contre laquelle viennent se briser des vagues dont la couleur est l'azur le plus prononcé; d'énormes montagnes, que couvrent des arbres centenaires, planent en quelque sorte au-dessus du golfe; des maisons de plaisance, de l'effet le plus pittoresque, s'élèvent partout au milieu de bosquets touffus. Les feuillages variés du platane, de l'olivier, de l'élégant palmier, s'y marient à la verdure plus sombre du cyprès et du figuier. Le rocher sur lequel se trouve la forteresse sépare deux ports, dont l'un est du côté du Sud et le second dans la direction Nord : ils sont peu sûrs et ne sont guères visités que par de petits bâtimens marchands. Nous comptions ne passer qu'une heure ou deux à Castro; mais ce paysage enchanteur fit sur nous l'effet des jardins d'Armide, et nous nous décidâmes à visiter l'île en détail. Nous nous rendîmes chez l'agent consulaire anglais, qui nous donna l'hospitalité. J'employai le reste de la journée à visiter la ville même : elle est, comme celles de Turquie, assez sale et très-mal pavée. Le commandant du fort ne nous permit point d'y entrer; il est mal construit, encore plus mal entretenu, et se compose du château vieux et du château neuf, qui sont accolés l'un contre l'autre. On m'assura qu'on y voit le nom et les armes de l'un des empereurs Paléologues; cependant cette citadelle a beaucoup du caractère des constructions génoises, qui se rencontrent fréquemment dans le Levant. L'île de Lesbos a d'ailleurs été possédée par la république de Gênes et gouvernée par la famille *Catanisi.* Une jeune fille de ce nom la défendit contre le sultan Amurat, à ce que porte la tradition locale.

De faibles débris de l'antique Mitylène s'étendent

du côté du couchant, bien au-delà de Castro. J'allai les visiter, ainsi que les restes d'un temple consacré, dit-on, à Apollon, dont on retrouve les fondations et quelques murs latéraux; les tronçons de colonnes très-épaisses sont répandus au milieu des fragmens de chapiteaux, de piédestaux et de corniches. Au centre de la ville, auprès d'une grande église grecque, on voit un siége antique en marbre blanc, d'un travail exquis et parfaitement conservé.

Les habitans de la ville vivent dans la meilleure harmonie. Les Grecs y font la partie la plus nombreuse de la population; ils possèdent plusieurs églises à Mételin : ils y ont également un métropolitain et un évêque, institués par le patriarche de Constantinople, et un *didascalos* ou prêtre grec ayant fait des études. L'île est gouvernée par un *nasir* turc, à qui les chrétiens paient le cinquième et les Musulmans le septième de leur revenu. Elle produit beaucoup d'huile : les bateaux que l'on y construit sont renommés dans l'Archipel.

Le jour suivant nous montâmes à cheval dès le lever du soleil pour nous enfoncer dans l'île. Nous fîmes environ deux lieues sur des hauteurs arides, en nous dirigeant vers le Nord. Après nous être arrêtés un instant auprès d'une source presque bouillante, mais dont l'eau n'a aucun goût particulier, nous commençâmes à descendre vers une belle vallée entièrement plantée d'oliviers. Le fond étroit de cette gorge était occupé par l'ancien lit d'un ruisseau qui est maintenant à sec, et où croissent d'immenses touffes de laurier-rose, de myrte et d'autres plantes aromatiques. Elle est ouverte du côté de la mer; un magnifique aqueduc en marbre gris y dessine ses arcades élégantes et la traverse dans toute sa largeur. Il a environ cinquante pieds d'élévation, quoique le premier rang de ses arches soit aujourd'hui presque enterré. Il avait trois étages : les arceaux du plus élevé sont construits en briques. Il est généralement conservé jusqu'au second étage: les quatre piliers du centre sont intacts. On aperçoit au-delà des vastes portiques de l'aqueduc un joli village, bien bâti, au milieu d'un bois d'oliviers; un peu plus loin, la mer et la côte de l'Asie mineure ferment le tableau. Je fis encore plusieurs lieues vers le Nord en traversant de belles plantations; un air de fête semblait répandu sur la nature : à chaque pas je voyais des hameaux à moitié cachés sous d'immenses dômes de feuillage; quelques tours habitées, massives, carrées, bâties en pierres, s'élevaient seules au-dessus de la forêt; les branches couvraient le reste des maisons, qui en général m'ont paru mieux bâties que celles que j'ai vues dans le Levant. Le pied des arbres était tapissé avec profusion de plantes et de lianes fleuries, qui couvraient des fragmens antiques, et au milieu desquelles serpentaient quelques filets d'une eau limpide. Tout ici porte l'empreinte d'une grandeur éclipsée; des monumens brisés gisent parmi les ronces : les talens et les arts ont cessé d'y fleurir.

That's Grece but living Grece no more.

Après deux heures de marche nous arrivâmes à une source thermale très-salée, située presque au bord de la mer. Elle coule dans un bassin carré, que couvre un dôme bâti en briques, soutenu au centre par une colonne en pierres très-massive. Ces eaux ont une grande réputation, et les habitans du pays vont y prendre des bains. A côté de la source on voit quelques ruines, entre autres les débris d'une colonnade, dont les piédestaux existent encore en partie : j'y trouvai aussi une grande quantité de marbres brisés, portant des inscriptions grecques très-détériorées; ces fragmens ont été employés comme matériaux à des constructions nouvelles. On en remarque plusieurs qui ont servi à élever un château, également ruiné aujourd'hui, flanqué de quatre tours et qui paraît dater du moyen âge. Je fis halte au hameau de Tokmak, bâti près du rivage; il donne son nom à quelques îles incultes voisines. La chaleur était accablante : un vieillard à figure joviale vint nous engager à nous reposer chez lui. Il mariait sa fille, et nous pria d'assister à la cérémonie. La mariée, qui pouvait avoir treize ou quatorze ans, avait déjà été menée au bain par les femmes. On se préparait à la conduire à l'église. Je suivis le cortége à petite distance. Il était ouvert par deux danseurs et autant de chanteurs, qu'accompagnaient trois joueurs d'instrumens. L'accordée, vêtue de ses plus beaux habits et soutenue par deux matrones âgées, marchait avec une lenteur affectée; sa famille et ses amis la suivaient; son futur se trouvait déjà à la chapelle où devait se faire la cérémonie : il portait une couronne, ainsi que sa fiancée. Le vieux prêtre qui bénissait leur union changea à plusieurs reprises ces couronnes pendant la cérémonie, donnant celle de l'époux à l'épouse, et réciproquement : il leur présenta ensuite du vin dans une coupe, qui passa également au parrain et à la marraine des nouveaux mariés et à leurs témoins. Au sortir de l'église l'on se rendit à la maison de l'époux. Des guirlandes de feuillage en ornaient la porte; on étendit auprès du seuil un tapis sur un crible; la mariée marcha dessus, et le crible ayant crevé sous ses pieds, les assistans en conclurent que l'union serait heureuse. L'époux nous donna à chacun une poignée de dragées. On assure que cet usage remonte à celui des Grecs anciens, de distribuer des noix au moment de leur mariage, pour prouver qu'ils renonçaient aux amusemens de l'enfance. Nous prîmes notre part d'une collation qui fut servie et dont nous avions grand besoin : nous profitâmes du moment où les danses commencèrent, pour prendre congé de notre vieil hôte. Ayant encore longé la côte pendant plusieurs heures, et passé à côté de trois sources thermales, nous fûmes obligés de traverser péniblement une gorge presque impraticable, et arrivâmes long-temps après le coucher du soleil à *Molivo*, ville bâtie sur l'emplacement de l'antique Méthymne, au pied de la haute montagne qui forme l'extrémité sud-est de l'île. Nous nous décidâmes à passer la nuit dans une barque amarrée au rivage. Molivo compte peu d'habitans chrétiens : elle est dominée par un fort turc plus mal construit encore que celui de Castro. On y trouve les traces des murailles de Méthymne et quelques débris d'autres constructions. Le port de la ville est peu sûr; au centre du bassin s'élève une grande roche accessible d'un côté seulement, et sur laquelle est une église chrétienne ; non loin de là s'étendent de belles plantations d'oliviers; la situation est loin d'être aussi riante que celle de la capitale. Quittant Molivo, nous nous dirigeâmes vers le Sud, au milieu de coteaux qui vont se perdre dans la mer; nous arrivâmes, après deux heures de marche, à la presqu'île que forment les deux ports de Calas-Limnionas (les beaux ports); non loin de là nous en vîmes une seconde, couverte des ruines de l'antique *Antisse*, ville opulente aux temps où florissait Lesbos, et qui était à égale distance de Méthymne et du promontoire Sigrium (Sigri). Ce cap forme aujourd'hui un port assez fréquenté. Ici l'aspect du paysage change. Des rochers nus et arides, d'une prodigieuse hauteur, descendent presque à pic dans la mer et empêchent de longer plus long-temps la côte. Nous entrâmes, auprès du village de Cresso, dans une plaine qui s'ouvre vers le Sud et que domine une colline, ancien emplacement de la ville d'*Eressus*. De vieilles murailles, les restes d'une tour, des citernes comblées et quelques débris de colonnes en marbre blanc et d'inscriptions, attestent seuls encore l'existence de cette cité opulente. M'enfonçant alors[1] dans des montagnes couvertes de fragmens de marbre et presque dépourvues de végétation, je passai la nuit dans un méchant hameau.

Le lendemain je fus sur pied de très-bonne heure; après avoir fait deux lieues dans la direction Nord-Est, j'arrivai au golfe de Caloni : il a au moins quatre lieues de longueur sur une de large; mais ses eaux sont peu profondes : le fond de la baie est occupé par la petite ville du même nom; de hautes montagnes l'entourent. Vers le Sud-Est elles font place à des collines et à des vallées cultivées; une assez grande étendue de territoire y porte le nom de Péra : c'est de ce côté sans doute qu'existait la ville de

1 D'abord vers le Nord durant une heure, ensuite dans la direction plein Est.

pyrrha, engloutie par la mer et dont je ne retrouvai plus de vestiges. Le port Olivier, le plus beau et le plus fréquenté de l'île, est à deux lieues du précédent, dans la direction Sud-Est. Ses eaux sont profondes, et le mouillage y est bon et commode. Ce port, qui a environ deux lieues de long et une de large, fait l'effet d'un lac : son entrée est à l'extrémité méridionale de Mételin; des collines couvertes d'oliviers l'entourent; derrière elles s'élèvent les hautes montagnes de Lesbos; de charmans villages sont bâtis au sud du port et rappellent un peu les rians tableaux du Bosphore. Le bourg d'Aïesso et le petit couvent de Quatrotito se dessinent au milieu de belles plantations de figuiers et de noyers; plusieurs sources thermales versent leurs eaux dans la mer. Notre caïque nous attendait à Castro, prêt à partir pour Smyrne; nous nous embarquâmes encore dans l'après-midi : poussés par une brise favorable, nous perdîmes bientôt de vue l'île de Mételin, les Arginuses et le golfe de Sandarlik; nous aperçûmes à notre droite Scio et le cap de *Karabouroun* (cap Noir), à notre gauche, Foglieri ou Phokia, patrie des Phocéens, fondateurs de Marseille, et entrâmes à pleines voiles dans le vaste golfe de Smyrne. Nous dépassâmes rapidement le mont Mimas, les îles d'Ourlac et le fort de Smyrne, bâti sur le rivage, à quelques lieues de la ville. Un convoi autrichien s'y préparait à partir; quantité de navires marchands appareillaient. Déjà le soleil était levé depuis une heure, au moment où nous entrâmes dans la rade proprement dite, que peuplaient les stations françaises et anglaises du Levant. Smyrne s'élève en amphithéâtre au-dessus de la mer; un château antique la domine; quelques vieilles tours et murailles, construites jadis par les Vénitiens, paraissent au milieu des maisons : de belles montagnes taillées presque à pic entourent cette cité populeuse; mais les collines sur lesquelles elle est bâtie sont nues et arides; leur seule végétation consiste en quelques groupes de cyprès qui indiquent les champs des morts. Je retrouvai en débarquant toute l'activité bruyante du port de Constantinople; du reste, la ville a un aspect bien plus européen que toutes celles du Levant. Je suis fort bien logé, grâce à l'obligeance de M. Rouen, secrétaire d'ambassade. J'ai profité du premier moment de loisir pour vous écrire; ma prochaine lettre vous donnera des détails sur Smyrne et sur l'île de Scio, que je vais visiter.

Je suis, etc.

LETTRE XXIII.

Smyrne.

Smyrne, colonie d'Éphèse, fut reçue dans l'alliance des villes ioniennes indépendantes par l'influence de sa métropole, et prit le nom de la nymphe Smyrne, sa protectrice. La situation de cette ville la rendit dans les temps modernes le centre d'un commerce florissant; elle devint peu à peu l'échelle la plus riche et la plus brillante du Levant : de nombreuses caravanes y apportèrent les productions de l'Asie, et des navires de toutes les parties du monde vinrent les échanger contre d'autres marchandises. L'esprit commercial y adoucit les rapports entre des hommes de mœurs et de croyances diverses; ce grand comptoir offrit bientôt le mélange des coutumes asiatiques et de celles des peuples occidentaux; l'intolérance religieuse y perdit son âpreté. Les nations commerçantes de l'Europe et leurs consuls s'y établirent dans un quartier qui prit l'apparence des villes de leurs pays; et le caractère conciliant des autres habitans de Smyrne leur en rendait le séjour facile et agréable.

Smyrne a beaucoup déchu dans les derniers temps; ses principales relations sont aujourd'hui avec l'Angleterre et l'Amérique : les négocians se plaignent de la décadence du commerce. Cependant le séjour de cette ville offre encore beaucoup d'agrément; le climat de la molle et riante Ionie semble influer ici sur les rapports de société.

Je montai au château dès le lendemain de mon arrivée; nous traversâmes le quartier franc dans toute sa longueur; les rues y sont plus larges qu'à Constantinople, les maisons m'y semblaient mieux bâties. Il en est beaucoup derrière lesquelles se trouvent de petits jardins avec des galeries couvertes, tapissées, comme en Italie, de plantes grimpantes, et ornées de vases de fleurs. Les rez-de-chaussée servent en général de comptoirs ou de magasins; l'on habite les étages supérieurs. Le quartier turc ne ressemble en rien à celui des Francs, les rues y sont étroites et mal pavées; les maisons en bois, percées d'un grand nombre de fenêtres et surchargées d'avances et d'auvents; des porteurs d'eau, des files de chameaux ou d'ânes y obstruent sans cesse le passage : les bazars sont décorés avec richesse et couverts de toits saillans et de berceaux de vignes; les petits cafés qui s'y trouvent servent de lieu de rendez-vous aux Turcs du voisinage. Nous arrivâmes après une heure de marche au vieux château de Smyrne; il est bâti sur le sommet d'une colline assez élevée. L'enceinte du fort existe en grande partie; ce sont des murs très-épais, mais assez mal construits, flanqués à inégales distances de tours rondes, carrées et octogones. Au centre de la cour intérieure est une bâtisse souterraine qui sans doute servait originairement de citerne[1]. Derrière ce réservoir s'élève un petit bâtiment ancien, qui est tombé en ruines après avoir été converti en mosquée : on voit auprès de l'une des portes, et enfoncée dans une niche, la tête colossale, en marbre blanc, de la nymphe Smyrne. Le travail en est médiocre; j'en avais conçu une haute idée d'après l'éloge qu'on m'en avait fait, mais elle n'a nullement répondu à mon attente. Les Turcs lui ont cassé le nez et l'ont mutilée en plusieurs endroits, comptant la trouver pleine d'or; la forme de l'ovale est assez belle, et la disposition des cheveux de la nymphe est bien entendue; mais le cou en est trop épais, le front trop bas, la bouche et les yeux

1 Ce réservoir forme un long parallélogramme; le plafond en est voûté et soutenu par de grosses colonnes carrées d'une lourde architecture. Il a dans le sens de la longueur cinq colonnes de cinq pieds d'épaisseur aux quatre faces, et distantes de sept pas l'une de l'autre. Sa largeur est de quatre colonnes de même dimension que les précédentes, mais séparées entre elles par un espace de quatre pas et demi seulement.

sont trop enfoncés. La vue que l'on découvre du château est vaste; les montagnes, quoique arides, forment de belles lignes; les vallées qui s'étendent derrière Smyrne du côté de l'est, et où la plupart des négocians ont des maisons de campagne, sont cultivées avec soin et tapissées de prairies. La mer, couverte de bâtimens de guerre et de navires marchands, forme une immense nappe aux pieds du spectateur : les champs des morts, avec leurs longues allées de cyprès, occupent le premier plan du tableau. Du haut de l'une des plate-formes du château, on aperçoit dans la direction Sud une autre vallée, étroite et fertile, qu'arrose le Mèles, sur les bords duquel on assure qu'Homère reçut le jour. Cette rivière passe sous un aqueduc antique, bien conservé et d'une structure assez élégante; partout de grands arbres la couvrent de leur ombre: après plusieurs détours, elle vient couler sous le pont des caravanes, où l'on voit arriver sans cesse les marchands qui apportent à Smyrne les riches toisons d'Angora, les tapis et la soie de Perse.

Suivant plusieurs auteurs, Smyrne est située en partie sur l'emplacement qu'elle occupa lorsque Lysimaque en réunit les habitans dispersés depuis la destruction de la ville ancienne par les Lydiens. Le panorama que je découvrais du château me porta à comparer la Smyrne moderne avec les descriptions que les auteurs nous ont laissées de la Smyrne antique. A mes pieds s'étendait une cité vaste et commerçante ; mais je n'y retrouvais plus de vestiges de sa magnificence si vantée. Des passages étroits et mal alignés, des maisons construites sans solidité, ont remplacé ces rues larges, ornées d'arcades élégantes, où s'élevaient jadis le temple de Mars, l'homérium, le gymnase, la bibliothèque, le cirque, et le théâtre d'où l'on dominait à la fois la ville et le golfe. La comparaison n'était pas favorable aux modernes. Au reste, il en est ainsi de toutes celles que l'on peut faire dans le Levant ; car c'est un pays dont les souvenirs sont le plus grand charme.

M. l'amiral de Rigny m'a reçu avec beaucoup de bonté ; grâce à son obligeance, j'espère avoir bientôt l'occasion de me rendre en Égypte : cependant, étant obligé d'attendre qu'elle se présente, je me suis décidé à visiter pendant l'intervalle les lieux remarquables du voisinage. Au moment où je vous écris, nous venons de terminer un petit voyage à Scio : nous nous y sommes rendus par mer dans un caïque turc, en traversant le golfe de Smyrne dans sa plus grande longueur. Je me suis arrêté pendant quelques heures au bourg et aux îles d'Ourlac[1]

---

1 Les principales portent les noms d'îles Saint-Jean, Nérisle, Vourlali ou des Perdrix, et d'île longue ou Kiuslin, qui se nommait jadis Drymusa et fut vendue à Clazomène par les Romains : elle était très-peuplée.

ou Vourla, qui forment un petit archipel à huit lieues de la ville. Les excellentes sources d'Ourlac sont connues des mariniers; les navires y font tous leur provision d'eau. La baie d'Ourlac a été autrefois le port de la célèbre ville de Clazomène, l'une des douze de la confédération ionienne; il n'en existe plus de traces : quelques voyageurs ont cru retrouver son nom dans celui de Kelisman, village qui est situé sur le rivage.

Il nous fallut encore près de quatre heures pour doubler Kara-Bouroun, l'ancien cap Malæna; nous entrâmes alors dans le large canal qui sépare Scio de la terre ferme, et commençâmes à longer l'île. Ce détroit est un des plus beaux de l'Archipel. Des montagnes plus hautes encore que celles de Mételin s'élèvent sur ses rivages. La chaîne jadis connue sous le nom de *Mimas* dessine ses masses grandioses du côté du continent: plus loin le mont Corycus, au pied duquel existait le port de Castites, se perd à l'horizon. Cependant la côte de Scio ne me parut pas comparable aux hauteurs à la fois riches et imposantes de l'antique Lesbos. Laissant à notre gauche le cap et le village d'Érithrée, bâti sur l'emplacement de la ville du même nom, nous continuâmes à nous avancer vers la capitale de l'île. A peu de distance d'Érithrée se trouve Tschesmé, construite sur le penchant d'une colline, au fond d'une baie. Elle a remplacé la ville de Cyssus. Nous débarquâmes au bourg de Scio, construit au pied de la montagne sur laquelle s'élevait l'ancienne Chios; deux châteaux-forts le dominent. Le port, peu spacieux, peu profond, et embarrassé de récifs, ne reçoit que de petits bâtimens : la sortie en est difficile; les grands navires mouillent dans une rade ouverte extérieure.

Je ne puis vous exprimer la tristesse profonde que j'éprouvai au moment où je mis pied à terre à Scio.

Cette ville, riche et florissante il y a peu d'années, est aujourd'hui le séjour de la misère, et n'offre plus, en grande partie, qu'un amas de décombres. Partout on retrouve les traces hideuses des cruautés qui ont ensanglanté le sol de l'île. La destruction qui marche à la suite du temps inspire des pensées douces et mélancoliques; elle rappelle que tout ce qui est l'ouvrage de l'homme est périssable : les ravages produits par les fureurs de la guerre et de la vengeance ne peuvent faire naître d'autres sentimens que le dégoût et l'horreur. Les Sciotes de nos jours étaient les plus efféminés et les plus timides des Grecs. De riches négocians s'étaient établis dans l'île, et y vivaient avec le plus grand luxe. Les classes inférieures coulaient leur vie dans une heureuse insouciance, s'occupant de leur trafic et de leurs plaisirs. Dans le commencement de l'insurrection, ils avaient gardé une stricte neutralité, et, malgré les prières et les menaces de leurs compatriotes, ils s'étaient déclarés contre une guerre qui pouvait attirer sur eux l'animosité des Turcs. Aussi les flottes ottomanes ne les avaient jamais inquiétés. Malheureusement un chef Samien arriva dans l'île avec quelques navires et des troupes de débarquement; il marcha sur le principal fort, occupé par une garnison musulmane. Les Sciotes, oubliant leurs précédentes résolutions, passèrent subitement de l'apathie à l'enthousiasme et se joignirent aux Samiens. La citadelle fut enlevée et la garnison entière passée au fil de l'épée. Dès-lors les Mahométans ne songèrent plus qu'à se venger. Bientôt leur flotte se présente devant le port, les troupes de Samos regagnent lâchement leurs vaisseaux, et abandonnent les Sciotes à leur affreuse destinée. Les principaux négocians et les magistrats implorent vainement la clémence du capitan-pacha, en protestant de leur innocence pendant l'insurrection et de leur soumission à la Porte. La vengeance des Orientaux est terrible, les massacres commencent. Le nom de Mahomet et des cris de fureur se mêlent à ceux de désespoir et de mort : le carnage dure deux jours entiers. Depuis cette époque épouvantable Scio est presque déserte : les faibles débris de sa population se sont réunis de nouveau, mais il faudra de longues années pour rendre à l'île son ancienne prospérité.

Plusieurs chaînes de montagnes la traversent dans toute sa longueur, et y forment de délicieuses vallées ; les collines y sont couvertes, comme autrefois, de vignobles, d'orangers et de mûriers, de chênes et de lentiscus. Les femmes y ont conservé leur réputation de beauté ; on y retrouve ces traits charmans, ces lignes gracieuses qui ont pu servir de modèle aux Zeuxis, aux Phidias et aux Praxitèle. Cependant le costume des Sciotes n'est point avantageux, les tailles de leurs robes, plus courtes encore que celles des autres Grecques, leur donnent l'air d'être contrefaites.

Les hautes montagnes de Scio sont en presque-totalité formées d'immenses blocs de marbre gris veiné de blanc : leur extrême aridité semble prêter un charme de plus aux vallées et aux collines qui s'étendent à leurs pieds. La principale production de Scio est la résine du lentisque, arbrisseau qu'on y cultive avec beaucoup de soin et en très-grande quantité : des campagnes entières en sont couvertes. Le mastic qui en découle se vend fort cher; les femmes, en Orient, le mâchent sans cesse pour conserver une haleine douce et agréable[1]. La cire, l'huile, le vin, les fruits, surtout les oranges et

---

1 Le Grand-Seigneur prélève annuellement un tribut en mastic à Scio. On ne peut vendre une once de cette marchandise avant que la part du sultan n'ait été faite. Ce tribut est reçu en grande pompe par le gouvernement turc de l'île.

les figues parfumées de cette île, sont également exportées dans tout le Levant. La soie de Scio était très-recherchée dans des temps plus prospères; on y fabriquait des velours et des étoffes de toute espèce : les femmes en faisaient des ouvrages à l'aiguille, et avaient appris à les offrir dans la langue de toutes les nations qui trafiquent dans le Levant. Assises devant les portes de leurs maisons, elles engageaient, avec une modeste gaieté, les étrangers à regarder leurs broderies et leurs tissus.

Aujourd'hui cette population industrieuse a disparu, et l'on ne rencontre à Scio que quelques infortunés échappés au massacre, et qui osent à peine se montrer.

Scio se vantait dans l'antiquité d'être la patrie d'Homère; beaucoup de peuples réclamaient également la gloire d'avoir vu naître parmi eux ce poëte célèbre. A trois lieues du port, on montre, dans la direction Nord, un lieu qui porte le nom d'école d'Homère : nous allâmes le visiter. C'est un rocher dans lequel on voit les traces des siéges qui y ont été taillés. Le centre en est occupé par un petit autel brisé. Un groupe d'arbres magnifiques l'entoure; dans le lointain on aperçoit une rade superbe; aux pieds des spectateurs sont de riantes chaumières entourées de jardins; et du côté opposé s'élève une masse de rochers dont la majestueuse nudité offre à l'œil un rideau des couleurs les plus variées. Ce site enchanteur était digne d'inspirer le cygne de Méonie.

On voit à quelques lieues de la ville, au milieu des montagnes, un cloître fameux, nommé Niamoric, dont la chapelle a été fort riche autrefois : la fatigue m'empêcha d'aller le visiter.

Je suis, etc.

LETTRE XXIV.

De l'Archipel.

Une maladie de mon compagnon de voyage m'a empêché d'aller à Éphèse, que j'avais le dessein de visiter. Nous avons quitté Smyrne aussitôt après son rétablissement : d'ici à peu de jours nous serons en Égypte. Je ne vous ai point parlé, dans ma dernière lettre, de plusieurs îlots qui avoisinent Scio : l'ancienne Psyra, aujourd'hui la triste et infortunée Ipsara, est située à deux lieues au nord-ouest du cap San-Nicolo, le plus septentrional de l'île. On y voit, dit-on, auprès du bourg moderne d'Ipsara, quelques vestiges de son ancienne capitale. L'île ne renferme d'autres villages que son chef-lieu, et n'offre de ressources ni au commerce ni à l'agriculture. On y cultive un peu la vigne; ses habitans n'ont aucune industrie. Le rocher inhabité d'Anti-Ipsara est à une lieue d'Ipsara, et forme, à ce qu'on m'assure, un bon mouillage. Nous traversâmes une seconde fois le canal qui sépare Scio de l'Asie, passant à la gauche des îlots de *Spalinadori*, nommés anciennement *Ænussa*, et des écueils de *Pysargos* ou *Casytes*. Nous doublâmes la pointe méridionale de Scio, appelée cap *Mastico*. A notre gauche s'étendait la baie de *Scala-Nova*, au fond de laquelle sont les ruines d'Éphèse: nous laissâmes du même côté les hautes montagnes de Samos et les rochers de Nicaria. Rarement les sommités de la première de ces îles sont entièrement débarrassées de nuages. La fable rapporte que le père des dieux aimait à y séjourner, enveloppé d'un voile mystérieux, et que de ces monts élevés il lançait ses foudres sur les nautoniers impies.

Je me contenterai de vous donner un rapide aperçu des îles de l'Archipel que je viens de visiter. Ce que j'en ai vu, n'a point répondu à mon attente : il est impossible, à la vérité, de visiter des lieux illustres, qui rappellent de nobles souvenirs, sans éprouver de l'émotion : souvent, dans mes rêveries, je me suis surpris, faisant revivre leurs anciens héros et leurs divinités protectrices, dans les lieux que je parcourais. La réalité et la fiction, le présent et le passé, venaient se confondre dans mon imagination ; mais cette réalité est peu de chose ; l'Archipel dessine en général de grandes masses de rochers arides, presque entièrement dépourvus de culture, et le voyageur qui compte y retrouver les charmes dont la mythologie s'est plu à parer ces îles, est presque toujours déçu dans ses espérances. Le coloris du paysage est admirable, et peut seul faire oublier la monotonie des immenses blocs de pierre que l'on aperçoit de toutes parts. *Tine*, que nous vîmes la première, est peu étendue, mais assez fertile. La rade qui s'étend devant San-Nicolo, chef-lieu de l'île, est peu sûre, et Tine n'a point d'autre port. San-Nicolo est bâti sur l'emplacement de Tenos, l'ancienne capitale, auprès de laquelle s'élevait un bois sacré et le superbe temple de Neptune. Les derniers vestiges du temple et de la ville ont disparu; mais Tine est encore, comme autrefois, riche en productions diverses. Ses montagnes bizarres sont couvertes de verdure, et habitées jusqu'à leur sommet. Dans les vallées qui les séparent on cultive avec soin les mûriers : l'éducation des vers à soie est l'occupation principale des habitans, et les femmes, dont la réputation de beauté surpasse encore celle des Sciotes, travaillent à l'aiguille la soie qu'elles ont dévidée et filée elles-mêmes. Au nord de Tine paraissent les sommités sourcilleuses d'Andros, jadis consacrée au culte de Bacchus.

Miconi est au sud-est de Tine, dont elle est séparée

par un canal qui n'a qu'une lieue et demie de largeur, et dans lequel la mer s'élève avec furie durant les vents du Nord. C'est une île aride; dans l'antiquité déjà elle passait pour pauvre, et on la disait habitée par une race ignorante et avare. Les Grecs modernes de Miconi sont exclusivement adonnés au commerce maritime; leur île renferme les deux ports de Tourlon et de Miconi : ils négligent la culture de leurs terres, qui, en général, sont peu productives. Les ruisseaux sont fort rares à Miconi; durant les chaleurs de l'été les sources même y tarissent. Les perdrix et les cailles, qui faisaient les délices des repas chez les anciens, abondent encore dans l'île. Les insulaires actuels n'ont plus la disposition à devenir chauves, qui, dans l'antiquité, avait fait donner le surnom de têtes chauves à leurs pères.

A une lieue à l'est de cette île s'élève le rocher inhabité de *Tragonisi*, qui offre un bon mouillage. La fameuse Délos, située à très-peu de distance de Miconi, du côté de l'Occident, n'est plus qu'un amas de rochers incultes. Cette petite île, jadis la plus opulente de l'Archipel, offre maintenant le spectacle d'un désert semé de décombres, et sert de lieu de refuge aux pirates grecs : son nom même est perdu, et a été remplacé par celui d'Isdiles. Les merveilles de Délos, son opulence, son architecture si élégante, ont disparu, et les fragmens qui en sont restés, sont journellement employés comme matériaux de constructions modernes. Les débris de statues, de bas-reliefs et ceux du colosse d'Apollon, qui existent encore, sont entièrement détériorés par les eaux de la mer. Délos ne devait jamais être le théâtre des horreurs de la guerre; il était même défendu d'y naître et d'y mourir. Les malades et les femmes en couche étaient transportés à l'île voisine de Rhénée, à laquelle on donne aussi le nom de grande Délos. Cette île, jadis redoutable aux navigateurs, est également aujourd'hui le lieu de retraite des corsaires; elle est inculte comme Miconi : on y voit une quantité de sépultures antiques, et les restes d'un grand édifice construit en marbre de Paros. Le canal qui sépare les deux Délos renferme les écueils de *Rematiari*, dont le plus grand, jadis consacré à Diane, portait le nom d'île d'*Hécate* ou *Bammite*. Au midi de Délos, à la distance de quelques lieues, paraissent les crêtes immenses de Naxie, la plus grande et la plus riche des Cyclades. Sa fertilité lui mérita le surnom de Reine des Cyclades, et la fit comparer à la Sicile. Elle passe pour le séjour le plus agréable de l'Archipel : quantité de familles génoises, vénitiennes, françaises et espagnoles s'y sont établies à l'époque des croisades, et l'on retrouve parmi elles la douceur et la politesse, résultat ordinaire d'une éducation soignée. Les jésuites, qui savaient si bien choisir leurs résidences, avaient fondé un établissement à Naxie. Des magistrats, élus parmi les Naxiens, gouvernent l'île. Les Turcs, quoique souverains du pays, ne s'y sont point fixés. Les montagnes arides qui entourent Naxos garantissent des plaines et des vallées fertiles, qu'arrosent mille ruisseaux limpides, et où croissent abondamment des fruits exquis. Partout s'élèvent des bosquets d'oliviers et de mûriers; des troupeaux nombreux sont répandus dans les campagnes.

Le vin de Naxie, que les anciens comparaient au Nectar, rappelle que Naxos était consacrée au culte de Bacchus.

Cette île n'a point de bon port; elle a deux rades: l'une auprès de sa capitale; l'autre, située du côté du Midi, est connue sous le nom de Port Strongioli; mais les navires n'y peuvent mouiller que durant la belle saison. Un canal très-étroit sépare Naxie de Paros. Les sculpteurs et les architectes de la Grèce employaient le marbre de Paros pour élever aux dieux des statues et des temples. Ce marbre, d'une blancheur éclatante, brillant comme du cristal, n'est plus exploité, et l'on ne parvient aujourd'hui qu'avec une extrême difficulté aux carrières du mont Marpesse, qu'encombrent des fragmens de roches et des terres éboulées. Paros est peu étendue, cependant elle était puissante dans l'antiquité. Cultivée avec soin, adonnée au commerce, à la navigation, et métropole de plusieurs colonies, ses richesses étaient célèbres, et ses habitans jouissaient d'une haute réputation de sagesse. Paréchia s'est élevée sur l'emplacement de l'ancienne Paros, presque en face de la petite île d'Anti-Paros, fameuse par ses grottes magnifiques, que j'eus le regret de ne pouvoir visiter; des circonstances impérieuses m'en empêchèrent. Des fragmens antiques, des débris de colonnes et de bas-reliefs ont été employés dans la construction de Paréchia, et sont confondus sans ordre avec les matériaux les plus vils : ici c'est un chapiteau de colonne destiné à soutenir le toit d'une étable; plus loin, une frise brisée, mêlée à des briques de terre, forme la pierre angulaire d'une muraille; à chaque pas on aperçoit de beaux débris, au milieu desquels les amis des arts trouveraient une foule d'objets encore dignes de leur admiration. Le port de Paréchia est peu sûr; ceux de Marmara, de Trio et de Sainte-Marie, offrent de meilleurs mouillages. Paros renferme encore le grand et beau port de Naussa, que de hautes masses de rochers abritent contre les vents. Les Russes s'y étaient établis, lors de leurs guerres avec la Porte durant le siècle dernier, et en avaient fait le point central de leurs opérations. Au reste, les Albanais, auxiliaires des Russes, venus sous prétexte de délivrer la Grèce, firent bientôt regretter aux Pariens le despotisme musulman, et les vieillards de l'île parlent encore avec amertume des cruautés qu'on exerça à leur égard, dans ces temps désastreux.

Je suis, etc.

LETTRE XXV.

De l'Archipel.

Un vent favorable mène en deux heures de Paros à Siphante, située à l'ouest de cette dernière île. Siphante était connue autrefois sous le nom de Siphnos : ses hautes montagnes renfermaient des mines d'or et d'argent; mais ces richesses enfantèrent les vices les plus honteux. La dépravation des habitans de Siphnos passa en proverbe chez les Grecs, et les dieux, pour punir leur perfidie et la corruption de leurs mœurs, firent engloutir par la mer ces métaux précieux. Aujourd'hui, les mines d'or et d'argent de Siphante demeurent ignorées, ainsi que celles d'aimant, de fer et de plomb qu'elle renferme dans son sein. Ses carrières de marbre ne sont plus exploitées, et la pierre argileuse, dont on se servait pour fabriquer des vases recherchés en Grèce, ne s'y trouve plus.

Cependant Siphante, dont les campagnes fleuries et les fruits délicieux étaient célèbres dans l'antiquité, est une des îles les plus pittoresques de ces parages. Quelques monastères grecs sont bâtis sur le revers de ses fertiles coteaux, et ses habitans passent pour doux et hospitaliers : ils s'occupent principalement de l'éducation des vers à soie, et exportent du coton, de l'huile et de la cire. Leur petite capitale se nomme Seraï ; elle est bâtie presque au sommet d'un rocher très-escarpé, au pied duquel s'étend une anse peu sûre. Serpho, que nous vîmes ensuite, du côté du Nord-Ouest, présente un amas de rochers rougeâtres, et est presque inhabitée. Nous laissâmes à notre droite *Thermia*, nommée plus anciennement *Cythnos*, fameuse par ses pâturages et ses eaux thermales, et consacrée au culte d'Esculape, qui y opérait des cures merveilleuses. A notre gauche s'étendait Syra, l'antique Syros, peuplée aujourd'hui de familles catholiques latines, et où réside un évêque de la même religion. Au nord-ouest de Syra est la petite île de Joura, connue jadis sous le nom de *Gyaros* : son sol ingrat ne produit que quelques fruits de mauvaise qualité. L'île de Zéa, située à l'ouest de la précédente, est au contraire très-fertile ; elle renferme des prairies, et produit de l'huile et des fruits excellens : son chef-lieu est assez commerçant ; des montagnes pittoresques le dominent. Du reste, l'aspect de Zéa est à peu près le même que celui des îles grecques les plus favorisées par la nature : il y a en général peu de variété dans les tableaux qu'elles présentent, et, si l'on en excepte Mételin, on n'y trouve point la nature gracieuse qu'on s'attend à rencontrer dans ces lieux trop vantés.

Joulis, construite au pied d'une colline arrosée par une source limpide, était l'antique capitale de l'île. Il n'en existe que quelques débris : Carressus, qui servait de port à cette ville, a disparu également presque en entier.

Il faut actuellement me suivre à Milo, mon cher ami. En quittant Zéa, pour se diriger vers l'Ouest, on aperçoit la petite île Longue; un canal étroit la sépare des rochers de Sunium, appelés aujourd'hui cap Colonne, et qui portent les restes du magnifique temple de Minerve Suniade. Cet édifice était d'ordre dorique, bâti en marbre blanc, et orné d'un péristyle de huit colonnes de front et de treize sur chaque côté. A l'ouest du cap Colonne, les côtes de l'Attique et de l'Argolide dessinent le beau golfe d'Athènes, au centre duquel est l'île d'Égine, fameuse par son temple de Jupiter, et où réside aujourd'hui le gouvernement provisoire de la Grèce. Éleusis, le Pyrée, Salamine et Mégare occupent le fond de cette vaste baie : vous concevez le regret que je dus éprouver en voyant devant moi cette terre classique sans pouvoir y aborder; car c'est malheureusement ce qui m'arriva : placé sur le pont du bâtiment, je me soumettais avec peine à la nécessité qui m'entraînait loin de ces lieux que tous mes vœux me portaient à visiter. Cependant je m'en éloignais de plus en plus; bientôt leurs détails se perdirent dans le lointain, leurs couleurs se confondirent avec la teinte violette des vapeurs qui s'élevaient au-dessus de la mer, et le bruit des vagues qui venaient se briser contre les flancs de notre vaisseau semblait favoriser ma pénible rêverie. Nous dirigeant vers le Sud, nous laissâmes à notre droite Hydra et Spezzia, et le golfe de Napoli de Romanie; bientôt nous aperçûmes devant nous les masses bizarres des deux Milo.

Nous passâmes d'abord auprès d'Anti-Milo, rocher colossal qui sort du sein des eaux et s'élève à pic jusque dans les nuages. Il est inhabité. Les auteurs anciens parlent de Milo comme d'une des îles les plus fertiles de la mer Égée. On n'y rencontre plus d'autres traces de la fécondité de son sol, que quelques oliviers, quelques champs de coton et de vignes, qui sont plantés en terrasses au milieu d'une nature désolée. Milo est la plus singulière des îles grecques; c'est un monstrueux assemblage de rochers dentelés, les pointes énormes des Ananiez, du cap Vani et du mont Saint-Élie s'élèvent les unes à côté des autres. Dès qu'on aborde à Milo, on voit que cette île est une production volcanique, et que des feux souterrains la consument encore : ses montagnes ne ressemblent à aucune de celles qu'on voit ailleurs ; c'est un chaos, un amas de pierres bouleversées, entassées sans ordre les unes sur les autres à de prodigieuses hauteurs : la nature y semble déchirée, calcinée ; des blocs informes de pierres ponces, répandus dans la campagne, paraissent y avoir été lancés par l'éruption d'un volcan : le soufre abonde dans l'île. On y trouve de nombreuses sources thermales. L'alun, qu'elle fournissait jadis en grande quantité, et qu'on estimait le meilleur après celui d'Égypte, n'est plus exploité aujourd'hui. On affirme cependant que le terrain de Milo est très-fertile, et que, si ses campagnes étaient cultivées, elles seraient fécondes en productions de tout genre.

La capitale de Milo, située dans une plaine non loin du port, n'est plus qu'un amas de décombres ; quelques pauvres familles grecques y habitent encore, et luttent contre les miasmes sulfureux et méphitiques qui ont rendu dangereux le séjour de la ville et l'ont peu à peu changée en désert. La mauvaise qualité de l'eau a contribué également à la dépeupler, en faisant naître des fièvres et des pleurésies parmi les malheureux qui continuent à y demeurer en dépit de la nature. Milo était une ville bien bâtie ; les Grecs y ont plusieurs églises, mais les capucins ont quitté le couvent qu'ils y possédaient, et le vicaire catholique qu'on y nommait a suivi ses ouailles à l'Argentière. On m'a assuré aussi qu'il existait auprès de la ville de Milo, il y a vingt ans, une ouverture dans la terre, d'où sortaient des vapeurs si dangereuses que les animaux, placés à l'entrée de ce trou, y périssaient au bout de peu de minutes. Cette ouverture a été bouchée depuis; mais l'air de Milo continue à être insalubre. Sans doute ces exhalaisons infectes ont d'autres issues, qui ne sont point connues. Une abondante source d'eau bouillante coule du sommet d'une colline, à une demi-lieue de la ville; les bâtimens ruinés qui l'entourent servaient jadis à loger les malades qui venaient prendre des bains à Milo. L'eau de la source descend sous terre vers le rivage; on la retrouve au fond du port : elle y arrive très-chaude encore, et y répand une forte odeur de soufre. Ces bains étaient rénommés aux temps des Grecs anciens : ils y envoyaient leurs malades. Milo jouissait alors d'une réputation égale sous le rapport de la salubrité, des agrémens et de la fertilité.

Près de cette source est une caverne dont les parois sont de pierre tendre et couvertes de cristaux de nitre; au fond de la grotte est un petit lac d'eau tiède, dont les bains sont recommandés aux personnes qui souffrent de rhumatismes et de maladies de peau.

Des catacombes avoisinent le port : elles sont creusées dans le roc à une profondeur assez considérable; on y entre avec une grande difficulté, et on n'y parvient qu'en se traînant à travers des monceaux de pierres sur les mains et les genoux. Une rampe, taillée en spirale, mène aux principales de ces galeries souterraines, qui sans doute ont été autrefois des lieux de sépulture; de petites entailles pratiquées le long de la rampe semblent avoir été destinées à supporter des lampes. La construction de ces catacombes a dû exiger beaucoup de temps et de peine, mais elle n'a, du reste, rien de remarquable; elles ne renferment aucun fragment d'inscription ni de sculpture; les proportions en sont mesquines et n'ont point le grand caractère qui distingue d'ordinaire les ouvrages antiques.

D'autres catacombes encore se trouvent dans le voisinage de la ville; elles sont moins étendues que celles dont je viens de vous parler; cependant elles me parurent plus dignes de remarque. Une salle assez spacieuse en occupe le fond; plusieurs cellules l'entourent : on y arrive après avoir marché pendant un instant sur un plan incliné et franchi quelques larges degrés. Les parois du rocher qui forme ce souterrain présentent à peu près l'apparence de la pierre ponce, et semblent calcinées; on n'y peut pénétrer sans voir les effets de l'immense incendie intérieur qui a travaillé le sol de Milo: les sources thermales de l'île, les miasmes, qui en rendent plusieurs parties mal-saines et presque inhabitables, prouvent évidemment que son action n'a point cessé.

Le port de Milo passe pour l'un des plus beaux de la Méditerranée; il pourrait contenir une flotte nombreuse. Le mouillage y est excellent; son entrée est tournée vers le Nord-Ouest : elle est fort spacieuse; cependant la baie s'élargit vers le Sud. Les montagnes qui l'entourent plongent perpendiculairement dans la mer; ce sont d'énormes blocs crevassés, de couleur grisâtre, sur lesquels on aperçoit des ronces et quelques arbustes noueux, presque dépourvus de verdure; des chèvres, suspendues en quelque sorte au-dessus de l'abîme, grimpent sur les hauteurs pour brouter cette maigre pâture. En entrant dans le port, on voit à droite le cap Vani, masse immense, contre laquelle les vagues se brisent avec furie pendant les tempêtes, et qu'une étroite corniche de rochers réunit à l'île même. Le cap Lakida, moins remarquable que le précédent, forme l'entrée de la baie de Milo du côté opposé. Les promontoires de San-Dimitri et de Bombarda sont au Sud, à peu de distance de ceux que je viens de vous nommer. Le dernier, haute montagne de forme conique, porte sur sa pointe la plus élevée le village de Sifour, dont la position peut être comparée à celle de Gibraltar, et qui par cela même est à l'abri des pirates qui infestent ces parages. J'y arrivai avec une peine infinie, gravissant des masses de pierres escarpées qu'éclairait le soleil éblouissant du Midi. J'entrai dans un village de pauvre apparence, qu'entourent des murailles presque détruites : elles lui ont valu le nom de Castro[1] (château, forteresse). Au reste, adossées les unes contre les autres sur la pointe étroite d'une des principales hauteurs de l'Archipel, les maisons de Sifour présentent l'aspect d'un fort inexpugnable; ces frêles habitations sont bâties au bord même de l'abîme, et les murs de la plupart d'entre elles semblent par leur position faire partie de la masse qui les soutient. Sifour ne ressent point l'influence des vapeurs qui désolent les parties basses de Milo : les plus habiles pilotes de l'Archipel habitent ce village. La vue que l'on y découvre est admirable; l'œil embrasse à la fois presque toutes les îles de la Grèce : elles semblent des montagnes flottantes au milieu des vagues de la mer Égée. Les unes se voient à peu de distance, les autres se perdent dans le lointain, et dessinent leurs lignes grandioses sur l'horizon. Au Nord j'apercevais les hauteurs d'Athènes, d'Argos et de l'antique patrie des Spartiates; au Midi, les montagnes de Crète m'apparaissaient comme un nuage transparent qui s'élève dans le lointain.

Plusieurs auteurs, d'après l'opinion généralement

---

1 On le lui donne aussi habituellement que celui de Sifour.

adoptée, que les anciennes habitations de l'Archipel étaient souvent construites dans des lieux d'un accès difficile, croient que Sifour occupe l'emplacement de la ville de *Mélos*. En effet, les ruines que l'on rencontre fréquemment aux environs du village semblent donner quelque poids à cette assertion; on y voit des débris de murailles, de colonnes et de catacombes: les fouilles peu nombreuses que l'on a faites dans son voisinage, et en général dans l'île de Milo, ont été fructueuses; la belle statue qu'on y a déterrée, il y a peu d'années, et qui porte aujourd'hui au Louvre le nom de Vénus de Milo, engagera sans doute à y faire de nouvelles recherches, lorsque le calme sera rétabli dans l'Orient.

Sifour renferme les meilleures sources de l'île, et non loin du village il en est une assez remarquable; ses eaux tièdes sont purgatives et d'un goût très-désagréable : les habitans en font usage dans leurs maladies.

En redescendant vers le port, on arrive à l'ancien théâtre de Milo, dont on reconnaît parfaitement la forme et la destination, mais qui d'ailleurs est complétement dégradé.

Les deux petites îles de Polivo et de l'Argentière, situées au nord-est de Milo, en sont séparées par un canal assez large. Je vous parlerai d'abord de l'Argentière : en y arrivant on ne découvre aucune trace de culture ou d'habitation ; une haute montagne, entièrement dépouillée de verdure, cache le village de l'Argentière, le seul qui soit dans l'île. L'anse étroite de San-Nicolo, qui est en face de ce village, ne peut recevoir que les petits bateaux du pays ; elle doit son nom à une chapelle dédiée à S. Nicolas, fort révéré par les Grecs : excepté ce petit bâtiment, la côte ne présente que le monotone aspect de roches désertes.

Le village d'Argentière, dont je viens de vous parler, est dans une position assez semblable à celle de Sifour ; on y monte par un sentier très-difficile, et on n'est nullement dédommagé de la peine qu'on se donne pour y parvenir. Ce bourg, qui a été bâti vers le milieu du 17.e siècle, consiste en quelques habitations mal construites ; les murailles qui l'entourent et que flanquent deux portes, lui ont fait donner le titre de ville. Je n'ai point vu dans tout le Levant d'aussi misérables maisons : elles sont petites, basses, obscures, sans fenêtres, sans planchers, et quelquefois même sans portes ; de mauvaises claies en bois, couvertes de terre battue, forment des terrasses au-dessus de ces huttes et y tiennent lieu de toiture. L'intérieur en est de la plus dégoûtante mal-propreté, et l'on y est dévoré par la vermine. La seule rue du bourg est aussi sale que ses maisons ; c'est une espèce de rigole non pavée, remplie de boue et d'eau de pluie qui s'écoule dans les rez-de-chaussée des habitations voisines. On montre auprès de l'Argentière les ruines d'un couvent que les capucins y ont possédé autrefois, et qui est abandonné depuis assez long-temps.

Les habitans sont obligés de tirer leurs vivres des îles voisines. Leur sol stérile et aride ne produit que quelques figuiers et un petit nombre de vignes, de cotonniers, de lentisques et de safran: du reste, l'Argentière ne présente qu'un amas de rochers; nulle part la verdure n'y égaye la vue: les oliviers qui y croissaient autrefois, ont été détruits pendant les guerres des Vénitiens avec les Turcs; on ne les a plus replantés. Les troupeaux même sont chétifs comme tout ce que produit cette île malheureuse: ils n'ont, pour se désaltérer, qu'une espèce d'étang bourbeux. L'Argentière est entièrement dépourvue de ruisseaux et de fontaines.

Les Grecs donnent aujourd'hui à cette île le nom de Kimoli, qui rappelle son nom antique de Kimolos. Des auteurs anciens l'appellent également l'*île aux vipères*: en effet, ces reptiles y abondaient, dit-on, dans des temps où les hommes ne s'y étaient point encore fixés. Son nom moderne lui vient des mines d'argent qui y ont été découvertes, et dont actuellement la position même est ignorée. Plusieurs essais ont été faits pour les retrouver; ils ont été infructueux, ou du moins les filons d'argent que l'on a rencontrés étaient trop faibles pour couvrir les frais de l'exploitation.

L'Argentière produit de la terre *cimolée :* les insulaires se servent de cette substance grasse et argileuse pour laver leur linge; elle leur tient lieu de savon. L'endroit où on la recueille est appelé Tsinnias; j'en ai fait dissoudre dans de l'eau, et l'on m'a fait remarquer qu'elle se fondait plus facilement dans l'eau de mer que dans celle de source. Elle forme une écume savonneuse, que les anciens employaient dans la médecine : on se contente de prendre la terre déjà battue et pénétrée par les vagues; car, quoiqu'une grande partie de la montagne de Tsinnias soit composée de cette même argile, on n'en recueille jamais au-delà du point que la mer peut atteindre : on en fait des pains qui sèchent au soleil, et qui sont ensuite exportés dans les îles voisines. Elle est d'un bon usage pour faire disparaître les taches de graisse, pour coller et blanchir les cuirs.

L'Argentière présente tous les indices d'une grande combustion intérieure : les traces de feux souterrains, les pierres calcinées et les sources bouillantes y abondent, comme à Milo.

Je ne pourrais que vous répéter ici ce que je vous ai dit précédemment à ce sujet; c'est absolument le même tableau sur une moindre échelle.

Les eaux thermales sont ici d'une chaleur extrême, et se trouvent vers le Nord-Ouest, très-près du rivage, dans l'endroit le plus solitaire et le plus désolé de l'île. Leur goût est nauséabond et très-âcre : elles sont d'une très-grande efficacité dans les maladies rhumatismales et les affections goutteuses. Les Grecs en font usage d'une manière assez singulière; ils y trempent des linges, qu'ils appliquent ensuite sur la partie malade. Ils assurent, avec leur exagération ordinaire, que l'usage de ces eaux guérit en un jour les maladies les plus invétérées; et que, pour être à l'abri des rechutes, il suffit de jeter dans la source une partie quelconque des vêtemens que l'on portait en y arrivant. Non loin de là, dans la direction Nord, est une lagune solitaire qui répandait jadis une vapeur infecte, et porte le nom de *Vromo limno* (lac puant) : elle est entourée de plusieurs cavernes taillées dans le roc, et qui semblent avoir été habitées. Au fond de l'une de ces cavernes est une fontaine; mais cette source, la seule abondante de l'île, est trop éloignée du village pour être de quelque utilité.

La montagne qui est au nord du Vromo limno, battue sans cesse par les vagues et composée d'une pierre calcaire très-molle, s'est fendue dans toute sa hauteur. La moitié en a été entraînée par la mer; la partie qui en est restée présente un parvis perpendiculaire, au pied duquel est une colline couverte d'une terre excellente : la végétation y est plus belle qu'en aucune autre partie de l'île, et sans doute elle serait très-propre à la culture; cependant ce canton est absolument inhabité.

L'Argentière renferme, outre la baie de San-Nicolo, deux anses, qui ne sont fréquentées que par les petites barques du pays : la plus voisine de San-Nicolo en est à la distance d'une lieue, et porte le nom de Séniena. La côte y est déserte et hérissée de rochers presque impraticables : la plus éloignée de ces anses est sur le rivage oriental de l'île, et s'appelle Prase : les eaux y sont profondes; elle renferme un îlot stérile. Une montagne assez élevée en occupe le fond; plusieurs grottes y ont été creusées : l'une d'elles est spacieuse et murée à son extrémité. Les habitans affirment que le mur a été élevé pour empêcher les troupeaux de s'égarer dans un labyrinthe souterrain, auquel cette grotte servait d'entrée.

L'industrie des gens de l'île se réduit à fort peu de chose : les femmes filent ou tricotent des bas de coton; les hommes naviguent dans l'Archipel, ou se livrent à la pêche.

Passons maintenant à *Polivo*, qui n'est qu'à une petite demi-lieue de l'Argentière, dans la direction Est, et porte également le nom d'île brûlée, depuis que les Vénitiens, en guerre avec les Turcs, détruisirent ses riches plantations d'oliviers. Elle est peu habitée, et appartient en grande partie aux Milotes et aux habitans de l'Argentière, qui y possèdent d'assez beaux troupeaux. Cependant son sol est fertile, quoique rocailleux, et paraît propre à toute espèce de culture.

Nous vîmes au sud-est de Polivo, et à la distance de huit lieues environ, la triste Policandre, l'ancienne Poligandros, à laquelle son sol rude et pierreux avait fait donner l'épithète de *ferrea*. Elle n'offre aucun mouillage; sa population est pauvre, peu nombreuse, et habite un village de la plus misérable apparence, bâti au pied d'une masse de rochers. L'île ne produit qu'un peu de vin, de blé et de coton : ses habitans s'occupent de la chasse, et conservent dans du vinaigre les oiseaux de passage, surtout les tourterelles, qui, dans leurs émigrations régulières, s'arrêtent chez eux deux fois par an.

L'île de Sikino, appelée jadis Sycinos, est à l'est de la précédente. Elle n'est pas plus étendue que Policandre, dont elle est séparée par un large canal : on croit que ces deux îles n'en formaient autrefois qu'une seule. Au milieu du bras de mer s'élève un récif consacré à la Sainte-Vierge : on y a construit une petite chapelle fort révérée par les Grecs du voisinage. Sikino est plus fertile que Policandre; elle produit un vin estimé, qui lui fit donner dans l'antiquité le surnom d'*Œnoé* (île aux vins). Sa capitale se présente de la manière la plus singulière : deux rochers, taillés à pic et dominés par des hauteurs plus élevées encore, semblent planer au-dessus des ondes. Sur l'un de ces cônes immenses paraît un village entouré de murailles, et entre les deux masses s'étend une plage sablonneuse et étroite, qui sert de port à l'île.

Nio, antique colonie ionienne, connue jadis sous le nom d'Ios, est au nord-est de Sikino. Les poëtes et les philosophes de la Grèce avaient coutume de venir dans cette île pour y honorer les mânes d'Homère. Le chantre d'Achille, se rendant de Samos à Athènes, expira dans le port d'Ios. La colline sur laquelle est bâti le bourg de Nio est regardée comme l'emplacement de la ville ancienne ; il n'en existe plus de ruines. Nio est montueuse, mais fertile : on y cultive du blé en quantité suffisante pour la nourriture des habitans et même pour l'exportation ; les lentisques y croissent facilement.

Le costume des Niotes est disgracieux, comme celui des femmes de toutes les îles voisines. La manière dont elles s'enveloppent la tête, leurs vêtemens informes et leurs tailles, qui prennent immédiatement au-dessous des épaules, donnent quelque chose de gêné aux mouvemens du corps, et empêchent que leur beauté, d'ailleurs remarquable, ne brille dans tout son éclat. Elles ont des jupes ridiculement courtes; mais les femmes du Levant ayant l'usage de porter constamment des caleçons, ces robes singulières ne blessent pas du moins la décence.

Je suis, etc.

LETTRE XXVI.

De l'Archipel.

En quittant Nio, on se dirige vers le Midi, et après avoir fait dix lieues environ, on aperçoit au Sud les îles Christian, rochers inhabités, privés de végétation et assez semblables à Anti-Milo. Ces récifs sont au sud-ouest de *Santorin*, nommé jadis *Thera*, et plus anciennement encore Callista (la très-belle [1]). Des feux souterrains et des tremblemens de terre ont opéré dans cette île les changemens les plus remarquables. Il est évident qu'elle formait une masse ronde; aujourd'hui elle présente au contraire la figure d'un arc; sa vaste baie a été autrefois une portion de l'île elle-même. Les flots ont englouti cette partie de Santorin, l'an 237 avant l'ère chrétienne; il n'en est resté qu'un fragment, qui forme une île séparée, nommée Therasia ou Aspronisi. Les Kammènes, ou îles brûlées, qu'on

1 Son nom moderne provient de Sant-Érini (Sainte-Irène), sa patronne.

voit au centre du golfe, sont des productions volcaniques qui ont paru plus tard. La baie est entourée de rochers à pic, élevés à environ trois cents pieds au-dessus du niveau de la mer, et à côté desquels il est impossible de trouver fond. Santorin a été, à diverses reprises, le théâtre d'effrayantes révolutions de la nature. Elle éprouva un tremblement de terre quarante-un ans après avoir été séparée d'Aspronisi : à la suite de cette violente commotion, une nouvelle île s'éleva au-dessus de la mer. Justin parle de son apparition, dans l'origine elle fut appelée *Hiera* (sacrée) et vouée à Pluton : sa composition lui fit donner plus tard le nom de Kammeni ou *brûlée*. En 1473, une nouvelle île, à laquelle on donna le nom de petite Kammeni, parut subitement à côté de celle d'Hiera. Enfin, la troisième Kammeni se montra en 1707. Vous trouverez dans la note ci-jointe les détails que contient à ce sujet le manuscrit d'un témoin oculaire.[1]

---

1 Je dois ce manuscrit, écrit en italien et non encore publié, à l'obligeance de M. Fischer, négociant à Smyrne.

Le 8 Mai 1707, à midi, on ressentit à Santorin une secousse de tremblement de terre : elle se répéta à deux reprises; cependant les insulaires, habitués à de semblables phénomènes, y firent peu d'attention. Le 12 Mai, de grand matin, les premières pointes de l'île naissante parurent entre les deux Kammènes, plus près de la petite que de la grande, à un endroit

La nouvelle île Kammeni est composée en entier de pierres ponces et calcinées, noires ou rougeâ-

---

où la mer n'avait que huit brasses de profondeur. Quelques pêcheurs, apercevant ces roches, s'imaginèrent que c'était un vaisseau naufragé, et voulant profiter les premiers de ses débris, ils y allèrent en toute hâte, et trouvèrent, au lieu de ce qu'ils s'attendaient à rencontrer, quelques pierres noires et calcinées; ils retournèrent très-effrayés à Santorin pour y publier ce qu'ils venaient de voir. La terreur y fut générale; cependant deux jours pleins s'étant écoulés sans aucun accident, les habitans les plus hardis du village se rendirent au nouvel écueil; ils le parcoururent en tout sens et y remarquèrent une espèce de pierre blanche, très-molle, et ayant absolument l'apparence du pain de froment: une quantité d'huîtres fraîches étaient attachées aux roches. Ils y étaient depuis une heure, lorsqu'ils sentirent l'île se mouvoir sous leurs pieds; la mer commença en même temps à bouillonner; la nature entière semblait s'ébranler. Ils sautèrent en toute hâte dans leur barque et regagnèrent le rivage. En même temps des pierres énormes, des bancs d'huîtres et de coquillages, lancés du fond de la baie, se joignirent à l'écueil nouvellement créé, qui, s'élevant à vue d'œil, atteignit en peu de jours une hauteur de vingt pieds au moins, et le double de largeur. Son mouvement de croissance n'était pas égal; souvent même il diminuait d'un côté en augmentant de l'autre; des rochers, qui avaient déjà paru, s'engloutissaient de nouveau et faisaient place à d'autres masses, qui disparaissaient à leur tour. Pendant ce temps, la petite Kammène se fendit dans toute sa longueur; les eaux du golfe de Santorin changèrent plusieurs fois de couleur; elles devinrent vertes, rougeâtres, jaunes et enfin blanches; une odeur sulfureuse infecte s'en exhalait; des vapeurs épaisses sortirent du fond de la mer, se portèrent à sa surface et y firent périr toutes les créatures vivantes.

tres; elle a environ cinq milles de tour, et au moins un mille dans sa plus grande largeur : la hau-

---

Le 2 Juillet, d'énormes pierres sortirent du sein des eaux à un endroit où jusque-là on n'avait point trouvé de fond; elles se réunirent, s'entassèrent et formèrent deux écueils nouveaux, auxquels leurs couleurs différentes firent donner les noms d'île blanche et d'île noire. Elles s'augmentèrent rapidement, l'île noire surtout; chaque jour de gros rochers s'y joignaient. Une fumée épaisse et blanchâtre sortit des rochers noirs le 5 Juillet; quelques jours plus tard, des langues de feu s'élevèrent du milieu de cette fumée. La vapeur formait une colonne que l'on apercevait de Naxie et des autres Cyclades. Pendant la nuit la flamme se voyait jusqu'à vingt pieds au-dessus des rochers : une écume rougeâtre couvrait la mer. Ces exhalaisons méphitiques se portèrent sur Santorin; une putréfaction affreuse se répandit sur l'île : elle dura trente-six heures; un vent du Sud-Ouest la dissipa, mais les arbres et les vignes en furent abîmés. Beaucoup de personnes souffraient de violens maux de tête, accompagnés de vomissemens; les îles voisines essuyèrent des ravages semblables; cependant une cendre fine se répandit en même temps sur la contrée, engraissa la terre et augmenta de beaucoup le produit des récoltes.

Vers la fin du mois de Juillet, la mer elle-même commença à bouillonner et à jeter de la fumée en deux endroits peu éloignés de l'île noire. On ne cessait d'entendre en même temps des bruits tantôt sourds, tantôt semblables au fracas du tonnerre; deux longues lames de feu s'élevèrent du sein de l'île noire et disparurent presque au même instant. Le 1.er Août, la colonne de fumée devint noir-bleu, de blanche qu'elle était auparavant, et malgré un vent du Nord très-frais, elle s'éleva à une prodigieuse hauteur. L'éruption continua avec violence jusqu'au 9 Septembre; quelquefois elle présentait le spectacle

teur de son volcan est d'environ trois cents pieds; à sa partie méridionale est un port qui peut recevoir de petits bâtimens. Il a onze brasses à l'entrée, six au milieu; son fond est de sable mêlé à quelques pierres. L'île a pris pendant long-temps, à sa partie nord-ouest, un accroissement continuel; tant qu'il a duré, l'eau de la mer y est restée chau-

---

d'un magnifique feu d'artifice. Pendant la journée du 5 Septembre, la flamme s'élança trois fois, semblable à une énorme fusée; durant la nuit, de longues gerbes de feu s'élevaient et retombaient en pluie de feu sur l'île noire. Les îles blanche et noire avaient augmenté jusqu'alors, chacune séparément, et quelques autres îles noires s'étaient formées à petite distance de la première. S'étant étendues, chacune de son côté, elles se touchèrent et ne firent plus qu'un même corps, dont peu à peu la première île noire devint le point central.

Le 12 Septembre, le fracas souterrain redoubla; il était semblable à une décharge générale d'artillerie: en même temps les cratères de la nouvelle île lançaient des pierres rougies par le feu, d'une grosseur extraordinaire; des nuées de cendre, lancées dans les airs, retombaient en pluie fine jusqu'à la distance de vingt-cinq milles de Santorin. Cette cendre blanche et un peu rude au toucher pétillait légèrement lorsqu'on la jetait dans le feu, sans cependant produire de flamme.

La journée du 18 Septembre fut plus orageuse encore; la violence des coups souterrains menaça de ruiner les maisons du village de Scaro; d'immenses nuages de fumée s'élevèrent; de grosses pierres enflammées roulaient de tous côtés: un tremblement de terre, qui semblait devoir ébranler Santorin jusque dans ses fondemens, termina cette effrayante journée.

de; aucune barque n'en pouvait approcher : on y trouve aujourd'hui un fond de roches par quatre-vingt-dix brasses de profondeur. Quoique tranquille à présent, l'île nouvelle est regardée par les Grecs comme une production de l'enfer, habitée intérieurement par les démons. Tout ici porte l'empreinte des forces terribles que peut dé-

---

Le 21 du même mois, trois éclairs s'élevèrent du sein même de la petite Kammeni, parcoururent en un clin d'œil tout l'horizon, accompagnés d'un ébranlement qui engloutit une partie du cratère. Quatre jours de repos firent espérer que cette épouvantable convulsion indiquait la fin du phénomène; mais après ce court intervalle le volcan devint plus formidable que jamais, et continua sans relâche ses éruptions jusqu'au mois de Janvier 1708.

Le 10 Février 1708 s'annonça par deux tremblemens de terre, et le volcan de la nouvelle île recommença à agir avec une furie inouie jusqu'alors. Les mugissemens souterrains continuèrent jour et nuit sans interruption ; le feu paraissait en plein midi ; l'énormité des quartiers de rochers, qui étaient lancés à de prodigieuses distances, dépassait tout ce qu'on avait vu auparavant. Ces phénomènes perdirent de leur violence au mois de Mai, et continuèrent jusqu'en 1710, sans être toutefois aussi fréquens ni aussi terribles. Le vent du Sud leur donnait une activité qu'ils n'avaient point durant le vent du Nord. La fumée et le feu allèrent en diminuant jusqu'en 1711. Pendant long-temps on ne put approcher de la nouvelle île; la chaleur y était étouffante, l'eau de la mer même était brûlante. Le 8 Septembre 1711, le volcan parut éteint, cependant jusqu'en 1713 on voyait, durant la pluie, de la vapeur s'élever au-dessus du cratère.

ployer la nature, et qui présagent peut-être de nouvelles catastrophes à Santorin. On y voit un assemblage de pierres calcinées, sur lesquelles la terre végétale n'a pu s'établir : le mugissement des vagues et les cris aigus des oiseaux de mer, auxquels cette roche déserte est abandonnée, sont parfaitement en harmonie avec la scène lugubre qui les environne.

La petite Kammeni est également nue et aride; la grande renferme quelques buissons clairsemés : Aspronisi, au contraire, est tapissée de verdure. Je crois devoir vous envoyer ci-joint une petite carte de la baie de Santorin; je vous en garantis l'exactitude, elle vous facilitera la lecture de ma lettre.

On serait tenté de croire aujourd'hui que le nom de Callista avait été donné à Santorin par dérision; rien ne saurait être plus affreux que l'intérieur de cette île : son aspect est celui d'un lieu entièrement ravagé par un incendie; de hideuses masses de rochers d'un gris noir la ceignent de toutes parts: du côté de la mer, elles sont à peine abordables; à leurs pieds s'étendent des abîmes sans fond : vers l'intérieur, des couches de substances volcaniques leur succèdent: tout y est aride : l'eau et la verdure en semblent bannies. Aussi les habitans de Santorin, quoique peu nombreux, sont obligés de tirer de Namphie ce qui est nécessaire à leur subsistance.

Leur île ne produit qu'un peu de blé, de coton et de vin très-estimé. Les ruines de l'ancienne capitale *Théra* occupent le sommet de la montagne de Saint-Étienne : la ville, bâtie avec magnificence, renfermait, dit-on, un beau temple d'Apollon, à qui l'île entière était consacrée, et un autre édifice voué au culte de Neptune. Santorin compte plusieurs villages, parmi lesquels il en est trois plus considérables que les autres. *Pyrgos*, bâti sur une hauteur au pied de laquelle la mer forme une anse, est l'endroit le plus agréable de l'île. *San-Nicolo* s'élève au faîte de masses calcinées, taillées à pic au-dessus de la mer, et qui semblent prêtes à s'y abîmer. Enfin, *Scaro* est construit sur un cap étroit qui s'avance vers les Kammenis; les rochers qui lui servent de base sont plus déchirés encore qu'aucune autre partie de la côte : le village paraît absolument suspendu au-dessus des précipices qui terminent le rivage; il est dominé lui-même par d'autres masses, dont la chute l'écraserait.

La population de l'île est entièrement chrétienne, grecque ou latine : les jésuites et les capucins y ont eu des établissemens abandonnés aujourd'hui.

A l'est de Santorin se trouve Namphie : elle a tout au plus sept lieues de tour; son territoire est fertile en plusieurs parties, cependant on y remarque des montagnes nues, des rochers crevassés et arides, des traces évidentes d'éruptions. Membliaros le Phénicien, compagnon de Cadmus, s'établit dans cette île lorsqu'il poursuivait Europe; il lui donna le nom de Membliare, plus tard elle prit celui d'Anaphe [1] : on le retrouve dans celui qu'elle porte de nos jours. D'après la fable, la foudre fit sortir Namphie du sein des eaux, pour y recevoir le vaisseau des Argonautes qui revenaient de la Colchide, et qu'une tempête furieuse menaçait d'engloutir. Cette tradition repose d'ailleurs incontestablement sur un fait réel, dont les les premiers poëtes et historiens grecs, amis du merveilleux, se sont emparés; et il est hors de doute que Namphie doit son existence à quelque éruption volcanique, de même que plusieurs des îles voisines.

Vers le midi de l'île sont quelques très-faibles fragmens du temple d'Apollon, où se célébraient des fêtes auxquelles présidait le plaisir. Quant aux forêts touffues d'Anaphe, elles ont entièrement disparu.

Namphie renferme un seul bourg, devant lequel s'étend une assez belle rade, protégée par l'écueil de Nanfio Poulo (petit Nanfio). Les perdrix rouges de l'île sont renommées.

Peu à peu les sommets arides du mont Ida s'offrirent à nos regards; nous en approchâmes rapi-

---

1 Ce nom vient du mot grec *anaphaino* (j'apparais).

dement, laissant à notre gauche l'île de l'Ovo, énorme bloc de marbre qui s'élève du sein des eaux. Candie est à vingt-cinq ou trente lieues des dernières îles de l'Archipel.

Je suis, etc.

LETTRE XXVII.

De la Méditerranée.

Candie, célèbre jadis sous le nom de Crète, est, après la Sicile, l'île la plus étendue de la Méditerranée. Les sages institutions de Minos, les richesses de ses cent villes et le courage de ses habitans l'illustrèrent dans l'antiquité; plus tard, elle fut le domaine le plus riche de la république de Venise; enfin, elle devint la conquête des Turcs, à qui elle appartient encore aujourd'hui. La nature a favorisé cette île; le voisinage de l'Europe, de l'Asie et de l'Afrique, et plusieurs bons ports, pourraient, comme autrefois, la rendre le centre d'un commerce florissant. Un printemps éternel y règne; sa population est active, et son sol fertile. Partout on aperçoit au pied des montagnes des plaines riantes ou des vallées plantées d'oliviers, et qu'arrosent une infinité de ruisseaux. Candie, très-montueuse et plus longue que large, se dirige du couchant au levant, tandis que toutes les îles de l'Archipel offrent leur plus grande longueur du nord au midi. D'après les auteurs anciens, Minos avait divisé son royaume en trois parties, et y avait fondé les trois villes de Cnosse, Gortyne et Cydonia. Les Vénitiens, ayant fait l'acquisition de l'île durant le 10.e siècle, la divisèrent en quatre provinces; aujourd'hui elle renferme trois pachalics : un pacha à trois queues réside à Candie et en est gouverneur général; les autres pachas sont à deux queues.

Le cap Spada, la pointe la plus septentrionale de Candie du côté de l'Ouest, forme, avec l'ancien cap Ciamum, qu'on appelle aujourd'hui Melek, la vaste baie au fond de laquelle est la Canée, résidence d'un pacha. On la croit bâtie sur l'emplacement de la riche et belle Cydonie, dont cependant il n'existe plus de vestiges. La ville est assez grande et bâtie d'après un mauvais goût italien; un château la domine : ses fortifications et la jetée qui garantit son port étroit ont été construites par les Vénitiens. Les Turcs, commandés par le capitan-pacha Joussouf, la leur enlevèrent, en 1646, après une vigoureuse résistance de cinquante-sept jours. Quantité de fontaines très-abondantes coulent dans les places publiques de la Canée ; ses vingt-cinq mosquées sont d'anciennes églises chrétiennes. Les îlots de Lazaretto et de Saint-Théodore, sur lesquels on trouve les ruines d'un bâtiment de quarantaine et d'un fort rasé, sont au fond du golfe, à une petite distance de la ville. A l'ouest de la Canée, auprès d'une baie très-resserrée, on voit les débris du bourg de Magnia, qui avait remplacé la ville de Dictynna dont parle Ptolémée. Le cap Buso, la pointe la plus occidentale des montagnes de Grabusa et de Candie, forme un grand golfe avec le cap Spada; l'ancienne Cysamus, qui servait de port à la grande ville d'Aptère, s'élevait au fond de cette baie.[1]

Le promontoire de Melek est à l'est de la Canée. A ses pieds s'étend une plaine bien cultivée; une longue allée de cyprès conduit de cette riante campagne au beau monastère de la Trinité, bâti par les Vénitiens, adossé contre de grandes masses de rochers, entouré de plantations d'orangers et d'oliviers, et à peu près abandonné aujourd'hui. A une demi-lieue de ce couvent on rencontre, en avançant vers l'extrémité du cap, le monastère de Saint-Jean, construit par les Vénitiens comme celui de la Trinité, mais n'ayant jamais été achevé. Lorsqu'on avance davantage encore, les chemins deviennent presque impraticables; on marche sur d'énormes blocs d'un marbre gris très-glissant, dans les crevasses duquel croissent quelques maigres buissons et des plantes grimpantes : à tout instant le sentier

1 Les ruines d'Aptère sont connues aujourd'hui sous le nom de Poliocastro : le bourg de Chyasmo a remplacé Cysamus.

s'arrête au bord d'effrayans précipices, et on plonge à pic sur la mer, qui s'étend au loin sans qu'aucun objet arrête la vue. Un troisième couvent, presque ruiné, et qui porte également le nom de Saint-Jean, est situé au pied des rochers les plus escarpés de cette contrée sauvage. A côté de la chapelle de ce couvent est l'entrée d'une grotte profonde, qui s'enfonce en pente insensible dans la montagne : des colonnes de stalactites de couleur jaunâtre, d'une prodigieuse grosseur, et dans la forme desquelles l'imagination cherche à reconnaître les objets les plus variés, semblent destinées à soutenir les arceaux élégans de cette voûte immense. Un pont bien construit, d'une seule arche, traverse la vallée profonde dans laquelle le couvent de Saint-Jean a été bâti, et réunit les montagnes qui la forment. Un torrent coule avec rapidité au milieu du précipice, et rompt seul le silence qui règne dans cette solitude.

A l'est du cap Melek, on aperçoit celui de Trapani, nommé autrefois *Drapanum :* ces deux promontoires renferment le golfe de la Sude, qui est peu large et s'enfonce fort avant dans les terres : le golfe présente d'excellens mouillages ; c'est un port creusé par la nature, et assez spacieux pour contenir une flotte considérable. Une forteresse, bâtie sur un îlot, au pied de la hauteur de Melek, défend la baie de la Sude, que l'on croit être l'Amphimale[1] des anciens. Les collines qui l'entourent sont nues ; la côte est déserte. Le fond du port de la Sude n'est qu'à une lieue de la Canée ; en sortant de cette ville pour s'y rendre, on traverse le quartier séparé où sont reléguées les victimes de la lèpre (cette hideuse maladie fait encore d'assez fréquens ravages à Candie) ; mais bientôt on entre dans une plaine charmante, couverte de verdure et bien cultivée, qui s'étend jusqu'auprès de la Culate.[2]

Les plaines de l'île de Crète offrent en général un aspect admirable, quoique plusieurs de ses cantons restent incultes, faute d'habitans et d'industrie. Les parties cultivées de l'île présentent les tableaux les plus riches et les plus variés. Des champs couverts de moissons s'étendent arrosés par des ruisseaux, au bord desquels d'antiques platanes forment des couverts de verdure : leurs branches se déploient au loin ; à leurs pieds croît une herbe touffue, émaillée de fleurs : plus loin l'on aperçoit des forêts d'oliviers. Ces arbres, dont les produits sont l'aliment principal du commerce des Candiotes, n'étant point exposés aux accidens qui les font périr dans nos climats plus rigoureux, parviennent à la plus grande vétusté et sont ordinairement chargés d'une prodigieuse quantité de fruits. A

1 Suivant une autre opinion, l'Amphimale est la baie sur les rivages de laquelle s'élève aujourd'hui la ville de Rethymo.

2 On nomme ainsi la côte qui termine la baie de la Sude.

côté de ces belles plantations sont des jardins dont la piquante irrégularité frappe de la manière la plus agréable. La main de l'homme n'y paraît point : ce sont de simples massifs de verdure environnés d'orangers, de citronniers et d'autres arbres fruitiers ; le ciseau respecte leurs branches, qui croissent librement en tout sens, s'entrelacent et sont à la fois chargées de boutons et de fruits. Les fleurs et les légumes semblent croître au hasard au pied de ces arbres ; des sentiers serpentent sans ordre au milieu de cette brillante végétation : nulle part on n'aperçoit de chemin tracé ou aligné ; des accidens heureux ajoutent encore à ce désordre apparent, et en éloignent toute idée d'art. On se croit transporté dans un nouvel Éden, où une nature bienfaisante prodigue sans culture ses dons les plus précieux.

Les Candiotes entendent fort bien l'art d'arroser leurs jardins ; l'eau y est aussi bonne que l'air : de petits canaux s'échappent des ruisseaux ; le myrte, le laurier-rose et d'autres arbrisseaux odorans croissent sur leurs bords, et répandent leurs délicieux parfums. A chaque pas l'on rencontre l'image de l'abondance : de tous côtés croissent naturellement les fleurs et les plantes les plus variées. Les arbres fruitiers d'Europe réussiraient également dans cette île, si les habitans savaient améliorer leurs fruits en les greffant.

Le vin de Candie est excellent, mais très-capiteux. Malheureusement la culture de la vigne a beaucoup diminué ; celle du coton et du mûrier est également négligée aujourd'hui. Candie renferme plusieurs belles forêts ; les sapins, les pins et les cèdres y croissent sur le penchant des montagnes. Au pied du mont *Ida* on recueille le *ladanum*, substance résineuse qui découle du ciste et fait les délices des femmes de l'Orient. Le miel de Candie rappelle que, d'après la mythologie, Jupiter en fut nourri sur le mont Ida. La laine des moutons de cette île alimente son commerce; elle abonde en gibier, et ses côtes sont poissonneuses.

Rethymo est à l'est de la Canée, sur le rivage de la mer ; elle est peu étendue et bien bâtie : l'abondance des cantons qui l'entourent pourrait en faire une place de commerce importante; mais son port, presque ensablé, n'admet plus que de petites barques.

Il en est de même de celui de Candie, capitale de l'île. Les navires n'y peuvent entrer, et sont obligés de mouiller à la distance de quatre lieues, auprès de l'îlot de Standié, l'ancienne Dia. La ville s'est élevée sur l'emplacement d'Héraclée; sa position est riante, comme celle de Rethymo; des collines bien cultivées entrecoupent la plaine qui l'entoure. Candie est bien construite; on y reconnaît quantité de bâtisses qui datent du temps de la domination des Vénitiens : la jetée de l'ancien port de Candie est également leur ouvrage : cette ville renferme une église qu'on assure avoir été bâtie sur le modèle de l'une de celles de Venise. L'aspect de la capitale de l'ancienne Crète annonce une complète décadence; et les maisons en ruines, suite du siége qu'elle soutint pendant vingt-trois ans contre les forces ottomanes, ne sont point encore relevées.

Le petit village de *Cnossou*, peu éloigné de Candie, occupe une partie de l'emplacement de l'ancienne et fameuse ville de Cnosse. Quelques landes, couvertes des décombres de la ville antique, s'étendent auprès de Cnossou, et portent actuellement le nom de Candake : du côté du Midi elles sont dominées par la hauteur d'*Enadieh*, principal retranchement des Turcs durant le siége de Candie. Les derniers vestiges du labyrinthe de Cnosse, célèbre par la fable du Minotaure, avaient déjà disparu du temps de Pline.

L'Ida[1] est situé au sud-ouest des ruines de Cnosse; il forme le point central de plusieurs chaînes de montagnes qui coupent l'île de Candie du nord au sud et de l'est à l'ouest. La montagne se compose en presque-totalité de marbre gris; ses formes sont grandioses : sa base est couverte de verdure; mais elle est elle-même nue et aride. La neige séjourne

1 Les Candiotes le nomment *Upsilorites*.

dans plusieurs gorges de l'Ida, même pendant les plus fortes chaleurs. Une petite chapelle, consacrée à la sainte Croix, a été élevée sur le sommet de la montagne. Au sud-ouest de l'Ida sont les ruines de la ville de Gortyne, dont les richesses et la puissance firent descendre Cnosse au second rang. Près de là on voit des carrières, que le nom de labyrinthe a souvent fait prendre pour le dédale de Cnosse.

L'île de Candie renferme, outre les ruines dont je vous ai parlé, celles de plusieurs autres villes; mais elles sont trop détériorées pour mériter d'être visitées par les étrangers: on ne connaît plus même l'emplacement de Mycènes, de Tégée et de Pergame, qu'Agamemnon y fit bâtir à son retour de la guerre de Troie.

Je ne vous ai point encore parlé d'un port creusé par la nature, aussi vaste que celui de la Sude, et formé, à l'extrémité nord-est de Candie, par les caps Sidero et Salomon. Ses côtes sont désertes et hérissées de rochers: on n'y rencontre que quelques cabanes de pêcheurs et les derniers vestiges d'une ville dont le nom s'est perdu: les Grecs modernes lui donnent simplement celui de Paleo Castro, qui lui est commun avec plusieurs autres débris de constructions antiques.

Le sang passe pour être moins beau à Candie que dans l'Archipel; et l'on assure qu'en général les femmes turques de l'île sont beaucoup plus belles que les grecques : il est difficile de juger de la vérité de cette assertion ; les premières étant constamment voilées. Les Candiotes ont la réputation d'avoir beaucoup d'imagination, d'être menteurs et superstitieux. Leur costume est semblable à celui des Grecs de l'Archipel ; ils paient au gouvernement turc la septième partie de leur revenu. La danse mêlée de chant est encore très-usitée parmi ces insulaires, sous le nom de *romeca ;* elle a quelque chose de lent et de sérieux, et la musique monotone et nasillarde qui l'accompagne m'a paru extrêmement désagréable.

Au midi de Candie se trouvent les montagnes de la Spachie, habitées par un peuple qui n'a jamais été soumis et a conservé plusieurs des usages de ses ancêtres. Bons guerriers et habitués à manier les armes, les Spachiotes se livrent fréquemment au brigandage, et les cantons qu'ils habitent sont dangereux pour les voyageurs. Ils ne se sont jamais mêlés aux divers peuples qui ont eu des établissemens dans leur patrie. Leur langage est plus pur que celui de leurs voisins ; ils ont conservé la pyrrhique, danse dans laquelle les hommes seuls figurent : elle consiste en évolutions rapides, et s'exécute les armes à la main.

Je suis, etc.

LETTRE XXVIII.

De la Méditerranée.

Nous voici en pleine mer, mon cher ami ; le temps nous favorise : nous filons de sept à huit nœuds ; le mouvement égal de notre bâtiment me permet d'écrire et de dessiner : si nous continuons d'avoir le vent favorable, nous serons à Alexandrie demain dans la matinée. Je profite du loisir que me laisse une traversée pendant laquelle nous ne devons plus rien voir d'intéressant, pour vous donner quelques détails sur les usages des peuples dont j'ai fait connaissance dans l'Archipel. Je crois qu'en parcourant le Levant, on s'est en général trop laissé maîtriser par les sensations profondes et pénibles dont il est difficile de se défendre, en voyant des lieux illustrés par de grands souvenirs, où ont existé tant de villes florissantes et d'admirables monumens dont aujourd'hui l'antique splendeur a presque entièrement disparu. Il en résulte qu'entraîné par un sentiment excusable, on n'a rendu aucune justice à ceux qui ont conquis des régions auxquelles la direction même de nos premières études prête un charme indéfinissable; et que, d'une autre part, on a montré sous un point de vue trop avantageux peut-être la nation subjuguée; qu'on l'a représentée comme beaucoup meilleure qu'elle ne l'a été, même à l'époque la plus brillante de son histoire. Je chercherai à mettre dans mes réflexions toute l'impartialité possible: ces réflexions, veuillez le croire, me sont inspirées par une conviction profonde; et cependant je ne serai nullement étonné que, partageant l'opinion presque généralement adoptée sur les Grecs, vous les trouviez trop sévères, peut-être même tout-à-fait injustes; elles m'eussent semblé telles à moi-même, il y a un an encore. Je vous dirai plus; en voyant renversés par la fureur des hommes et leur brutale stupidité ces monumens vénérables, témoins d'une antique civilisation, je maudissais les auteurs de ces ravages; j'attribuais la destruction dont je me voyais entouré aux seuls sectateurs de Mahomet; et j'oubliais que la corruption des Grecs, la lâcheté de leurs derniers empereurs, l'anéantissement des mœurs et des lois, avaient effacé la véritable Grèce long-temps avant la chute de l'empire d'Orient. J'oubliais également, qu'en dépouillant l'histoire grecque du prestige dont l'embellissent à nos yeux de grands traits de courage, des

actions héroïques et un beau développement des arts favorisé par un heureux climat, les annales de cette contrée fameuse, trop vantée peut-être, ne nous montrent plus que de faibles républiques, divisées par des haines et des jalousies sans cesse renaissantes ; souvent une ingratitude monstrueuse envers ceux qui avaient le mieux mérité de la patrie ; des législations dans lesquelles l'homme est sacrifié au citoyen ; une perfidie qui avait passé en proverbe parmi les autres nations ; en un mot, un caractère moral peu estimable. « Quoi ! me di-
« sais-je, ici l'homme a renversé ce que l'homme
« avait élevé : trouvant la marche du temps trop
« lente, il a, dans sa farouche ignorance, dans sa
« fureur insensée, devancé les siècles pour détruire ;
« les ravages des volcans et des tremblemens de
« terre même semblent n'être à côté des siens que
« des calamités vulgaires : toutes les contrées en-
« vahies par les guerriers barbares de l'Asie, ont
« vu s'éclipser leur gloire ; les sciences et les arts
« en ont disparu » : mais peu à peu j'ai commencé à démêler la vérité, et je vous transmets fidèlement le résultat de mes observations.

Les Grecs exercent aujourd'hui principalement les professions de navigateurs, de pêcheurs et de pirates : les historiens anciens nous les dépeignent comme une nation souple, rusée, portée au mensonge et à la fourberie, avide de gain, amie de la nouveauté, des louanges et de l'ostentation : ce portrait est encore fidèle. On retrouve également parmi eux la frugalité, l'activité, quand elle est nécessaire, et l'union dans l'intérieur des familles. De même que leurs ancêtres, les Grecs modernes sont divisés par des antipathies locales et n'ont aucun esprit de nationalité; chacun d'entre eux se considère simplement comme un habitant de telle ou telle île, de telle ou telle petite province; agités sans cesse par des jalousies réciproques, par des haines sans motif, l'idée même d'un intérêt général ne saurait établir entre eux des rapports durables. Esclaves depuis plusieurs siècles, les Grecs doivent nécessairement avoir les vices que l'esclavage amène toujours à sa suite. Leur bassesse, leur cruauté et leur intolérance sont excusables jusqu'à un certain point, et on ne peut se défendre d'un sentiment pénible, lorsqu'on voit qu'une nation dont la cause est si noble, a perdu, par la force des circonstances, les qualités qui distinguaient ses ancêtres; tandis que les défauts que leur reprochent les auteurs de l'antiquité, se retrouvent encore chez eux à côté de la dépravation du bas-empire.

La conformité des Grecs modernes avec les anciens, non-seulement en ce qui a rapport au caractère, mais encore relativement aux mœurs et aux usages, donne lieu à une foule de rapprochemens curieux. Les hommes sont demeurés à peu près les mêmes. Leurs usages étaient à leurs yeux la seule propriété qui leur restait ; c'est pour cette raison peut-être qu'ils les ont conservés avec un religieux attachement. C'est là surtout ce qui constitue la grande différence entre les Orientaux et les peuples de l'Occident ; c'est là encore ce qui rend le Levant si intéressant. Chacune de nos générations s'éloigne de ce qui était pratiqué par ses pères, change de costumes, d'usages, de manière de vivre et d'idées : il en est autrement ici ; les Turcs, les Grecs, les Juifs et les Arméniens n'ont qu'un trait commun dans le caractère ; ils respectent les usages de leurs ancètres : à chaque pas on retrouve parmi eux la tradition vivante de ce qui s'est pratiqué aux époques les plus reculées de leur histoire. Les Turcomans et les Arabes voyagent avec leurs troupeaux et leurs tentes, comme le faisaient les anciens patriarches; l'ordre des caravanes est le même qu'à l'époque des marchands de l'antiquité. Je pourrais vous citer encore mille autres traits de cette analogie qui se retrouve jusque dans les plus petits détails : il me suffit de vous l'avoir signalée. C'est en quelque sorte une ressemblance de famille qui s'est perpétuée de génération en génération. Je reviens aux Grecs : ils ont, comme leurs pères, une imagination caustique et toujours active, qui prête à leurs moindres discours une vivacité et une abondance extraordinaires : toutes leurs paroles ont de l'énergie et de la chaleur; leurs gestes, leur ton animé, la pétulance de leurs mouvemens, feraient croire qu'ils se disputent lorsqu'ils causent ensemble. Les proverbes, les contes, les hyperboles outrées, les métaphores hardies, en un mot, le langage le plus figuré, remplissent leurs conversations. Tous les discours des Grecs se terminent par des sermens : ils en font à tous propos; ils affirment les choses les plus indifférentes en jurant par la Sainte-Vierge (la Παναγια), par leurs yeux, leur ame, leur tête, celle de leurs parens ou de leurs enfans. S'ils ne disent rien sans l'affirmer de cette manière, ils exigent aussi sans cesse des sermens de la part d'autrui, sans cependant y croire; il en est résulté que dans l'Orient la foi des Grecs est devenue très-suspecte, et si jadis on disait *Græcia mendax*, on peut le répéter aujourd'hui peut-être même avec plus de vérité encore.

Les Grecs ont, comme jadis, un esprit porté à la superstition; ce penchant a même beaucoup augmenté par la situation dans laquelle se trouve le peuple. L'ancienne crédulité de la Grèce idolâtre en matière de présages, d'oracles et de prédictions fortuites, subsiste de nos jours. Je me garderai bien de vous faire la longue et fastidieuse énumération des pratiques superstitieuses auxquelles ils se livrent : ce sont à peu près celles qui étaient en usage chez leurs ancêtres; le nombre en a plutôt augmenté que diminué. L'ignorance et les préjugés les plus absurdes entourent l'habitant de l'Archipel depuis le moment de sa naissance jusqu'à celui de sa mort; il pratique les choses les plus bizarres pour détourner les mauvais génies et appeler le bonheur sur sa tête. Au moment où une femme éprouve les premières douleurs de l'enfantement on a soin d'ouvrir tout ce qui peut se fermer à clef dans la maison : cette précaution est de rigueur; on la regarde comme indispensable pour que les couches soient heureuses. Aussitôt que l'enfant est né, on allume des lampes ; on lui donne les noms de gens qui ont atteint un âge avancé; on attache à ses membres des fils écarlates pour les préserver d'accidens; à son cou, des gousses d'ail ou des talismans, afin de détourner ce que les Orientaux appellent aujourd'hui encore le *mauvais œil*. Une parole, un regard sont réputés dangereux à un enfant, et on s'empresse de lui cracher au visage pour détruire leur maligne influence. La description que S. Jean Chrysostôme donne des superstitions grecques aux siècles de Théodose et de ses fils, s'applique parfaitement à ce qui se pratique de nos jours en Orient. Si une accouchée voyait une étoile avant les huit jours révolus, elle croirait se donner la mort à elle et à son enfant. Si, en sortant pour la première fois de son lit, elle touche les planchers avant d'avoir posé les pieds sur un morceau de fer, elle est persuadée qu'elle introduit la misère et la maladie dans sa maison. Les hommes et les femmes d'un âge mûr se croient également sujets à l'influence funeste de l'œil de l'envie, et portent des amulettes pour s'en préserver ; ils prennent de même des précautions pour leurs troupeaux. Théocrite, Ovide et Virgile parlent aussi des désastres que produit la malignité de cet œil : les idées superstitieuses de tous les temps se ressemblent et se ressembleront tant que durera l'ignorance. Les vaines pratiques qui sont observées à la naissance d'un enfant, se répètent au moment de son mariage, de sa mort, et en général dans les circonstances un peu importantes de sa vie. La crédulité des Grecs est inconcevable ; la preuve la plus frappante qu'on en puisse donner, est la foi sans bornes qu'ils ajoutent aux songes ; de vieilles femmes gagnent leur vie à les interpréter. Les songes agréables passent pour des pronostics de malheur. Je n'en finirais pas si je voulais vous rapporter toutes les singulières croyances dont j'ai entendu parler ; le christianisme n'a pu les étouffer ; ses dogmes, et plus encore sa morale sublime, sont défigurés ; par le paganisme, qui s'est en quelque sorte confondu avec lui, il n'a conservé que ses signes extérieurs. La religion de la nation grecque, que gouvernent des prêtres ignorans, n'est plus qu'un culte informe. Je ne vous entretiendrai point de ses cérémonies ; elles sont assez connues : il me suffit de vous dire qu'elles sont dépourvues de dignité. Rien dans ce culte ne parle à l'ame ; tout y est petit et mesquin : il m'est arrivé plusieurs fois d'assister à ses offices ; l'irrévérence des prêtres et des assistans m'a singulièrement choqué ; ils causent et rient entre eux, se remuent beaucoup, font des signes de croix et des génuflexions accompagnés d'un chant monotone, rapide et nasillard, sans avoir l'air d'y attacher la moindre importance. Mais l'appareil des cérémonies suffit à ce peuple grossier, qui ne cherche rien au-delà. La domination du croissant a mis un terme aux disputes théologiques qui agitèrent presque sans interruption le bas-empire ; depuis lors les moines et les prêtres sont peu à peu tombés dans l'avilissement, et les talens de l'ancien clergé d'Orient ont disparu. Des prêtres, dont la plupart ne savent pas même lire, ont remplacé ces hommes dont les nombreux écrits offrent souvent les modèles de la plus haute éloquence. Le patriarche, qui est presque toujours un intrigant, ne voit dans l'emploi éminent qu'il occupe, qu'un moyen de trafic, dont il se sert pour s'enrichir de la manière la plus scandaleuse. Les membres du clergé inférieur, qu'on reconnaît à leur extérieur négligé, veulent passer aux yeux du peuple pour des hommes d'une profonde instruction, et cherchent à jouir d'une réputation de sainteté, tandis que leur hypocrisie, leur grossière et orgueilleuse ignorance, ne méritent que le mépris ou la pitié. Cependant ils atteignent d'ordinaire leur but; les filles grecques les plus jeunes et les plus jolies briguent l'honneur de devenir leurs épouses[1]. On trouve, il est vrai, parmi eux quelques évêques instruits, quelques savans; mais ce sont d'honorables exceptions, et vous concevez qu'avec de semblables directeurs spirituels (car c'est la majorité qu'il faut considérer) les Grecs doivent croupir dans la plus honteuse superstition; ils croient satisfaire à leurs devoirs en jeûnant et en témoignant le plus grand respect au patriarche et aux évêques; mais la morale de l'Évangile leur est inconnue, ils n'en observent guères les préceptes. Les cavernes, les montagnes, les sources d'eaux minérales et les forêts qui aujourd'hui sont consacrées par la dévotion, et où les Grecs vont en foule à certains jours de l'année, rappellent, par les cérémonies qui s'y pratiquent, le culte que les Hellènes rendaient à ces mêmes lieux.

La vie privée des Grecs offre surtout une foule de détails que l'on connaît par la lecture des anciens. C'est un édifice ruiné dont on reconnaît les formes premières, quelque mutilées qu'elles soient.

1 Le papas grec ne peut se marier qu'étant diacre, c'est-à-dire avant d'avoir reçu la prêtrise.

Les maisons des Grecs d'un rang élevé sont distribuées à peu près comme l'étaient celles de leurs pères. Les Turcs les ont imitées également. Une grande salle sépare l'édifice en deux portions, dont l'une est habitée par les hommes ; l'autre, destinée aux femmes, a de l'analogie avec l'ancien Gynécée : c'est là que se tiennent renfermées la maîtresse du logis, ses filles et ses servantes; c'est là également qu'elles allument encore tous les soirs la lampe[1] qui doit brûler pendant la nuit; à sa clarté elles brodent avant le jour, en se racontant des *Paramythia* (contes), comme le faisaient les femmes grecques dont parlent les auteurs anciens. L'art de la broderie était, comme vous le savez, fort estimé dans l'antiquité : Homère déjà en fait l'éloge. La manière de se chauffer en Orient au moyen de charbons ardens, sur lesquels on place une espèce de table carrée (le tendour), a également de la ressemblance avec le brasier supporté par un trépied, dont les anciens faisaient usage. Vous connaissez, par les lettres de lady Montague, la coutume que les femmes ont de se réunir en hiver autour de ces tendours, et les accidens qui souvent en résultent; ils sont une des causes prin-

1 Il est d'usage parmi les Grecs de se souhaiter le bon soir au moment où l'on apporte de la lumière; toutes les fois que je me suis trouvé avec eux, j'ai observé qu'ils ne manquaient pas à cette coutume.

cipales des incendies qui ravagent les villes turques. A cette réunion de femmes assiste, comme dans l'antiquité, la *Paramana* (seconde mère), nourrice du père ou de la mère de la famille[1]. Elle en fait partie et ne quitte plus ceux qu'elle a allaités; elle les suit lorsqu'ils se marient, et devient la confidente, l'amie et, en quelque sorte, la gouvernante de ses maîtres. Les femmes riches sortent rarement sans se faire accompagner de leur paramana et de leurs servantes. Il n'est point d'usage parmi elles de se montrer seules dans les rues; elles doivent paraître en public avec une suivante au moins. Quant aux filles non mariées, elles sortent peu, et toujours avec leurs parens. La jalousie des Turcs a enchéri sur cet usage; et les Musulmanes ne quittent leurs harems qu'avec une garde d'esclaves et d'eunuques, dont le nombre est proportionné au rang et à la fortune de leurs maris. Je ne vous parlerai point en détail de la toilette des femmes grecques : comme jadis les Athéniennes, elles ont la passion des bijoux; mais les femmes de tous les pays et de tous les siècles semblent avoir ce même goût. L'usage de mettre des parfums dans leurs coffres et leurs armoires pour en communiquer l'odeur à leurs habits, est très-répandu parmi

---

1 Les femmes grecques d'un rang distingué ne nourrissent jamais leurs enfans, craignant de détruire par là leur beauté.

elles. Au reste, leur costume est extrêmement disgracieux. Je crois cependant devoir ajouter que l'antique coutume de porter des voiles est conservée dans le Levant par les femmes des nations qui s'y sont établies. Les traditions et les écrits les plus anciens parlent du voile des femmes de l'Orient. L'ancien Testament en fait mention, lorsqu'il parle de Sara, de Rebecca, de Rachel, de Lia, etc.; la mythologie en fait un ornement des déesses : Homère et Pausanias nous dépeignent Pénélope se couvrant de son voile; enfin, chez les Grecs et chez les Romains les femmes honnêtes ne sortaient que voilées; les seules courtisanes se permettaient de paraître sans ce vêtement. Le voile est aujourd'hui assez long pour couvrir la tête et une partie du corps, il est toujours en mousseline blanche : celui des Grecques laisse le visage à découvert; celui des Turques, au contraire, couvre tous les traits à partir des yeux. Les Grecs des deux sexes portent la ceinture; ils y serrent leur argent : celle des femmes est souvent brodée avec luxe. Dans la Grèce antique les jeunes filles portaient de certaines ceintures, emblème de leur virginité; en se mariant elles les consacraient dans les temples de Diane ou de Minerve : leur époux la leur détachait lui-même. Cet usage subsiste dans plusieurs îles, et l'on m'a assuré que les familles du Fanar l'observaient régulièrement encore au moment où les derniers événemens les ont dispersées. Les femmes du Levant ont conservé l'usage de se farder et de se noircir les sourcils et les paupières, afin de donner plus d'éclat à leurs yeux. Les fêtes et les repas des Grecs ont beaucoup de rapports avec ceux de leurs ancêtres : l'on commence par se laver les mains comme aux temps d'Homère ; en général, ce sont à peu près les mêmes excès parmi les convives et la même simplicité dans les mets : des chansons passionnées, dont la musique est très-peu agréable, succèdent souvent à la conversation. Les couronnes de fleurs figurent dans toutes les occasions solennelles : les mariages, les funérailles même ont leurs couronnes, et ordinairement au 1.er Mai les Grecs ornent de fleurs les portes et l'intérieur de leurs maisons. Les fêtes sont toujours accompagnées de danses ; les jeunes gens des deux sexes s'y livrent avec une véritable passion. J'ai eu occasion de vous en parler dans mes lettres précédentes : cet exercice était très-estimé dans la Grèce ancienne ; il faisait partie de la gymnastique et accompagnait les fêtes ; on y représentait en pantomime des actions célèbres et des faits intéressans ; on dansait en l'honneur des dieux. La charmante description d'une danse qui se trouve dans Anacharsis, pendant le séjour du voyageur Scythe à l'île de Délos, est très-caractéristique à cet égard. Les danses auxquelles les Grecs se livrent en plein air à l'entour d'un arbre ou d'un paysan qui joue de la flûte, semblent copiées sur celles qui s'exécutaient autour des autels de Bacchus. La candiote que mène une jeune fille en tenant un cordon de soie ou un mouchoir à la main, est l'image de la danse dont parle Homère. « Vulcain, dit-il, représenta sur le « bouclier d'Achille une danse pareille à celle que « l'ingénieux Dédale inventa pour la belle Ariadne « dans la ville de Gnosse; de jeunes filles et de « jeunes hommes dansent ensemble. » Aujourd'hui, comme à l'époque dont parle Homère, la danse commence en rond; mais bientôt « le cercle s'en-« tr'ouvre, et toute la jeunesse, se tenant par la main, « décrit par ses mouvemens une foule de tours et « de détours. » Le cordon de soie que tient la conductrice de la danse, est une imitation de celui que tenait la danseuse grecque pour figurer le peloton de fil, au moyen duquel Thésée sortit du fameux labyrinthe de Crète dont cette danse est l'image. Je termine ce que j'avais à vous dire des danses grecques, en vous faisant observer que la danse lente ancienne se retrouve dans la romeca; que la danse belliqueuse, qui imitait les évolutions de la Phalange macédonienne, avait beaucoup de rapport avec l'arnaute moderne; que la danse des prairies au mois de Mai est une imitation de celles qui se faisaient en l'honneur de Flore, de même que celles usitées à l'époque de la moisson, sont un reste du culte qu'on rendait à Cérès; et qu'enfin, la danse armée subsiste encore dans une partie de l'île de Candie. D'autres usages observés dans le Levant se rattachent à l'antiquité, comme, par exemple, de n'approcher d'un supérieur que les mains couvertes, de nommer les individus en disant un *tel* fils d'un tel, de répandre du vin à la fin d'un repas ou d'un enterrement, ce qui est absolument conforme aux anciennes libations, etc. Je ne vous parle plus des bains; je vous en ai donné le détail durant mon séjour à Constantinople. Les Grecs en font usage comme les Turcs. Les femmes y vont souvent : il est de rigueur qu'une jeune Grecque s'y rende avant la cérémonie de son mariage. Les usages des mariages grecs, parmi lesquels se sont glissés une foule de cérémonies païennes, vous sont connus par la description que je vous ai faite d'une noce à laquelle j'ai assisté dans l'île de Mételin; je me contenterai d'ajouter que la nouvelle mariée est encore appelée nymphe (νυμφη) dans la maison de son époux, où la pudeur la tient enfermée pendant les premiers jours qui suivent ses noces, et que le divorce est permis aux Grecs modernes, comme il l'était aux anciens ; qu'au reste, ils usent rarement de ce droit; encore n'est-ce que dans les villes commerçantes. L'inclination fait les mariages beaucoup plus souvent que l'intérêt; la piété filiale et l'amour paternel règnent parmi les Grecs dans toute leur force; la première de ces deux vertus brille dans tout son éclat parmi les Orientaux. Rien n'égale le respect des fils pour leurs mères : ce seul titre donne des droits illimités à toutes les femmes, depuis la sultane validé jusqu'à l'humble ouvrière.

Les Grecques accompagnent comme jadis les enterremens des personnes de leur famille. Des pleureuses louées précèdent les convois funèbres, en jetant des cris, en chantant les louanges du mort, et en s'arrachant les cheveux. Rien de plus passionné, du moins en apparence, que l'expression de la douleur de ces peuples; pour nous autres Européens occidentaux elle semble tenir de la folie. Les enfans et les jeunes filles qui meurent sont couronnés de fleurs, comme au temps de Périclès : les funérailles se terminent par un repas de deuil. Les cimetières grecs sont semblables à ceux des Turcs, dont je vous ai donné la description. L'un des jours de la fête de Pâques est consacré aux larmes, sur les tombeaux des parens et des amis. Malheureusement, au milieu des traits de ressemblance des Grecs d'aujourd'hui avec ceux d'autrefois, on ne remarque plus le goût pour les sciences et les arts, qui répandit tant d'éclat sur leur patrie. Enfans de la liberté, ces arts qui n'avaient fait que languir depuis la conquête de la Grèce par les Romains, ont été ensevelis sous les ruines du bas-empire. Ce que je vous ai dit des Turcs relativement aux beaux-arts, peut également s'appliquer aux Grecs. Ce ne sont pas cependant les modèles qui manquent; car je ne crois pas qu'on rencontre un pays où la nature déploie plus de charmes, et où le sang soit plus beau qu'en Turquie; le genre de vie, même les usages et les danses, présentent à tout instant des tableaux animés qui pourraient exercer le pinceau et le ciseau des artistes.

L'ancienne croyance personnifiait la peste et la représentait comme un monstre hideux qui marquait d'un signe ineffaçable les maisons où il voulait frapper ses victimes. Les Grecs ont adopté cette antique tradition, et font faire des prières publiques par les enfans pour implorer la miséricorde du Ciel lorsque ce fléau exerce ses ravages. On emploie dans le Levant l'ail, le vin, le vinaigre, les liqueurs et les parfums pour éviter la contagion; mais ces précautions, les seules qu'on prenne, ne sont pas suffisantes. Les malades ne sont point abandonnés par leurs proches; la peste n'empêche pas les Orientaux de rendre les derniers devoirs aux morts. Les Grecs sont persuadés que ceux qui naissent et qu'on baptise le dimanche, ne peuvent prendre la maladie : du reste, ils regardent la propreté et la gaieté comme les moyens les plus sûrs pour s'en préserver; ce sont les seuls dont ils fassent usage : ils n'emploient aucun remède pour la guérir.

J'ai cherché à vous esquisser à la hâte ce qui

m'a le plus frappé en visitant Constantinople, une partie de l'Asie mineure et de l'Archipel : mon désir a été surtout de vous tracer des tableaux fidèles, en cherchant, autant qu'il m'était possible, à m'affranchir des préventions auxquelles se sont laissés aller beaucoup de voyageurs. Je ne vous parlerai point de l'état actuel de l'Orient, de ses craintes et de ses espérances; cette question rentre dans le domaine de la politique.

Mes lettres vont vous parler de pays très-différens de ceux que je viens de visiter; cependant ils ressemblent à la Grèce sous un rapport; ce sont également des ruines, l'antiquité en fait le charme. Je vais donc prendre congé de l'Archipel, de cette mer hérissée de rochers, de montagnes, de plateaux élevés, placés sans ordre entre les rivages de l'Europe et ceux de l'Asie; sa singulière apparence l'a fait regarder plusieurs fois déjà comme un ancien continent déchiré par les débordemens subits de la mer Noire, par l'action des volcans et des tremblemens de terre.

Je ne puis m'éloigner de la Grèce sans vous parler des officiers de la marine française à qui j'ai des obligations particulières. MM. de Reverseaux et Le Vaillant, avec qui je me suis trouvé à bord, ont doublé pour moi les agrémens d'un voyage déjà si intéressant par lui-même.

Je suis, etc.

LETTRE XXIX.

Alexandrie.

Il nous a fallu plus de temps pour arriver à Alexandrie, que nous ne l'avions cru d'abord. Le vent nous quitta à trente lieues environ de Candie; après deux jours et demi de traversée, nous vîmes enfin les rivages de l'Égypte, Alexandrie et la tour des Arabes, emplacement de l'antique Taposiris, qui se dessinaient à l'horizon : quelques heures plus tard nous entrâmes dans le port vieux, le seul qui soit fréquenté. Le port nouveau ne reçoit plus que des barques de pêcheurs, il est rempli de sable; son fond est de roches, et les navires qui y jettaient l'ancre, se perdaient fort souvent. Jadis l'entrée du port vieux n'était permise qu'aux bâtimens musulmans; mais le pacha d'Égypte actuel l'a ouvert également à la marine chrétienne. On y pénètre par trois passes; à côté de ces passages sont des bancs de sable et des rochers à fleur d'eau.

La côte d'Égypte est d'une aridité épouvantable;

quelques maigres dattiers croissent seuls au milieu de cette terre desséchée par les ardeurs du soleil. La ville a été construite à l'entrée du désert ; on chercherait vainement dans ses environs quelques traces de la fertilité du célèbre Delta. Nous nous rendîmes à terre dans la soirée : vous connaissez le désir que j'ai toujours eu de parcourir l'Égypte ; ce pays, jadis si puissant et si riche, berceau de la civilisation grecque, auquel on peut donc rattacher en quelque sorte celle de l'Europe entière : vous concevez la joie que j'éprouvais en me voyant au moment de le réaliser. Plus j'approchais du rivage, et plus aussi j'étais frappé de la différence qui existe entre Alexandrie et ce que j'avais vu jusqu'ici. Au lieu de ces maisons légèrement bâties et ouvertes de tous côtés, de ces mosquées somptueuses, de ces minarets élégans, j'apercevais des constructions massives en pierre, dépourvues de toits ; au lieu de ces platanes et de ces majestueux cyprès, des palmiers ombrageaient ces lourds édifices. Nous arrivâmes à l'Échelle après avoir passé au milieu d'une quantité de navires. Je mis pied à terre : le rivage était couvert de ballots de café, de sucre, de coton et de pois chiches ; des individus de toutes les parties du monde s'y trouvaient réunis, portant chacun leur costume particulier ; de longues files de chameaux y arrivaient ; des dromadaires déjà agenouillés attendaient, en poussant leurs hurlemens monotones, que quelques Arabes déguenillés vinssent les charger. Je traversai cette foule, et j'entrai dans les rues étroites d'Alexandrie : il me serait impossible de vous rendre l'impression que leur première vue produisit sur moi ; jamais je n'ai éprouvé à la fois plus de pitié et d'étonnement ; jamais je n'ai vu la nature humaine plus complétement avilie, plus profondément dégradée. Des gens dont les traits portaient l'empreinte de la misère, obstruaient les passages : les uns étaient vêtus d'un haillon bleu, les autres d'une chemise blanche liée au milieu du corps, d'autres encore se montraient presque entièrement nus : j'entendais parler une langue dure et gutturale, je ne pouvais juger des traits de ces visages bruns ; la misère et la saleté me les faisaient paraître tous semblables. Des femmes, couvertes d'un sarrau bleu, informe et déchiré, la figure cachée dans une espèce de sac noir attaché à la coiffure et qui se termine en pointe longue, portaient de lourds fardeaux, ou restaient assises au coin des rues pour allaiter de misérables enfans, dévorés par la vermine. A chaque pas je rencontrais des aveugles ou des malheureux dont le sable brûlant de ce climat avait attaqué les yeux ; ils imploraient par des accens sauvages la charité de passans pour la plupart aussi infortunés qu'eux-mêmes. Aux rues étroites succédaient des marchés infects, où l'on ne vend guère que des dattes, des oignons et des galettes de pain; venaient ensuite quelques bazars d'un aspect tout aussi hideux. Cependant au milieu de cette misère règne une activité qui prouve qu'Alexandrie est encore le centre d'un grand commerce : on voit passer auprès du Turc et de l'Arabe, l'officier de marine et l'opulent négociant européen. L'âne, le mulet, le chameau et le dromadaire cheminent ensemble en longues caravanes; de petits garçons les font avancer en leur assénant des coups de bâton qu'ils accompagnent de grands cris. Après avoir traversé la ville, nous arrivâmes à la rue franque, située sur le rivage du port nouveau, et dans laquelle sont les consulats. Elle est large, assez bien bâtie, et renferme un grand nombre de jolies boutiques européennes. M. Mallivoire, consul de France, nous fit le plus obligeant accueil, et nous offrit de loger chez lui.

Vous jugez, d'après ma description, mon cher ami, que l'Alexandrie d'aujourd'hui ne ressemble guère à la ville fondée par le conquérant macédonien, à cette Alexandrie qui, florissante sous la domination des Ptolémées, des Romains et même encore des empereurs grecs, perdit peu à peu son éclat sous les califes arabes. Le souvenir des merveilles que cette capitale renfermait jadis, avait fait une telle impression sur mon esprit, que je m'attendais à en découvrir encore de nombreux vestiges. Mon imagination se représentait vivement cette cité populeuse, baignée par la Méditerranée et le lac Maréotis, coupée par des rues d'une énorme largeur, et où s'élevaient de magnifiques édifices. Je voyais en idée ce mole immense qui séparait le port en deux, et à l'extrémité duquel s'élevait le phare, que sa prodigieuse structure fit regarder comme une merveille, même dans le pays des pyramides. Je me figurais ce palais somptueux que les Ptolémées avaient orné avec la dernière magnificence, la bibliothèque, le musée, le théâtre, les temples de Séraphis et de Neptune, le gymnase, le cirque et l'amphithéâtre; en un mot, je pensais à l'Alexandrie de Strabon; celle que j'ai vue ne lui ressemble guère. Cependant toutes les traces de son ancienne splendeur ne sont pas entièrement effacées, et l'on en trouve auprès de la ville au moins quelques faibles débris. Nous prîmes des ânes pour aller voir ces antiquités avant notre départ pour le Caire. Les ânes d'Égypte sont généralement plus forts que ceux de nos pays; ils servent ici de monture habituelle; leurs allures sont douces et rapides : de jeunes Arabes qui les louent accompagnent à pied les voyageurs; ils sont infatigables et courent pendant plusieurs heures de suite, exposés à l'ardeur d'un soleil brûlant. Nous sortîmes de la ville actuelle; elle est peu étendue et ne compte guère que six à huit mille habitans: bientôt nous arrivâmes à l'emplacement de l'ancienne Alexandrie; des débris nombreux, une quantité de fondations et de citernes indiquent les lieux où elle s'élevait. Ces masures sont en grande partie habitées par des familles arabes : on les voit sortir de terre comme des bêtes fauves, pour aller gagner leur pénible vie; leurs femmes s'asseient devant ces misérables demeures pour cuire un peu de riz, de lentilles ou de pâte, qui leur servent de nourriture. Nous longeâmes le port vieux, ayant à notre gauche et devant nous la plaine ou plutôt le désert de sable, qui s'étend à perte de vue et n'est entrecoupé que par les marais salans auxquels on donne le nom de lac Maréous (Maréotis), ou quelquefois par des nuages de sable qui s'élèvent en tourbillonnant, entraînés par les vents embrasés du Midi. De temps en temps un palmier ou quelques maigres buissons paraissent au milieu de cette immense uniformité. Le sol est d'un jaune-clair éblouissant : cette couleur éclatante, qui réfléchit sans cesse les rayons du soleil, cause, au moins autant que la poussière, les ophthalmies dont les Égyptiens sont affligés. Après avoir passé devant plusieurs forts, construits en partie pendant le séjour de l'armée française en Égypte, nous arrivâmes au canal qui s'étend depuis le promontoire du Marabout jusqu'à Fouah, et qui sert de communication entre Alexandrie et le Nil; il porte le nom de Mahmoudié : ses eaux rougeâtres donnent une teinte fauve au port vieux. Après avoir traversé ce canal, nous passâmes auprès de la douane, où se chargent les bâtimens marchands. Un quart de lieue plus loin nous trouvâmes l'entrée des catacombes; nous étions munis de flambeaux et d'une corde, que nous fixâmes à un rocher pour ne point nous égarer dans ce labyrinthe. Peu après y être entré, j'arrivai à une belle rotonde taillée dans le roc, et aux quatre points cardinaux de laquelle sont les issues de ces longues galeries souterraines : elles mènent à un dédale de corridors, de salles et de couloirs, tous parfaitement conservés et uniformes entre eux. Je pénétrai aussi avant que me le permirent l'air épais et la chaleur étouffante. L'ancienne ville s'étendait jusqu'à ce point. En sortant de ces allées tortueuses, je me dirigeai vers la mer pour voir le bassin creusé dans les rochers du rivage, et auquel on a donné le nom de bains de Cléopâtre. Aux deux côtés du bassin sont des salles également taillées dans le rocher; des bancs les traversent. Ce lieu était si frais, l'eau de mer qui y pénètre était si claire, que je ne pus résister à l'envie d'y prendre un bain. Je retournai ensuite sur mes pas, et bientôt j'arrivai au tertre sur lequel s'élève la fameuse colonne à laquelle on a donné successivement et sans raison apparente les noms de colonne de Pompée et de Septime Sévère. Elle a, en y comprenant le piédestal et le chapiteau, cent quatorze pieds de hauteur; le fût est en granit rouge, d'une seule pièce et de quatre-vingt-dix pieds d'élévation, sur neuf de diamètre. Cette partie de la colonne est fort belle; mais le reste n'y répond point : le chapiteau est d'ordre corinthien et grossièrement sculpté, il ne semble même qu'ébauché; le piédestal, qui forme un carré parfait de cinquante à soixante pieds de circonférence, est d'assez mauvais goût : il est très-déchaussé par le bas, par suite des fouilles que les Arabes ont faites tout à l'entour, dans l'espoir d'y trouver des trésors. Non loin de cette colonne nous traversâmes quelques jolis bosquets de palmiers chargés de dattes : ces arbres forment des dômes de verdure fort élégans. Au sortir de ces jardins, on aperçoit trois belles colonnes de granit : elles sont encore debout; mais leur position irrégulière a fait supposer qu'elles n'occupent plus leur premier emplacement; elles sont à moitié enterrées. Tout auprès de ces débris s'élève la mosquée de Saint Anastase, où quatre rangs de colonnes antiques, d'ordres différens, forment un portique couvert, et donnent sur une cour carrée, pavée de marbre et également entourée de colonnes. Enfin, à peu de distance de là, nous vîmes dans l'enceinte d'un nouveau fort, bâti sur l'emplacement de l'ancien palais des Ptolémées, les obélisques connus sous le nom d'aiguilles de Cléopâtre : ils m'ont paru avoir environ soixante pieds d'élévation et sept pieds sur chaque côté de la base; ils sont en granit rose, d'une seule pièce, et couverts d'hiéroglyphes. L'une des aiguilles est couchée à terre, l'autre est encore debout : on suppose qu'elles ont été transportées ici d'Héliopolis pour orner l'une des entrées du palais dont on voit des débris répandus sur le sol. D'ici on aperçoit le port nouveau, défendu à son entrée par un fort turc assez vaste, appelé le grand Pharillon; il est bâti au bout d'une jetée sur le rocher auquel on donne le nom d'Écueil du Diamant : c'est là aussi que s'élevait, à ce qu'on croit, le phare d'Alexandrie. Le pacha Mehemet-Ali a donné, il y a quelques années, ces deux obélisques à la France et à l'Angleterre ; mais on n'a point tenté de les enlever du lieu où ils se trouvent actuellement. La singularité de ces ruines, la couleur pâle du site, ce coloris à la fois clair et chaud, forment un tableau mélancolique dont il est presque impossible d'exprimer l'effet.

L'ancienne porte de Canope, à côté de laquelle existait le gymnase d'Alexandrie, est peu distante des obélisques : en retournant au consulat, nous passâmes auprès d'une quantité de ruines, masses informes, maltraitées par les siècles et les hommes. Une grande place mène au quartier franc : on y voit plusieurs belles maisons; le pacha y a fait construire à grands frais un superbe Okel (caravanserai), assez vaste pour servir de logement à quarante familles riches : on le loue aux particuliers. Des murailles entourent cette place; elle s'étend d'un côté jusqu'au port nouveau, de l'autre elle est dominée par le fort de Bonaparte, bâti sur une éminence. Je resterai encore deux jours à Alexandrie pour faire mes préparatifs de voyage : cette ville, où résident les consuls européens, offre des ressources de société. J'ai vu chez celui de Suède une riche collection d'antiquités : le Musée Charles X vous a déjà fait connaître des objets semblables à ceux qu'elle renferme; je ne crois donc pas devoir entrer dans des détails à ce sujet. Les bains d'Alexandrie sont semblables, quant à la distribution, à ceux de Constantinople; mais la beauté de l'établissement mérite qu'on en fasse mention. Nous partirons pour le Caire avec un mamelouk français : je profiterai de la première occasion pour vous écrire; mais quand même il ne s'en présenterait plus, je continuerai ma correspondance, quitte à vous l'apporter moi-même.

Je suis, etc.

LETTRE XXX.

Du Caire.

Nous avons quitté Alexandrie il y a six jours : nous nous sommes embarqués sur le Mahmoudié dans une cange ou barque égyptienne. Ces petits bâtimens sont fort commodes ; le nôtre avait environ soixante pieds de longueur, et il était à deux mâts, portant des voiles latines d'une grandeur démesurée. Ces voiles ne se baissent jamais tant que l'on remonte le Nil : pour les plier, les gens de l'équipage grimpent sur le mât; pour les virer, on fait usage de cordes et d'un gros bâton. La quille forme une courbe légère, ce qui empêche la cange de s'ensabler facilement. Le derrière du bateau est occupé par une ou deux petites chambres, sur le toit desquelles s'assied le timonier. Nous avions six bateliers arabes : le vent étant favorable, nous remontâmes rapidement le canal; il est large pendant la saison de la crue du Nil : on y rencontre une quantité de canges et de maashes [1]; mais quand les eaux sont basses, ce canal mal construit est impraticable : lorsqu'on l'a creusé, on n'avait rien préparé de ce qui est nécessaire à un ouvrage semblable. On força les fellahs [2] à venir travailler, sans leur donner ni instrumens, ni nourriture : les soldats qui devaient les surveiller, les accablaient de mauvais traitemens, et ne leur accordaient pas de relâche pendant toute la journée. Ils creusaient avec les mains ; aussi il en périt au moins un millier par mois. Les rivages du Mahmoudié sont élevés et nus : par-ci par-là on aperçoit des villages arabes. Leur aspect est épouvantable ; je ne me figurais pas que des créatures humaines pussent habiter de semblables repaires ; ils sont pour la plupart entièrement dépourvus d'ombre : les habitations sont de forme carrée ou conique, basses, bâties en terre et percées d'une porte et de quelques petits trous ronds qui servent en même temps de fenêtres et de cheminées : quelques branches de palmier, de la boue, un peu de sable et des pots cassés suffisent pour élever ces maisons : on les couvre en feuilles de dattier sèches ; le tronc de l'arbre lui-même soutient les endroits trop faibles. En général, le palmier est employé ici à tous les

1 Autres bateaux égyptiens, plus grands que les canges.

2 Paysans arabes.

usages : son bois, composé de linéamens semblables à ceux qui enveloppent la noix de coco, sert même à tisser les cordes. La population de ces hameaux est plus misérable encore que celle d'Alexandrie : il en est qui sont habités entièrement par des courtisanes de la plus vile espèce. En montant sur les digues qui bordent le canal, on aperçoit vers le couchant le triste lac Maréous ; vers l'orient une plaine assez bien cultivée et une partie du lac d'Edkou. Nous rencontrâmes à la sortie du canal la belle cange d'Achmet-pacha, neveu de celui d'Égypte ; il se rendait à Alexandrie : de nombreux cavaliers, richement vêtus et bien montés, le suivaient sur le rivage. Enfin nous saluâmes le Nil : ici le paysage change d'aspect ; autant il est aride auprès du Mahmoudié, autant ici il est riant. Les bords du fleuve sont plats, mais couverts de la plus brillante verdure : partout on voit des champs où croissent le dourrah (espèce de blé), le cotonnier et la canne à sucre ; à côté de ces terrains cultivés s'élèvent des bouquets de palmiers, de sicomores et de sunt[1] : en un mot, l'on commence à reconnaître le fameux Delta, le grenier d'abondance de l'empire romain à une époque où l'Égypte était encore une des contrées les plus florissantes du monde : aujourd'hui

1 Acacia à fleurs jaunes, espèce de mimosa.

tout est changé. Fécondé par le Nil, le sol y est toujours fertile; mais les guerres, le fanatisme, l'esclavage et les monopoles, en y avilissant l'espèce humaine, ont anéanti sa richesse et sa prospérité. J'apercevais quelques maisons d'agréable apparence, propriétés des grands du pays; les nombreux villages qui s'élèvent auprès sont aussi misérables que ceux bâtis le long du canal. Le Nil, qui est actuellement au temps de sa crue, commence déjà à se répandre sur les campagnes environnantes : son cours est majestueux et rapide; ses eaux, rougeâtres et chargées de beaucoup de parties terreuses, sont cependant excellentes à boire : on les expose au soleil dans des vases d'argile, dont on frotte les parois avec de la pâte d'amande; le limon se dépose très-vite au fond de la jarre, et l'eau, par l'évaporation, acquiert beaucoup de fraîcheur. L'embouchure du Mahmoudié se trouve presque vis-à-vis de Fouah, bâti exactement au bord du Nil, auquel son extrême largeur donne ici l'apparence d'un lac : l'aspect de cette ville est extraordinaire; ses maisons à toits plats, ses minarets de construction moresque et les nombreux groupes de palmiers qui l'entourent, m'ont engagé à m'y arrêter pour en faire un dessin. J'y allai voir un moulin à riz et une filature de coton, établie par le pacha actuel d'après les procédés anglais. Cette ville est très-déchue de son ancienne splendeur; son commerce se réduit aujourd'hui à fort peu de chose, et dans son intérieur, des ruines frappent partout les regards. En continuant à remonter le Nil, on rencontre sans cesse les mêmes objets; c'est le même paysage qui se répète toujours. Le terrain est bas et uni; la plaine s'étend au loin : dans le moment où nous la traversions, elle semblait un marais fangeux, entrecoupé par des tapis de verdure, des groupes de dattiers et des villages. La terre est noire et argileuse; elle est apportée tous les ans par le fleuve : c'est uniquement à ce limon gras et léger que l'Égypte doit sa fertilité. Sans le Nil elle ne produirait rien; il imbibe d'eau une terre qui jamais n'est arrosée par la pluie. Je ne vous entretiendrai point de la saison du débordement, de la gradation lente et insensible de la crue, de l'extension et de l'exhaussement du Delta; ces objets sont connus : une foule de voyageurs ont fait de savantes recherches à ce sujet; et je me contente de vous renvoyer aux ouvrages de Volney, de Niebuhr, de Pokoke et de tant d'autres. On ne peut qu'admirer la Providence, en voyant ce retour uniforme et périodique d'un phénomène indispensable à l'existence du pays; de ces vents du Nord, qui soufflent chaque année aux mêmes époques et font remonter en Abyssinie les nuages qui, retombant en pluie, produisent ensuite l'inondation de l'Égypte.

Laissant Damanhour à notre droite, à quatre lieues dans l'intérieur des terres, nous passâmes rapidement auprès d'une prodigieuse quantité de villages, de bourgs et de villes. Aucun pays au monde n'en possède, je crois, proportionnellement autant que la partie habitée de l'Égypte; leur aisance est loin de répondre à leur nombre. Nous nous arrêtâmes pendant quelques heures à Ssa-el-Hagar, village situé à une demi-lieue du fleuve et bâti sur l'emplacement de l'antique Saïs. On y voit trois nécropoles égyptiennes, dont les énormes débris renferment divers étages de chambres funéraires. La principale enceinte a de 7000 à 7500 pieds de tour; ses murailles, bâties en briques crues, ont au moins 75 pieds d'élévation. D'après l'opinion de M. Salt, consul général d'Angleterre, c'est ici que se trouvaient les temples de Saïs, entre autres l'édifice consacré à Néith, déesse à laquelle on rendait un culte pompeux dans cette ville. Le spectacle d'une foire qui se tenait auprès de Schabour, sur le rivage même, nous amusa et nous étonna beaucoup. Des gens de toute espèce étaient accroupis, couchés ou debout dans une centaine de barques; une troupe d'individus presque nus se promenaient publiquement ou se plongeaient dans le Nil au milieu d'un grand troupeau de buffles noirs, qui cherchaient à s'y garantir de la chaleur et dont on ne voyait que les cornes et le museau. Plus loin se trouvait une longue file d'hommes, la face appliquée sur le sol et récitant des prières; des femmes assises en rond sur la terre, tenaient leur écheveau brut dans une main, filaient avec la bouche, et roulaient leur ouvrage sur une bobine qu'elles avaient dans l'autre main; tout cela se faisait à la fois et très-vite. A quelque distance de là, je voyais la foule rassemblée autour d'une *almée* (danseuse), dont les mouvemens, aussi bizarres qu'indécens, paraissaient exciter au plus haut degré l'intérêt des spectateurs: des hommes chantaient un air sauvage et frappaient à coups redoublés sur un petit tambour de forme cylindrique, en mariant leurs voix rauques et bruyantes au son d'une flûte de roseaux. Enfin, des esclaves nègres, des deux sexes, étaient couchés dans l'herbe et regardaient d'un air stupide les divers groupes qui les entouraient. Le vent continuant à fraîchir, nous remontâmes le fleuve avec une rapidité presque effrayante : son cours est extrêmement sinueux; à chaque coude je voyais des villages ou de gros bourgs, dont les mosquées élevées coupaient la ligne uniforme de l'horizon. Partout j'apercevais des colombiers de forme pyramidale et des fours coniques où l'on fait éclore la volaille. Le rivage était garni d'hommes occupés à puiser de l'eau dans le Nil au moyen d'outres ou de paniers attachés à des bascules; ils la versaient dans de petits canaux d'irrigation, destinés à fertiliser leurs champs. De temps en temps nous entendions des sons aigus et monotones, provenant de roues que faisaient mouvoir des buffles, et qui, au moyen d'un mécanisme semblable à peu près à celui de nos moulins, remplissaient d'eau des vases qui, en tournant, se vidaient d'eux-mêmes dans des canaux du même genre que ceux dont je viens de vous parler. Devant les villages étaient de grandes troupes d'enfans qui, après s'être couverts le corps de boue, se jetaient dans le fleuve, s'exerçaient à nager, remontaient sur le rivage et se précipitaient de nouveau dans l'eau. Souvent notre barque faisait lever des troupes de pélicans. Nous nous arrêtions le soir dans le voisinage de quelque endroit habité; aussitôt les gens de l'équipage s'occupaient à préparer leur repas et notre pilaw : l'un des matelots, accroupi sur l'avant de la cange, débitait gravement de longs contes merveilleux; l'auditoire l'écoutait avec l'attention la plus soutenue: de longs éclats de rire l'obligeaient d'interrompre quelquefois son récit.

Parmi les villes que nous aperçûmes, les plus considérables sont Menouf, située au milieu d'une riche campagne; Nigilé, Amrun, Koum-Chérik, Thsarranèh et Ouardan : je ne crois pas exagérer en vous disant qu'on laisse au moins quatre-vingts ou cent bourgs et villages sur les rives du Nil, en se rendant d'Alexandrie au Caire.

Enfin nous approchions de la pointe du Delta, lieu où le Nil se sépare en deux branches : le fleuve y est extrêmement large. Les Arabes donnent à ce point le nom de Ventre de la vache (*Bathn-el-Bakarah*). A la monotonie du Delta succède un paysage plus varié : l'on commence à découvrir vers le Levant les hauteurs de Mokattam; une large vallée, dont le Nil forme le centre, s'étend au Midi entre deux chaînes de montagnes. Le voyageur aperçoit ici pour la première fois les pyramides. Quoiqu'à la distance de huit lieues, elles semblent deux pointes de montagnes qui se perdent dans le lointain. Je les aperçus le premier, et au moment où je m'écriai : Voici les pyramides, mon compagnon de voyage et nos domestiques européens s'élancèrent à la fois sur l'avant de la cange pour les contempler. La soirée était déjà fort avancée; le côté éclairé des pyramides paraissait d'un rose jaunâtre; celui qui se trouvait dans l'ombre présentait un triangle de couleur violette. Nous arrivâmes à Boulak (le port du Caire) le lendemain de très-bonne heure. Je restai muet d'étonnement en voyant les premiers rayons du soleil répandre leurs teintes de feu sur la ville immense qui s'élève sur la rive orientale du fleuve et sur les collines rocailleuses qui dominent cette innombrable quantité de maisons, de mosquées, de minarets et de palmiers. Sur la rive opposée j'apercevais les pyramides de

Djizé; leurs cônes énormes semblaient planer au-dessus des bois qui bordent le Nil. Des milliers de barques de toutes les formes et de toutes les dimensions étaient amarrées au rivage; une foule de peuple s'y pressait et se livrait déjà à ses occupations journalières; je m'élançai à terre et, m'écriant: nous voici dans le pays des mille et une nuits! je choisis une monture et me dirigeai au grand galop vers le Caire proprement dit.

Je suis, etc.

LETTRE XXXI.

Du Caire.

Aucune ville au monde, peut-être, ne présente un aspect aussi singulier que le Caire. Ses rues forment un vrai dédale; étroites et tortueuses au possible, elles sont en quelque sorte couvertes : les avances des maisons deviennent de plus en plus saillantes à chaque étage et se touchent presque au dernier. Cette manière de bâtir entretient de l'ombre et de la fraîcheur dans la ville : cependant, au moment où nous y arrivâmes, le thermomètre de Réaumur indiquait à l'ombre trente-trois degrés au-dessus de zéro. Les rues que j'ai traversées étaient encombrées d'hommes, d'ânes, de chevaux, de longues files de chameaux, qui, transportant des outres remplis d'eau, se croisaient en tout sens : mais partout aussi je retrouvais les traces hideuses de la misère qui m'a frappé si vivement lorsque j'ai abordé à Alexandrie. On rencontre dans le Caire de vastes espaces ensemencés ou couverts de tentes et d'arbres; le vieux Caire, Boulak et l'île de Rodda se groupent avec la ville et lui donnent une apparence de grandeur : on pourrait la considérer comme un assemblage de bourgs et de villages entassés à petite distance les uns des autres. M. de Clairembault, vice-consul de France, eut la bonté de nous offrir un logement chez lui; il habite le quartier franc, longue rue séparée du reste de la ville par des portes qui se ferment régulièrement peu après le coucher du soleil. Nous employâmes notre première journée à parcourir les bazars pour nous habiller à la turque : ils ressemblent à ceux de Constantinople, mais ils sont moins bien arrangés. En les quittant, je traversai le marché aux esclaves; des centaines d'hommes, d'enfans et de femmes nègres étaient entassées en divers groupes dans une grande cour carrée; à la tête de chacun de ces groupes se trouvait le trafiquant de chair humaine. Les esclaves avaient l'air gai, ils causaient et riaient ensemble; leur expression était en général celle d'une insouciance stupide. Les enfans étaient complétement nus; les individus d'un âge plus avancé portaient un simple petit tablier bleu, lié au milieu du corps, quel que fût leur sexe. Leurs traits, comme vous le savez, sont en général de la plus repoussante laideur : les femmes portent des colliers et des bracelets en verre de couleur; elles ont des anneaux passés dans le nez; leurs cheveux sont divisés en une infinité de petites tresses enduites de graisse, au point de former des masses compactes. La cour aux esclaves est entourée de murailles et de galeries couvertes, où se trouvent d'autres négresses et des Abyssiennes que leur beauté fait vendre à un prix plus élevé. Je fus saisi de pitié en les voyant; mais leur air tranquille et insouciant, et ce que l'on m'avait dit de la douceur avec laquelle elles sont traitées par ceux qui les achètent, me rassurèrent sur leur sort. J'avais avec moi un interprète, nous passâmes dans une autre cour; j'y eus le cœur déchiré et jamais je ne me rappellerai ce que j'y ai vu sans le sentiment le plus pénible. Après avoir passé devant divers troupes d'esclaves, j'arrivai à l'endroit où un homme marchandait un petit négrillon : l'acquéreur examina d'abord le pauvre petit comme on examinerait une bête de somme; lui secouant les membres et lui faisant prendre diverses attitudes, il remarqua que sa jambe droite était enflée et en demanda la raison : on l'avait battu pour avoir pleuré dans la matinée, au moment où sa mère avait été vendue : le marché se conclut pour trente thalaris d'Espagne (150 fr.) Une négresse écoutait la conversation sans paraître s'y intéresser, en jetant ses longues mamelles par-dessus ses épaules pour allaiter son enfant. Plus loin était une autre femme avec deux petits garçons; son air de profonde tristesse m'intéressa : je la fis questionner par mon drogman, et j'appris qu'elle avait été enlevée par force avec ses fils; que son mari et ses filles étaient restés dans son pays, où elle possédait une maison, des buffles, et où elle se trouvait heureuse : pourvu, ajouta-t-elle en pleurant, qu'un brave homme nous achète ensemble et ne nous sépare pas. J'étais ému jusqu'au fond de l'ame, je fis quelques légers dons à cette pauvre mère et à ses enfans : ma pitié la toucha vivement; elle me remercia de la manière la plus naïve, tandis que ses fils sautaient de joie à ses côtés. J'en avais vu bien assez, je jurai de ne jamais retourner au marché des esclaves, et je rentrai chez moi, maudissant l'espèce humaine, dont les cruautés surpassent celles des animaux les plus féroces. Un de mes amis, jeune Français, établi au Caire depuis quelques mois pour apprendre l'arabe, m'attendait au consulat, et m'engagea à venir voir danser chez lui une almée de la classe relevée; je m'y rendis. La danseuse parut bientôt : elle était d'une assez jolie figure; de longs cheveux noirs lui tombaient sur les épaules et étaient ornés d'une quantité de grains d'or; elle portait sur le derrière de la tête une calotte rouge que surmontait une plaque de métal ciselé; ses bras et son cou étaient garnis d'un grand nombre de chaînes et d'anneaux : son costume se composait d'une chemise en gaze de soie très-fine; un spencer en satin vert, brodé d'or, lui soutenait la gorge : elle portait en outre de larges pantalons amarante, montant jusqu'au haut des cuisses, et des babouches brodées en paillettes : elle n'était point voilée, ce qui passe ici pour le comble de l'impudence. Un homme jouait de la flûte, un autre du tambourin ; elle se servait elle-même de petites castagnettes de métal : peu à peu elle se mit en mouvement, en accompagnant ses gestes d'un chant qui insensiblement dégénéra en cris semblables à ceux que poussaient, dit-on, les frénétiques bacchantes. En même temps les attitudes de l'almée peignaient l'ivresse de la volupté : il est impossible de vous donner une idée de la souplesse des mouvemens de ces femmes ; toutes les fibres de leur corps se remuent ; leurs yeux deviennent humides ; la danse s'anime de plus en plus et la décence est oubliée ; enfin l'almée se précipite de la manière la plus passionnée sur l'un des assistans : dans ce moment celui qu'elle a choisi lui met en main quelques piastres : la scène change, elle reçoit le don et remercie en s'inclinant le plus froidement du monde. Bientôt le même jeu recommence et ne cesse entièrement que lorsque la danseuse a fait le tour de la société, et que chacun lui a payé sa contribution.

Dès le lendemain de mon arrivée, j'ai commencé à parcourir la ville et à en examiner les curiosités. Avant de vous parler de mes courses, je crois devoir vous rappeler les circonstances relatives à l'histoire du grand Caire, et vous donner sur cette ville quelques détails généraux.

Lorsque les Arabes firent la conquête de l'Égypte, ils trouvèrent sur la rive du Nil une ville qui portait le nom de Masr; c'était l'antique Babylone égyptienne : s'en étant emparés, ils bâtirent à l'entour de cette cité, habitée par des chrétiens, une capitale nouvelle, qui prit le nom de Masr Fostat. Amrou, fils d'Élaas, en est regardé comme le fondateur; elle s'éleva dans la vingtième année de l'Hégyre, sous le califat d'Omar. Cette ville, qui s'étendait au bord du Nil, était la résidence des gouverneurs envoyés par les califes : elle était riche et florissante, lorsqu'en l'année 358 de l'Hégyre, Iauhar, général du calife Fatimite Moaz, enleva l'Égypte aux Abassides et fonda la nouvelle ville du Caire (el-Kahera, la victorieuse), qui, peu après, s'éleva au rang de capitale et prit également le nom de Masr. On ajouta alors à celui de Fostat les mots *el-Atik*, le vieux, par lesquels l'ancienne ville est encore désignée aujourd'hui : ce fut l'époque de sa décadence. Cependant la ville nouvelle, bâtie aux pieds de la chaîne de Mokattam et à quelque distance du Nil, est dans une situation bien moins favorable que ne l'était celle de Fostat; peut-être même n'aurait-elle jamais été regardée comme la capitale du pays, si Schaouar, roi d'Égypte, n'avait incendié en grande partie Masr el-Atik, lorsque Lusignan, roi de Jérusalem, s'en approchait avec son armée. Peu après, le fameux Saladin vint établir sa dynastie dans la ville nouvelle, et s'occupa à l'embellir; elle devint l'entrepôt du commerce de l'Europe et de l'Asie, et s'éleva rapidement à un haut degré de splendeur.

En face du vieux Caire se trouve l'île de Rodda, où sont de nombreux jardins et le nilomètre, bassin qui communique avec le Nil et au milieu duquel est une colonne qui sert à indiquer la hauteur des eaux du fleuve.

Enfin, outre le vieux et le nouveau Masr et l'île de Rodda, on peut encore considérer Boulak, l'ancienne Litopolis, ville assez considérable et qui sert de port à la capitale de l'Égypte, comme faisant partie du grand Caire.

On voit au Caire peu de beaux monumens; les places publiques y sont cultivées pendant que les eaux sont basses, et forment des étangs durant la crue du Nil : après les récoltes elles présentent de grands espaces, où règnent une chaleur et une poussière étouffantes. Les mosquées sont très-nombreuses; elles rompent l'extrême uniformité de la ville, dont les maisons sont presque toutes à toits plats et à un étage seulement. L'apparence de ces maisons est misérable, mais elles sont pittoresques dans leurs détails; bâties en briques cuites au soleil, ou en pierre, elles semblent à l'extérieur de petites forteresses ; intérieurement elles sont assez bien distribuées, et renferment souvent de très-grands salons pavés en marbre ou en mosaïque, dont le centre est occupé par une fontaine artificielle : ces pièces sont éclairées par le haut ; quelquefois les fenêtres sont ornées de vitraux colorés ; mais ordinairement elles ne sont fermées que par de simples treillages en bois qui permettent à l'air de se renouveler facilement. Les meubles de ces maisons ressemblent à ceux des habitations turques à Constantinople : on n'y voit guère que de larges divans garnis de carreaux et de coussins en peluche.

Je suis, etc.

LETTRE XXXII.

Du Caire.

Notre première course a été au vieux Caire. Rien n'est plus beau que le chemin qui y mène; et cette promenade est vraiment délicieuse, quand la journée est un peu fraîche, et que le temps est couvert. L'espace qui sépare le vieux et le nouveau Masr est occupé par des cimetières, des camps, des palais d'été, des jardins et des plantations de toute espèce. Des bosquets de palmiers, de sycomores, de sunt, d'orangers et de grenadiers se croisent en tout sens: les défauts de détail, que montre un examen sévère, se perdent dans la pompe incomparable de l'ensemble. La capitale de l'Égypte, vue de ce côté, se présente de la manière la plus majestueuse : des maisons et des minarets des couleurs les plus variées s'étendent dans la plaine; la citadelle et son immense aqueduc dominent la ville, et sont dominés à leur tour par les blocs rougeâtres et arides de la chaîne de Mokattam. La manière bizarre dont la scène est animée ajoute encore à sa beauté; des milliers d'individus la parcourent : ici ce sont de brillantes cavalcades, des chevaux arabes harnachés avec luxe, et que font caracoler des cavaliers richement vêtus; tandis que d'agiles séis[1], dont les longues chemises bleues flottent au gré du vent, les devancent en courant et en agitant leurs bâtons. Plus loin, un homme de loi, monté sur sa mule, s'avance lentement en se parlant à lui-même; les riches marchands, les gens d'affaires, passent au grand galop montés sur leurs ânes, et laissent loin derrière eux la caravane haletante, les porte-faix accablés sous le poids de leurs fardeaux, et les femmes arabes qui portent leurs enfans. Des agas fument leurs pipes accroupis sur des carreaux, et des soldats font des évolutions militaires.

Nous allâmes visiter d'abord la mosquée d'Omar, abandonnée aujourd'hui, et qui jadis passait pour la plus somptueuse du Caire. Elle forme une grande cour carrée, qu'entourent, sur plusieurs rangées, cent soixante-douze colonnes de marbre blanc; elles soutiennent des plafonds voûtés : au centre de la cour est une fontaine octogone, dont les huit colonnes sont semblables à celles des allées latérales; les nattes des croyans, la chaire, les lampes et les inscriptions du Coran décorent encore cette mosquée; mais, au lieu d'y voir des fidèles faisant leur

1 Coureurs.

prière, on n'y rencontre plus aujourd'hui que des enfans ou quelques femmes occupées à filer leurs quenouilles : l'ensemble du monument est fort beau; les deux minarets encore existans sont de la plus étonnante hardiesse. En sortant de cette mosquée, nous nous rendîmes à l'ancienne citadelle de Masr, quartier obscur, dont les rues sont beaucoup plus étroites que dans les autres parties de la ville; il sert de demeure aux chrétiens du pays. Cette enceinte renferme plusieurs églises grecques et coptes, et un couvent dans lequel on montre la grotte dite de la Vierge, lieu presque souterrain, où l'on a élevé une chapelle en mémoire du séjour qu'y fit, dit-on, la sainte Famille après sa fuite en Égypte. Cette petite eglise est surchargée d'ornemens du plus mauvais goût; nous en sortîmes après y avoir, suivant l'usage, laissé notre offrande. Non loin de là est une place assez vaste, entourée d'une muraille et qui a souvent servi de magasin de blé au gouvernement égyptien : quoique cette construction soit d'apparence assez moderne, les gens ignorans du pays la regardent comme établie par le patriarche Joseph, pendant les sept années de fertilité. Auprès du rivage du Nil s'élève le grand aqueduc, bâti par les Arabes pour approvisionner d'eau la citadelle du Caire; le commencement de cette construction est indiqué par une grosse tour hexagone, dans l'intérieur de laquelle est une rampe à pente douce.

Des bœufs y montent et font mouvoir une roue qui verse l'eau dans le conduit de l'aqueduc. Ce monument, peint en blanc, est de l'effet le plus pittoresque. Des ruines nombreuses, répandues auprès de l'emplacement du vieux Caire, prouvent que jadis cette ville a été beaucoup plus étendue qu'elle ne l'est de nos jours; mais ces ruines ont toutes un caractère moderne. Le port du vieux Caire est très-fréquenté par les bateaux qui partent pour la haute Égypte, ou en viennent; il est entouré de dattiers, de sycomores et de constructions d'une forme singulière : je m'y arrêtai pour considérer la vue imposante qui s'étend vers le Sud-Est. Des collines fermaient le fond du tableau; les trois pyramides de Djizé s'élevaient majestueusement au-dessus de la belle lisière de verdure qui tapissait les bords du fleuve; quelques villages égyptiens étaient groupés au milieu des forêts de dattiers; enfin, au centre du Nil s'élevait la charmante île de Rodda. Les ponts de bateaux qui l'unissaient jadis au rivage, n'existent plus : nous prîmes une barque pour nous y rendre. De rians jardins couvrent cette île; les arbres propres au climat de l'Égypte y forment des bosquets touffus; je m'y promenai avec délice : l'air y était embaumé; la plus agréable fraîcheur y régnait; je trouvais aux bâtimens que l'on y a construits un air de propreté dont on voit peu de traces dans les autres parties du Caire. On a élevé à la pointe méridionale de l'île une forte muraille, pour résister à l'impétuosité du fleuve : une mosquée a été bâtie sur ce promontoire ; elle renferme le Mikkias ou nilomètre. Le Nil, qui croît depuis le milieu du mois de Juin, a atteint actuellement sa plus grande hauteur (après cinquante jours de crue) ; il va commencer à baisser, et vers la fin de Mai de l'année prochaine il sera retombé à sa limite la plus basse. L'inondation, étant ici une condition indispensable d'existence, fait le sujet de toutes les conversations. La hauteur des eaux est annoncée le matin, et la nouvelle s'en répand aussitôt dans la ville ; quand le fleuve a atteint l'élévation nécessaire, chacun s'empresse de lui faire des saignées pour l'arrosement des terres. Il est arrivé déjà, fort rarement à la vérité, que le Nil s'est arrêté au milieu de sa crue : ce phénomène entraîne à sa suite la disette, ou du moins le renchérissement extrême des vivres. Après avoir parcouru l'île, je me dirigeai vers le nilomètre ; un soldat m'avertit que je ne pouvais le voir que muni d'une autorisation de l'effendi du lieu, autorisation qui, au reste, se délivre habituellement sans difficulté. J'entrai chez ce dignitaire, qui me prit d'abord pour un Turc et se montra fort poli ; mais un manque d'égards complet succéda à cette politesse, lorsqu'il apprit que nous étions Européens. Il ne répondit à notre demande de voir le Mikkias que par un *la* (non) des plus positifs, et opposa une invincible opiniâtreté à nos instances réitérées. C'est la première fois que chose pareille me soit arrivée chez un Musulman. J'allai rejoindre ma monture, qui m'attendait sur le rivage opposé, et je rentrai chez moi en passant par Boulak. Cette ville renferme la douane, un grand bazar et plusieurs okels : on y voit également quelques magasins destinés à recevoir les diverses productions de l'Égypte. Je m'arrêtai pendant un instant à la maison qu'habita Kleber : on montre encore le sycomore au pied duquel cet illustre guerrier rendit le dernier soupir. C'est à Boulak que résidait Ismaïl-bey, qui a été assassiné en Nubie par les Nègres révoltés.

Je suis, etc.

LETTRE XXXIII.

Du Caire.

Le Caire est immense, et pendant les premiers jours que j'y ai passés, sa population m'avait paru innombrable; mais depuis, j'en ai porté un jugement différent. La communication se fait par des rues principales, qui sont fort étroites et toujours remplies de monde. Quand on quitte ces quartiers fréquentés, on en trouve d'autres qui sont presque déserts : de grands terrains sont abandonnés au milieu même de la ville, et en définitif le Caire est moins peuplé que nos villes européennes, relativement à son étendue.[1]

J'ai été présenté, ces jours derniers, au pacha

1 On compte au Caire 240 rues principales; 25,000 maisons habitées; 400 mosquées ouvertes, parmi lesquelles on remarque celle d'el-Azar, qui renferme, outre les lieux destinés aux prières, plusieurs écoles où les ulémas donnent des leçons, des logemens pour les aveugles, et des rouags ou quartiers destinés aux étrangers qui veulent faire un cours d'études. Le Caire contient 140 écoles, 1265 okels, 300 citernes publiques, 1170 cafés et 65 bains publics.

Méhémet-Ali, à qui j'ai demandé un firman pour faire le voyage de la haute Égypte; je l'ai obtenu sans difficulté : cependant j'attends encore, afin de voir comment s'arrangeront les affaires du Levant; le moment de la crise semble approcher.

Le palais du pacha est dans la citadelle, où a eu lieu, il y a quelques années, le mémorable massacre des mameloucks. Pour y arriver, on passe par la plus grande partie de la ville. Nous nous y rendîmes à cheval. Il nous fallut une heure pour arriver au pied de la hauteur sur laquelle s'élève le fort : on le répare actuellement; la montée en est très-escarpée. Après avoir traversé un grand nombre de cours et de voûtes, nous entrâmes dans l'enceinte même du palais. L'escalier de cette habitation est large et construit en pierres; les corridors sont élevés et ont un air de grandeur. Des esclaves et des serviteurs richement vêtus y étaient réunis : l'un d'eux ouvrit une portière d'écarlate, et je me vis dans la salle de réception. Elle a environ quarante pieds de long, sur dix ou douze de large, est élevée, peinte à fresque avec goût, aérée à la turque et entourée d'un divan que couvrent de beaux velours et des brocards d'or et d'argent. Le pacha, accroupi sur un carreau, fumait son narguilè : il me fit asseoir à ses côtés, et après que j'eus pris le café, il me demanda les motifs de ma visite. Nous causâmes pendant assez long-temps : il a de l'esprit, de grandes vues, et ne partage point les préjugés de ses compatriotes. Sa figure n'est pas belle; mais une très-longue barbe blanche lui donne un air vénérable : je fus frappé de l'expression de ses yeux; ils sont perçans, et semblent chercher à lire au fond de l'ame de la personne avec laquelle il s'entretient.

La citadelle contient une grande quantité de bâtimens divers, et faisait partie, à ce qu'on croit, de l'ancienne Babylone d'Égypte. On y remarque le puits taillé dans le roc, dont la fondation est attribuée par les Musulmans ignorans au patriarche Joseph. Une rampe très-douce conduit au fond de ce puits, dont la hauteur perpendiculaire est de deux cent soixante-neuf pieds : l'entrée du souterrain qu'on y voit, conduit à Damas, d'après l'opinion des Arabes, peuple ami du merveilleux.

La vue que l'on découvre du haut de la citadelle est admirable. A mes pieds était le Caire, avec ses rues mal alignées, ses places nombreuses, qui actuellement forment autant de lacs. Plus loin, je voyais le Nil, la chaîne libyque, les pyramides et le désert ; le vaste dôme de la mosquée du sultan Hassan, ses minarets élancés, peints en blanc et en rouge, occupaient le devant de ce magnifique panorama. Tous ces détails étaient intéressans pour un Européen, et au milieu de cette foule d'objets je n'en trouvais pas un seul qui ressemblât à ce que je connaissais avant d'arriver en Égypte. A cent pas du plateau où je m'étais arrêté pour dessiner, j'apercevais dans l'enceinte même du fort les belles ruines arabes, appelées *le palais de Saladin* ou *de Joseph.* Je remarquai surtout trente colonnes de granit rose; elles s'élèvent avec légèreté et soutiennent des corniches et des plafonds construits d'après le goût moresque. Méhémet-Ali a établi dans la citadelle, d'après les procédés européens, une fabrique d'armes à feu. Elle est bien tenue, ainsi que l'arsenal qui en est voisin : les bâtimens en sont beaux; il y règne actuellement une activité extraordinaire. Le bey qui y commande est un homme à grands moyens; il parle bien le français et se plut à nous servir de cicerone. Les fusils que j'examinai ne différaient des nôtres que par le poids. Six cents ouvriers sont employés dans cette fabrique; on les paie mal et inexactement. Au pied de la citadelle et de la chaîne de Mokattam s'étend une longue plaine de sables, qui forme l'entrée du désert de Suez. Nous nous y rendîmes en passant devant les portes de Bab-el-Nasr, et Bab-el-Foutouk, les principales du Caire. Elles ont été construites par ordre de Saladin; leur architecture est à la fois noble et massive. Dans la plaine sont les tombeaux des califes: ils présentent un assemblage de mosquées élégantes; de toutes parts s'élèvent des dômes et des minarets couverts d'arabesques d'un goût exquis. Ils sont le modèle accompli de l'architecture moresque, à la fois si riche et si légère. Ces majestueux monumens forment des groupes admirables; le manque absolu de végétation leur donne un aspect mélancolique: vus à quelque distance, leur ensemble enchante; et plus j'en approchai, plus je me sentis charmé de la délicatesse de ces nombreux ornemens, au milieu desquels règne une régularité parfaite, et qui, malgré leur profusion, ne paraissent jamais lourds. A peu de distance des tombeaux des califes s'étend un grand cimetière : plusieurs de ses monumens sont sculptés avec goût; des masses de marbre blanc, que rehaussent des dorures et des couleurs vives, se groupent avec grâce et forment un bel ensemble. Je le longeai pendant long-temps, et me rendis de là au marché aux chevaux et aux dromadaires. Une foule d'Arabes étaient rassemblés sur la grande place de Roumeyleh, qui entoure la mosquée de Hassan. Les vendeurs et les acheteurs arrivaient de tous côtés; le jeune cavalier faisait caracoler les chevaux qu'il avait dessein d'acheter, tandis que des marchands et des voyageurs examinaient en détail l'animal utile que les Arabes nomment *le navire du désert.* L'on ne connaît point ici la différence que l'on établit d'ordinaire entre les chameaux et les dromadaires, d'après le nombre des bosses : l'animal qui en a deux est une espèce particulière de chameau; mais la plupart de ces derniers n'en ont qu'une seule, ainsi que les dromadaires; ceux-ci sont plus légers, ont les jambes plus fines, les allures plus douces et plus rapides. La différence est la même que celle qui existe entre un cheval de selle et un cheval de roulier. Les chameaux portent depuis sept jusqu'à douze quintaux. Ces animaux perdent leur poil au printemps; on en tisse diverses étoffes. Plusieurs peuples orientaux ont alors l'usage de leur poisser le corps pour les garantir de la piqûre des mouches. Le chameau devient très-vif et difficile à dompter dans la saison de l'amour. On a soin alors de le charger plus qu'à l'ordinaire et de le moins nourrir. Les femelles portent leurs petits pendant douze mois environ: aussitôt après la naissance d'un chameau ou d'un dromadaire, on le couche sur le ventre, les quatre pieds pliés en dessous, et on le tient constamment dans cette position pendant les quinze premiers jours, pour l'y habituer; car c'est toujours celle qu'on lui fait prendre lorsqu'il s'agit de le charger ou de le décharger. On ne lui donne en même temps qu'un peu de lait, pour lui apprendre à vivre sobrement. Beaucoup d'Orientaux ont l'habitude de mener leurs chameaux au moyen d'un chant monotone, dont ils hâtent ou retardent la mesure pour les faire aller plus ou moins vite.

En quittant le marché, nous entrâmes dans une rue arabe où l'on fêtait le saint du quartier: des cordons étaient tendus en travers de la rue à la hauteur des maisons; on y avait accroché en grande quantité des chiffons de toile et de soie, des lampes, des ornemens en bois ciselé et peint, des fleurs et des plumes. Devant la porte d'une des principales maisons était une petite poupée habillée à l'européenne, haute de deux pieds environ, et représentée dans la position la plus indécente. L'un de nos compagnons, établi au Caire depuis plusieurs années, nous apprit que cela équivalait à une affiche de comédie et que la pièce allait commencer. Il nous proposa d'assister à la représentation; j'en étais fort curieux, et j'acceptai sur-le-champ. Nous entrâmes dans une grande chambre: une couche d'eau de chaux lui servait de tapisserie; quelques nattes en jonc étaient étendues à terre pour les spectateurs; du reste il n'y avait rien de ce qui constitue un théâtre, d'après nos idées européennes. La troupe était dans un appartement voisin; elle parut bientôt après. Le sujet de la pièce était celui qui fait toujours les délices des Arabes; les acteurs n'en avaient que le canevas et parlaient d'inspiration sans éprouver le moindre embarras. Il ne faut pas s'attendre à trouver dans ces comédies une intrigue ou de l'intérêt. Un Européen enlève une Musulmane; un chamelier surprend le ravisseur avec sa belle; la femme est noyée et l'amant reçoit des coups de bâton: tel est tout le sujet; aucun incident n'en vient prolonger l'action. Cependant je ne crois pas que le vaudeville le plus spirituel ait jamais excité à Paris une hilarité semblable à celle qui régnait parmi le nombreux auditoire de ces singuliers artistes dramatiques. Je suis obligé de vous avouer même que quelquefois je me suis joint aux rieurs. Le pasquino de la pièce, celui qui faisait l'Européen, nous imitait d'une manière vraiment comique, et la démarche sautillante qu'il affectait, contrastait le plus plaisamment du monde avec la gravité habituelle des Orientaux; sa chemise bleue était pliée de façon à ressembler un peu à nos fracs; une plume plantée sur son turban imitait nos plumets, et à son côté pendait une grande épée en bois. Le rôle de la femme était joué par un Arabe, dont la barbe paraissait en dépit du voile dont il s'était affublé. La représentation dura à peu près une demi-heure.

En rentrant au consulat, je remarquai un minaret fort élevé et incliné comme la tour de Pise: de loin cela produit un effet singulier; on s'attend à le voir tomber d'un instant à l'autre. Le grand Caire renferme une prodigieuse quantité de mosquées : on en compte plusieurs centaines, et leur nombre augmente encore; on en construit souvent de nouvelles, mais celles qui tombent en ruines ne sont point réparées. J'en ai visité plusieurs, grâce à mon costume oriental : il en est qui se distinguent par leur construction noble et élégante: leur intérieur est toujours décoré avec une extrême simplicité; des nattes, quelques tapis, des lampes, des œufs d'autruche et enfin des passages du Coran, sont les seuls ornemens qu'on y voie. L'extérieur des mosquées est ordinairement peint en larges raies rouges et blanches; ces couleurs sont d'un effet heureux au milieu des masses noires que présentent les maisons du Caire. La mosquée de Hassan, dont je vous ai parlé précédemment, et qui est l'une des plus belles d'ici, a les portes murées depuis que, dans diverses émeutes populaires, on y avait élevé des batteries dirigées contre le château. Il y a de beaux okels ou khans dans la ville : ce sont, comme les caravanserais, de vastes bâtimens carrés, destinés aux étrangers; ils sont très-solidement bâtis, distribués en chambres, magasins et écuries. Les bains publics sont extérieurement de peu d'apparence; mais j'en ai visité plusieurs qui sont bien distribués et pavés en marbre ou en mosaïque, d'après l'usage du pays.

Les personnes riches habitent ordinairement auprès des étangs ou *birkets*, formés par les eaux du Nil. Ces birkets sont assez nombreux au Caire et alimentés par un canal dans lequel plusieurs voyageurs ont voulu reconnaître celui de Trajan; mais les palais des grands, entourés de hautes murailles, ne contribuent guères à embellir la ville : les habitations misérables des pauvres qu'on voit tout auprès, inspirent de la tristesse.

Il est bien difficile de donner à un Européen une juste idée de l'aspect général du Caire; on ne sait comment établir les points de comparaison : j'en veux cependant faire l'essai. Les rues sont trop étroites pour qu'une voiture [1] y puisse avancer; le passage continuel des chameaux chargés d'outres et des porteurs d'eau les rend sales et humides; jamais le soleil n'y pénètre. Les maisons, quoiqu'à un étage seulement, ont l'air prodigieusement hautes : elles sont de couleur foncée et mal construites; mais leurs treillages en bois, leurs fenêtres tantôt carrées, tantôt en ogive, leurs saillies bizarrement ornées, les groupes de palmiers qui les ombragent, leur donnent une apparence singulière. Elles sont bâties sans ordre ni symétrie : de distance en distance s'élève un café, une cuisine publique, une mosquée, une chapelle sépulcrale, ou une école. Après les rues viennent de longs bazars, des jardins, des haies de cactus, des plantations d'orangers ou de bananiers, des places publiques, dans lesquelles on se promène actuellement en bateau. Ces objets portent, jusque dans leurs plus petits détails, le caractère oriental. La foule se porte en masse dans les rues passantes : on se heurte, on s'écrase; personne ne songe à s'éviter : le chamelier renverse les paquets de cannes à

1 Le pacha seul possède une voiture : il a fait arranger les rues par lesquelles il est obligé de passer pour se rendre à sa campagne.

sucre que vendent de misérables femmes arabes; le jeune fellah[1] charge d'eau ses bourriques et heurte en passant le cavalier, dont le séis distribue des coups de bâton à droite et à gauche. L'ânier, à moitié enveloppé dans quelques grossiers lambeaux d'étoffe brune, invite ceux qui se trouvent sur son chemin à lui faire place, en criant constamment de toute la force de ses poumons : *garak*, *riguélak*, *schummalak*. Le santon[2] s'arrête, entièrement nu, dans les endroits les plus populeux, et rassemble autour de lui la foule crédule et avide de l'entendre prononcer ses oracles; l'improvisateur déguenillé fait des vers en l'honneur de qui veut les écouter, dans l'espoir d'obtenir quelques paras. Le janissaire[3] qui précède un grand, plus insolent encore que le séis, se sert de son bâton à pomme d'argent pour faire ranger les passans. Le porte-faix heurte tout le monde, sans jamais dévier de sa route. A tout ce tapage se joint celui des crieurs publics, des marchands de fruits et de dattes, du misérable qui frappe à coups redoublés sur des branches de palmier pour faire des balais avec la moelle filandreuse de cet arbre. Au milieu de ce bruit assourdissant, des enfans au teint cuivré jouent ensemble; des almées dansent en se faisant accompagner d'une

1 Arabe de la plus basse classe.

2 Saint Arabe, imbécille ou fou.

3 Il y en a encore en Égypte.

musique infernale ; des mendians entassés les uns sur les autres demandent l'aumône; des juifs cherchent à conclure des marchés avec le premier venu; des troupes de chiens essaient en hurlant de se frayer un passage, et des pleureuses jettent des cris épouvantables dans une maison voisine, où se prépare un enterrement. Mille fois il m'est arrivé, durant les premières journées que j'ai passées au Caire, de m'arrêter, désespérant d'avancer, me voyant prêt à être écrasé entre deux colonnes de chameaux, dont l'une m'inondait, tandis que l'autre vidait un sac de cendres sur mes épaules; souvent je me suis réfugié dans une boutique, après avoir renversé l'établissement d'un jardinier et fait rouler au beau milieu du bazar des paniers de grenades ou de pastèques, qu'aussitôt les enfans se disputaient entre eux. Mais au bout de peu de jours j'étais aguerri, et ayant une fois adopté l'axiome qui semble généralement reçu dans ce pays, *chacun pour soi et Dieu pour tous*, je me tirais d'embarras sans m'inquiéter de personne.

La scène est encore animée après le coucher du soleil: on éclaire les bazars aux fruits et aux légumes, que couvre un toît plat, grossièrement construit en troncs de palmiers; des milliers de petites lampes donnent à ce spectacle un charme tout particulier: une musique barbare annonce dans le lointain une noce; la nouvelle mariée, enveloppée de la tête aux pieds dans de riches étoffes, s'avance sous un dais soutenu par deux matrones; des joueurs d'instrumens et des porteurs de flambeaux la devancent; un nombreux cortége la suit; la foule du peuple se joint à elle; les enfans se précipitent sur son passage en poussant des cris de joie qui retentissent long-temps dans le lointain. La nuit s'avance, et la lune, brillant au milieu d'un ciel sans nuages, jette sur les rues une lumière mystérieuse, semblable à celle des feux de Bengale; la foule s'écoule rapidement; les pauvres, vivant au jour le jour, ne songent point encore aux soucis du lendemain, s'enveloppent le visage de leurs turbans, et se couchent dans le lieu où la nuit est venue les surprendre: au bruit succède un profond silence; il n'est interrompu que par les aboiemens des chiens ou par le chant monotone de quelque Musulman pauvre et dévot qui passe la nuit en récitant ses prières.

Tel est le Caire, mon cher ami: les désordres dont il a été jadis le théâtre ont cessé; les Francs y vivent tranquilles et sans être inquiétés; ils y jouissent d'une liberté plus grande qu'à Constantinople même, et cette ville, si intéressante pour celui qui veut observer les mœurs orientales, est devenue le séjour favori des voyageurs européens qui visitent le Levant.

Je suis, etc.

LETTRE XXXIV.

Du Caire.

J'ai vu souvent chez le consul général d'Angleterre un jeune Nègre d'une belle figure et remarquable par la douceur de ses manières. Je me suis entretenu quelquefois avec lui par l'intermédiaire d'un drogman; il m'apprit qu'il se nommait Giaffar et était fils aîné de l'ancien roi de Wadaï, pays situé à l'ouest de la Nubie et encore inconnu aux Européens. Il me donna quelques détails assez curieux sur sa patrie. Elle forme une monarchie absolue, héréditaire par droit de primogéniture : sa capitale se nomme Wara. Giaffar est le onzième descendant d'un Blanc qui fut roi du pays. Le jeune Nègre ne savait pas de quelle nation était ce premier roi; il ignorait également comment il était venu dans le Wadaï. Ce royaume renferme un lac d'eau douce de quinze journées de tour, de longues chaînes de montagnes et des plaines étendues. Près de Wara coule un fleuve considérable, formé par la réunion de plusieurs rivières. La chaleur y est beaucoup plus forte qu'en Égypte, mais les pluies sont très-fréquentes au printemps. On n'y connaît pas les fruits de l'Afrique septentrionale, excepté les pastèques; en revanche, il en produit beaucoup d'autres qui sont inconnus ailleurs : le café y croît en grande abondance.

Le pays fait un commerce considérable en esclaves, ivoire, plumes d'autruches et café. On n'y trouve ni pierres précieuses ni métaux; cependant on y connaît l'usage de l'argent monnayé. Les habitans se nourrissent de la chair des animaux domestiques, de poissons, de maïs et de millet. L'hippopotame et la giraffe sont fort communs dans les plaines de Wadaï. Les hommes sont armés de lances, d'arcs et de boucliers faits de peau d'hippopotame. Il en est aussi qui possèdent des armes à feu venues de Tripoli : ils montent de beaux chevaux de la race arabe.

La capitale et les villages sont bâtis en briques de terre, cuites au soleil. Le palais du roi et la mosquée principale sont les seuls édifices qui aient plus d'un étage d'élévation. Le harem du souverain est gardé par des eunuques.

La majorité de la population de ce royaume est mahométane; cependant on y rencontre également des idolâtres, des adorateurs du feu et du soleil; enfin, des chrétiens, qui vivent tous ensemble sur une haute montagne.

Des caravanes vont régulièrement de Wara au Fezzan, lorsque le roi est en paix avec Tripoli.

Les revenus consistent en impôts prélevés sur les productions de la terre, et sont payés en argent.

Giaffar m'a raconté la manière dont il est arrivé au Caire, où son père voulait l'envoyer pour lui faire apprendre la langue arabe; il eut beaucoup de malheurs en voyage, et finit par devenir prisonnier du dey de Tripoli, qui le retint en esclavage pendant plusieurs années. Il tenta trois fois de fuir, mais il fut toujours repris et traité avec la dernière cruauté. Enfin la liberté lui fut rendue, grâce à l'intercession du consul d'Angleterre, qui ensuite lui procura les moyens de se rendre en Égypte. Il cherche actuellement à retourner dans son pays pour y réclamer ses droits : il a appris que son père est mort et que le trône a été usurpé par son frère. Giaffar, en me racontant son histoire, m'a beaucoup intéressé par la singulière tournure de ses phrases et les détails qu'elles renfermaient sur les usages arabes. Par exemple, voulant me dire que dans l'une de ses tentatives de fuite il était arrivé à la tente d'un scheik qui venait de mourir, il s'exprima ainsi : « J'arrivai le soir chez des Arabes qui célébraient « la danse des morts ; la maison renversée d'un « scheik était étendue sur le visage de son maître « décédé ; ses femmes et ses parens s'arrachaient les « cheveux en jetant des cris : on me donna cepen-

« dant à manger en éteignant le feu, afin que je « n'eusse pas besoin de rougir de mon appétit. »

Son récit contenait encore d'autres faits curieux, relatifs à la manière dont les Arabes exercent l'hospitalité. Dans sa seconde fuite, étant sur le point d'être pris par des soldats du dey envoyés à sa poursuite, il entre à Zaweeye au moment où on s'y rassemblait pour le marché. Il crie aussitôt assez haut pour que chacun puisse l'entendre : « Hommes de « Zaweeye, que la paix soit avec vous! moi Giaffar « je me mets sous la protection de tous vos ha-« rems. » Dès que la foule eut entendu ces mots, elle l'accueillit, l'entoura et le mena chez le scheik du lieu, à qui il répéta les mêmes paroles. Ce chef lui fit présenter de quoi se laver, de la nourriture, et mangea lui-même le pain et le sel avec Giaffar avant de lui permettre de raconter son histoire. Le jeune Nègre l'avait à peine achevée, lorsque ses persécuteurs entrèrent, le réclamant à grands cris comme esclave du dey: mais leurs menaces furent inutiles; le vieux scheik refusa de le livrer, et alla lui-même à Tripoli pour obtenir sa grâce.

Les Orientaux, lorsqu'ils racontent, prodiguent les images et les épithètes; aussi d'ordinaire les narrations n'en finissent pas. Parmi les Arabes, le conteur est un personnage important: dans toutes leurs réunions on en trouve un qui ne se lasse pas de parler et qu'on écoute avec l'attention la plus soutenue. Chaque équipage de bateau, chaque café, chaque grand en a un, dont les histoires doivent varier autant que celles de la belle Sheherzerade. Les écrits des Arabes sont remplis de contes charmans; malheureusement les conteurs inventent ordinairement les leurs, et ceux que je me suis fait traduire sont en général sans aucun intérêt.

Je suis, etc.

LETTRE XXXV.

Du Caire.

Différentes personnes de la famille du consul de France étant arrivées au Caire, j'ai craint de causer de l'embarras; et malgré l'obligeance avec laquelle il m'a engagé à rester dans sa maison, j'ai accepté la proposition que m'a faite M. Linant, jeune voyageur, de mes amis, d'aller loger chez lui. Il habite depuis plusieurs années le quartier turc du Caire, et a fait les voyages les plus intéressans dans l'intérieur de l'Afrique : les Arabes et les Turcs viennent fréquemment le visiter; nous vivons avec eux et comme eux, ayant adopté leurs usages, ainsi que leur costume (je puis donc vous donner actuellement le détail de la vie des Égyptiens); seulement nous avons conservé un peu de la mobilité française, et, malgré l'influence d'un climat qui porte à l'apathie, nous ne sommes ni aussi paresseux ni aussi graves que nos amis orientaux.

Voulant jouir de la fraîcheur des matinées, nous quittons de très-bonne heure les divans sur lesquels nous passons la nuit : nos chambres sont dallées et couvertes de nattes; des fenêtres grillées en bois et des portes qui ferment mal y entretiennent du mouvement dans l'air : un groupe de palmiers, dont les longues feuilles pendantes tapissent le devant de la maison, nous tient lieu de rideaux. Lorsque nous avons fait nos ablutions (vous voyez que je parle en Mahométan), de petits esclaves noirs nous apportent le café avec deux ou trois narguilès seulement, quoique nous soyons à quatre, six ou huit personnes; chacun fume à son tour, et après avoir joui pendant quelques minutes du parfum d'un tombac (espèce de tabac) délicieux, il passe au voisin le tuyau élastique, en lui faisant le salut turc. Nos négrillons restent au fond de l'appartement, dans une attitude respectueuse, tandis que nous savourons lentement le breuvage de Moka : les bras pendans et les yeux fixés sur nous, ils attendent patiemment que nous leur donnions nos ordres.

Bientôt on vient nous dire que nos ânes sont prêts; nous descendons l'escalier. Vous êtes tenté peut-être de rire de nos montures; mais les ânes sont ici bien différens de ceux de nos pays : leurs formes sont beaucoup plus belles, ils sont plus grands et ont les allures douces; leur galop surtout est excellent. Ils portent, en maroquin de diverses couleurs, des selles auxquelles pendent de petits étriers en cuivre [1]. Nous nous rendons au bain : après être restés pendant une demi-heure dans l'étuve, un des serviteurs nous ramène à un appartement extérieur ; nous y trouvons des lits préparés : le passage du froid au chaud étant insensible, on n'en peut être incommodé. De jeunes baigneurs viennent alors avec des linges chauds pour nous essuyer : ils nous apportent nos habits, la pipe et le café ; et, après nous être reposés pendant une autre demi-heure sur des tapis et des carreaux, nous quittons le bain, frais et dispos ; le poids de la chaleur ne nous incommode plus ; nous respirons avec plus de facilité.

L'heure des affaires est alors arrivée ; comme je n'en ai guère, je rentre chez moi, ou bien je vais au Khan-el-Khalyly, grand bazar ouvert deux fois par semaine, dans la matinée seulement. J'y trouve une foule prodigieuse ; les rues étroites du marché sont garnies de boutiques ; des marchands y étalent des étoffes, des habits brodés, des armes, des narguilès, en un mot, les objets les plus précieux de l'Orient. Je laisse à l'entrée du bazar ma monture et mon bourriquier, et après m'être frayé difficilement un passage à travers la foule, je m'assieds avec mes amis sur le devant d'une boutique élégante ;

1 Les selles des femmes, plus élevées que celles des hommes, sont couvertes de grands tapis.

le propriétaire du lieu nous reçoit avec politesse : d'autres personnes arrivent ; on les place ; on cause ensemble, et une espèce de salon s'établit dans la rue. Les marchands viennent les uns après les autres nous montrer ce qu'ils ont à vendre, et nous engager à enchérir ; car ici le vendeur ne reste pas toujours à poste fixe comme en Europe ; il parcourt le quartier en étalant sur ses épaules ce dont il veut se défaire, et en engageant les passans à ajouter quelque chose à la dernière mise. On voit réunis au Khan-el-Khalyly tous les costumes de l'Orient ; l'Asie et les divers pays de l'Afrique y ont leurs représentans : c'est un tableau mouvant, auquel l'habitude même ne fait rien perdre de son intérêt.

Nous regagnons ensuite notre logis, et nous nous réunissons dans une petite salle basse dont l'un des côtés forme une galerie ouverte qui donne sur un *birket* (étang), et qu'ombrage un oranger chargé de fruits. Les personnes de notre connaissance viennent nous voir ; on les reçoit affectueusement, mais sans cérémonie. Les unes vont s'accroupir sur le divan à côté du maître de la maison ; celles d'un rang inférieur s'asseient à terre sur leurs talons : on présente la pipe et le café à chaque nouvel arrivant.

Lorsque le soleil est au plus haut point de sa course, on fait les préparatifs du dîné : un esclave place au milieu de la chambre le petit tabouret hexagone, sur lequel il pose un grand plateau de cuivre étamé; un autre serviteur fait le tour de la chambre avec une aiguière et un bassin de métal : il nous les présente tour à tour, ainsi qu'un morceau de savon parfumé; tout le monde se lave les mains. Les mets sont apportés; ils consistent en ragoûts de poulets et de pigeons, en kebabs, poulets rôtis, quenelles de riz enveloppées dans des feuilles de vignes, bahmias et miesch-miesch (abricots secs); le pilau et les fruits arrivent ensuite : chacun mange en portant la main au plat; l'aiguière, les narguilès et le café annoncent la fin du repas.

Les Musulmans ont coutume de se retirer dans leurs harems après le dîné, et d'y passer quelques heures au milieu de leurs femmes et de leurs enfans : nous choisissons d'ordinaire ce moment pour faire notre promenade à cheval. Je ne rentre qu'après le coucher du soleil pour souper; ce repas, aussi substantiel que le dîné, est servi de même. Après l'avoir pris, on reste pendant une heure ou deux à causer; enfin chacun se retire sur son divan pour y passer la nuit.

Notre soirée d'hier a été fort agréable : mon hôte avait réuni chez lui plusieurs voyageurs qui habitent l'Égypte depuis long-temps; la conversation roula sur les mœurs de ses habitans, et on cita beaucoup d'anecdotes à l'appui des opinions. Je crois devoir vous rapporter celles qui m'ont paru les plus curieuses. On parlait de l'adresse des voleurs arabes, qui, le soir, approchent des maisons et des barques en se traînant à quatre pattes pour imiter les chiens. Quelqu'un raconta que l'un d'eux s'introduisit de cette manière dans la tente où couchait un bey. Le voleur prit les habits et les armes qui s'y trouvaient, et sortit de l'appartement de très-grand matin, en imitant les gestes et la démarche du propriétaire des objets qu'il enlevait. Cette imitation parfaite trompa les domestiques du bey, ils lui amenèrent le cheval de leur maître, et furent très-étonnés d'entendre celui-ci les appeler une heure plus tard. Le bey le fut plus encore; l'audace du fripon lui parut incompréhensible. Après plusieurs semaines de recherches infructueuses, il fit publier qu'il pardonnerait à l'Arabe, si celui-ci consentait à lui expliquer comment il avait enlevé les armes qui étaient sous son oreiller.

Le voleur, quelques jours après, entra chez le bey, lui fit signe de se coucher et de ne rien dire: alors devant lui il répéta ce qu'il avait fait la première fois; s'étant habillé, il sortit de la tente et trompa encore les serviteurs de la maison : on lui amena le cheval, et on lui apporta la pipe; le bey riait aux larmes, et ne cessa de rire que lorsqu'il vit son sosie partir au grand galop avec armes et bagage. Cette fois ce fut pour ne plus reparaître.

Voici un trait remarquable de l'audace d'un autre Arabe. Il nageait au milieu du Nil derrière la barque de celui qui me le racontait; tout d'un coup il s'élance sur le tillac de la cange, enlève le turban du reiss[1], se rejette dans le fleuve, le traverse entre deux eaux, et reparaît au rivage le plus éloigné, où il s'affuble de sa nouvelle coiffure.

La hardiesse de ces voleurs était déjà passée en proverbe lors de l'expédition française, ils démolissaient le derrière des maisons pour s'emparer de ce qui y était enfermé, et lorsqu'on s'en apercevait, ils étaient déjà loin : on assure que souvent ils dérobaient à nos soldats leurs équipemens au milieu même des camps, et qu'ensuite ils se cachaient avec leur butin dans des meules de fourrage au risque d'y étouffer.

Il fut question ensuite de la manière de vivre des femmes. En Égypte leur rôle est bien différent de celui qu'elles jouent dans nos pays. Ici, elles sont en quelque sorte esclaves de leurs maris; leurs seuls plaisirs consistent à faire ou à recevoir des visites, et quelquefois à faire venir des almées dans leur harem : leur seule influence est celle qu'elles exercent dans leurs appartemens. Lorsqu'elles sont épouses légitimes, elles doivent au nombre de leurs enfans la considération dont elles jouissent ; une

1 Pilote.

femme qui n'en a point est un objet de mépris: aussi l'épouse du plus pauvre Fellah demande au Ciel une postérité nombreuse.

Je vous ai déjà dit qu'en Orient les hommes et les femmes vivent entièrement séparés; le mari lui-même mange rarement avec ses femmes; et les réunions des deux sexes, qui donnent tant d'agrémens aux sociétés européennes, sont inconnues ici. Cependant, malgré la jalousie des Orientaux et la sainteté des harems, si je puis m'exprimer ainsi, les femmes ont des intrigues, et on m'assure que souvent elles réussissent à introduire des amans déguisés dans leurs appartemens, grâce au droit qu'ont les Musulmanes d'en défendre l'entrée à leur mari tant qu'une étrangère est chez elles. Les intrigues commencent au moyen des porteurs d'eau et des bourriquiers; ils savent s'entendre avec les vieilles suivantes des dames égyptiennes. Les femmes sortent toujours voilées, personne ne peut les voir; mais elles voient fort bien l'homme qu'elles rencontrent, et s'il leur plaît, il est suivi sans qu'il s'en doute; on trouve moyen de lui assigner des rendez-vous, et souvent il devient l'amant heureux d'une maîtresse qui lui est inconnue.

Nos amis racontèrent à ce sujet une foule d'histoires: je ne vous en rapporterai qu'une seule, parce qu'elle m'a paru assez piquante, et que d'ailleurs elle est bien avérée: j'en connais le héros.

Il traversait, il y a peu de jours, le bazar aux fruits; une femme arabe âgée et qui, d'après sa mise, paraissait de la dernière classe du peuple, passa à côté de lui et lui donna, comme par mégarde, un coup assez rude. Z..... (c'est son nom) se retourna en colère et allait lui adresser quelques injures, lorsque la vieille lui fit signe de se taire et de la suivre. Il lui obéit, et après avoir traversé une quantité de petites rues détournées, elle le fit entrer dans une maison d'assez mince apparence. Un vieux porteur d'eau arabe qui l'habitait lui dit d'un air sournois « as-tu bien remarqué le chemin qu'on « t'a fait prendre; sois ici demain soir au mogreb, « viens simplement vêtu, tu ne t'en repentiras pas. » Z..., après avoir cherché vainement à en tirer quelques explications, rentra chez lui fort indécis sur ce qu'il devait faire. D'un côté l'amour-propre lui disait qu'il avait été rencontré par quelque jolie Musulmane qui désirait faire sa connaissance intime; d'une autre part la prudence lui rappelait tout bas que beaucoup de Francs avaient été attirés dans des piéges de cette même manière, et avaient payé chèrement un moment d'imprudence.

Cependant le lendemain il se rendit à l'heure indiquée chez le porteur d'eau; il traversa avec lui au moins autant de rues que la vieille lui en avait fait parcourir le soir précédent, et arriva à la porte d'une très-belle maison; après avoir monté une vingtaine de marches, son conducteur le laissa dans une grande pièce, où régnait une obscurité profonde. Z... m'avoua que, s'il avait pu retrouver alors l'escalier, il serait sorti de la maison sans pousser plus loin l'aventure; mais son vieux guide ne lui laissa pas le temps de le chercher; il reparut portant des flambeaux et lui enjoignit de le suivre. On traversa une pièce entourée de beaux sofas, couverte de tapis magnifiques et dont les murs étaient peints en arabesques de diverses couleurs. Quatre négresses étaient debout à une porte placée vis-à-vis de l'entrée; elles l'ouvrirent, et Z... se vit dans une salle très-éclairée, beaucoup plus riche que la précédente, meublée dans le goût oriental et entourée d'un divan dont les coussins étaient en brocard d'or. Deux femmes s'y reposaient: l'une d'elle était grasse, ses traits étaient beaux, mais trop forts, et elle semblait avoir environ trente ans; la beauté de l'autre lui parut aussi ravissante que celle des houris: un costume de la richesse la plus élégante rehaussait leurs charmes. La plus âgée se leva et lui dit d'un air assez doux « comment, mécréant, tu oses pénétrer jusqu'ici; » on lui répondit par un regard très-tendre, et bientôt une harmonie parfaite régna entre les trois assistans. « Les Arabes sont ordinairement très-passionnées, me dit mon ami en « finissant son récit; le climat brûlant de l'Égypte

« donne à l'amour le caractère de la frénésie; mais « jamais je n'ai connu de femmes dont les senti- « mens fussent exaltés comme ceux de la matrone « dont je viens de vous parler. La bizarrerie de sa « conduite me força, au bout de peu de temps, « de cesser mes entrevues avec elle : je n'ai jamais « pu savoir positivement qui elle était. »

Le divorce est aussi facile ici qu'en Turquie; le but de l'ambition d'un homme est d'avoir le moyen d'entretenir plusieurs femmes : quand l'une des siennes lui déplaît, il la chasse et la remplace par une autre. Cette loi n'a qu'une exception ; lorsqu'une femme est enceinte, on ne peut la renvoyer qu'après ses couches.

L'on parle aujourd'hui, dans notre quartier, d'un divorce qui a eu lieu ces jours-ci d'une manière assez singulière : l'épouse de notre voisin, Musulman fort dévot, ennuyée d'être moins libre que ses amies, et se voyant condamnée à passer des mois entiers enfermée dans son harem, parvint à s'enfuir chez ses parens, en descendant le long de la muraille d'une terrasse peu élevée. Le mari voulut divorcer : la famille de son épouse fit intervenir des personnes puissantes; enfin on convint qu'il la reprendrait à une condition laissée à son choix. Il demanda qu'elle fût obligée de rentrer au harem par le chemin qu'elle avait pris pour en sortir : lorsqu'elle arriva au pied du mur, elle le trouva exhaussé de six aunes; la rentrée était impossible pour elle, et le divorce fut prononcé.

Je suis, etc.

FIN DU PREMIER VOLUME.

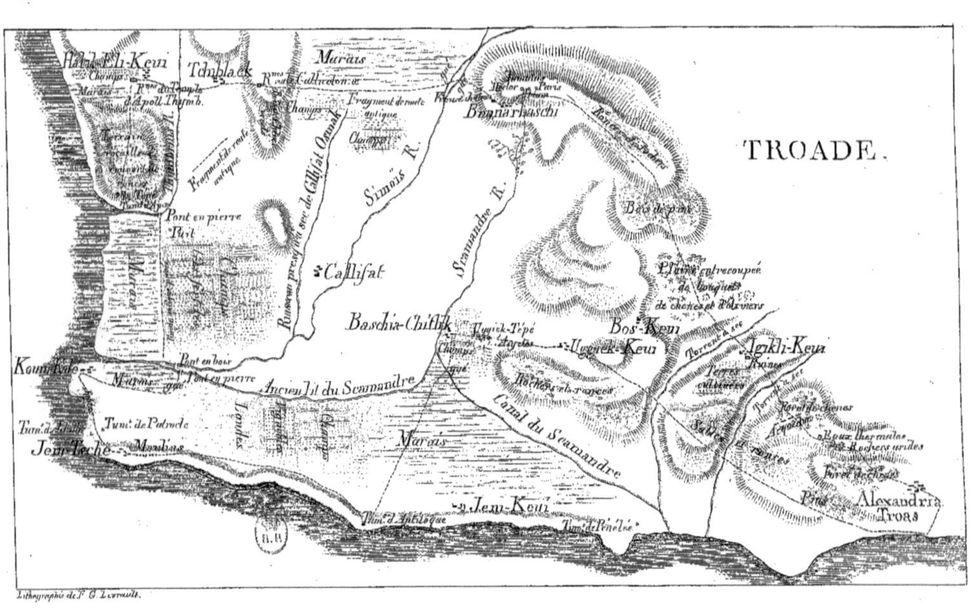

Lithographie de F. G. Levrault.

GOLFE
de
SANTORIN
et Iles Kamènes.
St Nicolas
Thérasia
Skaro
Iles Kammènes
Débarcadaire
ILE SANTORIN
P. de F. 45b.
Mouillage
Aspronisi
P. de F. 45b.
P. de F 45b.
P. de F. 45b.
P. de F. 45b.
P. de F 45b.
2 Moulins
0 500 1000 1500 Mètres
Lithographie de F. G. Levrault.

www.ingramcontent.com/pod-product-compliance
Lightning Source LLC
LaVergne TN
LVHW020533230826
846091LV00002B/261

9782019682668